JN441712

박중호 수필집

그때가 돼 봐야 그때를 안다

그때가 돼 봐야 그때를 안다

박중호 수필집

1판 1쇄 인쇄/ 2022년 2월 15일
1판 1쇄 발행/ 2022년 2월 22일

지은이 / 박 중 호
펴낸이 / 우 희 정
펴낸곳 / 도서출판 소소리

등록 / 제300-2007-21호
주소 03073 서울 종로구 성균관로5길 39-16
전화 / 765-5663, 010-4265-5663
e-mail: sosori39@hanmail.net
www.sosori.net

값 13,000원

*잘못된 책은 바꿔드립니다.

ISBN 979-11-5891-166- 9 03810

그때가 돼 봐야 그때를 안다

박중호 수필집

책을 내면서

사람은 과거에 기대어 산다고 했던가. 친구의 권유로 쓰다 말다한 글쓰기를 시작한 지 수년이다. 오랜 세월이 지난 지금 아련한 기억들을 글로 표현해 과거를 지금에 갖다놓고 이야기한다. 살아온 인생을 추억으로 받아 숨어있는 과거를 들추어 대화를 한다. 부모님의 그때 나이가 되어 보니 그 상황이 이해되는 일들을 경험한다. 부끄럽고 얼굴이 붉어진다.

사람의 삶, 인생은 이야기다. 살았던 이야기를, 살고 있는 이야기를, 말로 하는 이야기를 생각날 때마다 글로 옮겨 보았다. 그 글은 내 과거사의 일상들을 뱉어냈다. 숨겨 놓은 나의 비밀을 공개하는 기분이다. 사람은 본인 스스로가 자신을 제일 모른다고 하지 않는가. 그래서 글로 말을 해본다.

치매 예방에도 관심이 있다. 건강검진에서 경도인지장애를 진단받고 약을 먹고 운동도 했다. 3년 후 정상을 진단받았다. '쓰고, 읽고, 걷는다' 치매예방에 좋다고 해서.

그동안 흩어져 있던 글을 한 곳으로 묶어보았다. 대부분 내 신변의 이야기다. 모아서 읽어보니 유치하다. 살면서 잘못을 저지르면 내가 쓴 것이지만 들춰보고 참고하여 마음을 가다듬는 한 조각으로 삼아야겠다. 삶에 도움을 준 여러분에게 감사한다.

2022. 1.

저자 **박중호**

1. 한여름 밤의 소동

2. 설날 풍경

3. 세월의 흔적

4. 커피 한 잔의 마력

5. 추어탕과 그리움

1.

한여름 밤의 소동

국민학교 입학식

봄이 되면 큰 행사가 있다. 새로운 시작이다. 학생은 입학, 회사원은 입사, 공무원은 임용한다. 모든 국민에게 해당되고 생애 처음 맞는 것은 입학일 것이다. 입학은 처음으로 과정별 학교에 들어가는 것이다. 유치원, 초등학교, 중학교, 고등학교, 대학교, 대학원 등이다. 그중에서 가장 흥미롭고 부모의 관심이 많은 입학은 초등학교가 아닐까 싶다? 길게는 20년 이상 학력이 공식적으로 인정되는 학교 공부를 하는 첫발이기 때문이다. 우리 세대는 유치원은 거의 없었고 초등학교부터 시작했다. 나는 1958년 4월 4일(학교에 알아보았다)에 입학과 입학식을 했다고 한다.

입학식은 입학할 때에 신입생을 모아 놓고 행하는 의식이다. 봄 어느 날(계산해 보니 4월 3일) 저녁에 아버지께서 내일 학교 입학식이 있는데 면사무소 김 계장을 따라가서 서류를 떼어 학교로 가면 된다고 말씀하신다. 김 계장이란 우리 마을에 사는 면서기로 근무하는 공무원이다. 그때까지 나는 학교가 정확히 어디에 있는지도 몰랐다. 집에서 거리가 꽤 멀어서다. 이튿날 아침 일찍 혹시 늦을까봐 아침밥도 안 먹고 김 계장님 집으로 갔다. 우리 집과 김 계장님 집과는 몇 백 미터 떨어져 있다. 아침 식사 중이다. 인사를 드리고 학교 이야기를 하니 알고는 있는데 너 혼자 갈 거냐고 묻는다. 그렇다고 했다.

드디어 학교로 출발이다. 그런데 문제가 있다. 김 계장님은 자전거를 타고 나는 걸어야 한다. 우리 집에서 학교까지는 꽤 멀다. 후에 계산해 보니 걷는 길로는 2.5㎞ 정도이고, 자전거 길로는 3㎞가 조금 넘는 거리다. 좋은 길에서는 김 계장님의 자전거 뒤에 타고 길이 안 좋은 길에서는 걸었다. 그런데 자전거가 펑크가 나는 바람에 절반 정도는 뛰고 걸었다. 또 개울을 건너기도 했다. 그런데 왠지 힘이 들지 않았다. 어찌어찌해서 면사무소에 도착했다.

한참을 기다린 끝에 김 계장님이 서류를 건네준다. 글도 모르는데 서류를 보니 모두 잉크 펜으로 직접 쓴 손글씨에 도장이 찍힌 서류다. 아마 호적등본이 아닌가? 기억한다. 김 계장님이 서류를 주면서 밖으로 나와 학교 가는 길을 손으로 가르쳐준다. 큰길을 따라 학교에 갔다. 벌써 많은 사람이 운동장에 모여 있다. 나도 이런저런 눈치를 보며 같이 모여 섰다. 어른들도 많이 보인다. 어른들은 아이들의 엄마 아빠다. 대부분 부모가 왔고 몇 명은 나같이 부모가 없는 것 같다. 어떤 아이들은 하얀 손수건을 왼쪽 가슴에 달고 있기도 했다.

어른이 서류를 걷는다. 모인 사람 중 서류를 미리 낸 사람도 있는 것 같다. 그날 낸 사람은 몇 사람 안 된 것 같다. 어떤 어른이 서류 다 냈느냐고 소리를 지른다. 우리가 예라고 대답하자 뭐라고뭐라고 이야기를 하는데 주변이 시끄럽고 웅성웅성하고 아수라장 같아서 잘 들리지도 않는다. 서류를 보면서 이름을 부르고 확인이 되면 이쪽으로 저쪽으로 데리고 가서 줄을 세운다. 그 어른이 선생님이었다. 그리고 행사를 진행한다. 잘 알지도 못하는 애국가도 부르고 태극기에 경례도 하고 교장선생님이 높은 곳에 올라가 뭐라고 말씀을 하시는데 잘 들리지도 않는다.

이런저런 순서를 진행하고 식이 끝났다. 입학식이었다. 국민(초등)학교 학생이 된 것이다. 특이한 것은 우리가 모인 무리는 내일부터 원유동에 있는 분교로 가야 한다는 것이다. 우리 동네인 주산리와 주평리, 장산리, 원유동, 월곡, 분토동 마을에 사는 어린이들이다. 나도 분교 대상이다. 그곳 본교에 다니는 학생들은 교실로 들어간다. 우리에게는 내일 원유동 분교로 아침 9시까지 늦지 않게 오라는 지시를 하고 집으로 가라고 한다. 엄마 아빠와 같이 온 아이들은 면사무소 앞 식당으로 점심 먹으러 간다고 한다. 나는 혼자서 아침에 왔던 길을 되짚어 집으로 왔다. 빨리 집에 가서 학교에 입학했다고 자랑하기 위하여 걷고 뛰고를 하면서 집으로 향했다.

동네에 들어섰다. 그런데 분위기가 이상하다. 만나는 어른들마다 너 어디 갔다 오느냐고 묻는다. 큰소리로 학교 가서 입학하고 온다고 이야기를 했다. 태도가 여러 가지다. 학교 갔다 온 게 정말이냐고 되묻기도 하고, 고개를 갸우뚱하기도 하고, 잘했다고 칭찬도 하는 등 여러 가지다. 궁금하기도 하지만 집 쪽으로 걸었다. 앞집 아줌마를 만났는데 이야기를 한다. 아버지가 나를 찾으러 오전 내내 동네를 쓸고 다니셨다는 것이다. 기다란 작대기를 들고 말이지. 이해가 안 되었다. 집에 가기도 겁이 난다. 아침밥도 굶고 점심때도 지났는데도 배고픈 생각도 갑자기 잊어버렸다. 나에게 아버지는 이 세상에서 제일 무서운 사람이었다.

눈치를 챈 옆집 아줌마가 내 손을 잡고 우리 집으로 데려간다. 사립문을 들어서면서 "중호가 학교 가서 입학하고 왔다고 하네요."라고 이야기를 하니까 아버지는 하시던 일을 멈추고 나를 쳐다보시며 사실이냐? 참말이냐고 묻는다. 그렇다고 대답을 했다. 내일부터 원유동으로 오라고 했다는 이야기도 했다. 바로 아버지 눈에서 눈물이 보인다. 어이가 없다. 뭐가 뭔지 모르겠다. 그리고 부엌에 들어가셔서 밥상을 차려서 들고 나오시며 밥 먹으라고 하신다. 쌀과 납작한 보리가 반쯤 섞인 밥에 된장국에 신 김치와 텃밭에서 뽑은 어린 상추를 큰 그릇에 붓고 비빔밥을 만들어서 많이 먹었다. 그리고 앞으로는 말하고 다니라는 주문을 하신다. 오늘 입학 잘했다는 칭찬도.

아버지는 그날 아침 동네에 하나밖에 없는 우물에 가서 물을 길어 오는 사이에 아침밥도 안 먹고 내가 없어져서 학교 안 가려고 도망간 것으로 여기시고 동네 여기저기를 찾아다니셨단다. 혼자 가서 입학식을 마치고 돌아왔다는 이야기에 감격의 눈물을 보이신 것이다.

그 해부터 엄마는 머나먼 서울로 행상을 떠나서 집에 안 계셨다. 그래서 2대 독자이신 아버지가 주부 역할 하신 지 한 달 남짓 되는 시기였다. 그 뒤 자식들이 학교에 다닐 때 학생 관련 일이 집안일 중의 우선순위가 되어 적극적으로 뒷바라지하셨다. 자식들 잘되기를 손꼽아 기원하셨는데 충분한 보답을 못 해드려 죄송하기 그지없다. 하늘나라에 가신 지가 20년도 더 지났는데 잘 계시는지 모르겠다. 이제 당신의 자식도 어느덧 늙어 부모님 뵐 날이 얼마 남지 않은 것 같다.

다음날부터 분교에 등교해 마룻바닥에 양반다리로 줄지어 앉아 학교공부가 시작되었다. 3학년까지 분교에 다니고 4학년 때부터 본교로 다녔다. 그때는 요즘처럼 같은 해에 태어난 동갑내기들이 모두 같은 해에 학교에 들어가지 못했다. 같은 학년에 나이가 1~5살이 많고 적은 경우도 많았다. 특히 여학생들이 나이가 많은 편이었다. 동창들을 찾아보면 동네에서는 사촌형이고 동생이고 삼촌이고 조카지만 학교에서는 동기동창이 되는 족보들이 많다. 다녔던 초등학교에 알아본 결과 우리 동기가 남학생 89명, 여학생 54명 등 143명이 졸업을 했다고 한다. 지금은 전교생이 88명이란다. 63년이 지나는 동안 산술적 계산으로 나라의 인구는 약 100% 증가했는데 시골인 그 고장 초등학생은 약 90%가 감소했다. 아마 전체 인구도 비슷하지 않을까? 같이 졸업한 동창들은 몇 명이나 살아 있는지.

나는 그 뒤에도 6번의 학교 입학식이 더 있었다. 지금 2, 3월은 졸업과 입학 시즌이다. 우리 집에도 손녀의 졸업과 입학이 두 번씩 예정돼 있다. 고등학생이 되고 중학생이 된다. 졸업과 입학을 한다는 이야기다. 그런데 가족들이 갈 수가 없단다. 작년에 또 다른 손자가 초등학교에 입학했는데 입학식을 온라인으로 했다. 학교에 간 날도 연간 20일도 안 된다고 한다. 코로나19 때문이다. 세상이 정상적으로 돌아와 꽃다발 들고 졸업식장과 입학식장에 가서 축하를 마음껏 주고받는 풍습을 빨리 찾았으면! 하고 기원한다. 내 초등학교 입학식이 추억으로 잊히지 않고 아련하다. 그리고 자랑스럽기도 하다. 내가 초등학교에 입학했던 것 같은 그런 입학(식)은 드물 것이고 앞으로도 없을 것이다.

(2021. 2. 5. 「문학시대」 135호, 2021년 봄호)

어머니! 하면 생각나는 노래

– 여자의 일생

참을 수가 없도록 이 가슴이 아파도
여자이기 때문에 말 한마디 못 하고
헤아릴 수 없는 설움 혼자 지닌 채
고달픈 인생길을 허덕이면서
아~ 참아야 한다기에
눈물로 보냅니다
여자의 일생

견딜 수가 없도록 외로워도 슬퍼도
여자이기 때문에 참아야만 한다고
내 스스로 내 마음을 달래어 가며
비탈진 인생길을 허덕이면서
아~ 참아야 한다기에
눈물로 보냅니다
여자의 일생

가수 이미자 씨가 부른 '여자의 일생' 노래의 가사다. 이 노래를 요즘도 가끔 듣고 따라 부르기도 한다. 내 어머니 심경을 노래한 것으로 생각되고 실제로 어머니는 60~70년대에 자주 흥얼거리고 잘 따라 부르신 노래다. 또 어머니의 삶도 노래의 가사와 똑같았다고 나는 생각한다.

어머니는 일제 강점기인 1928년 음력 6월 2일에 태어나셨다. 양반입네? 하는 문중의 어느 한 집안 둘째 아들인 외할아버지의 가난하고 딸만 5명이나 되는 집에 셋째 딸로 태어나 초등학교를 졸업하고 가사 일을 배우고 돕는 일을 하다가 1949년 11월 결혼하셨다.

남편은 자신보다 8살이 많은, 일본 북해도에 징용을 당하여 나가서 고생하다가 해방과 더불어 귀국하여 벌어 온 돈으로 사업을 하면서 홀어머니를 모시고 있는 2대 독자였다. 2명의 시누이는 손위로 모두 출가하였다. 어머니는 결혼하자마자 임신을 하여 손이 귀한 집안에서 경사가 났다고 할 정도로 칭찬을 받으며 사는 듯했다.

그러나 첫아들을 낳기 전에 6·25전쟁이 일어나 집안에도 큰 변화가 생겼다. 아버지는 군(郡) 청년단장 일을 보았는데 주간에는 국방군(?) 관련 일하는 사람들을 먹여 살려야 하고, 밤에는 반란군이라 칭하는 좌익 계통 사람들을 먹여 살려야 하는 기구한 생활을 2년여 하는 사이에 살림은 거덜 나고 있었다. 특히 좌익은 그 지역에 사는 사람들로 산속에서 숨어 지내다가 밤이 되면 총과 수류탄을 들고 찾아와서 식량을 내어놓으라는데 안 주고 배길 장사가 있겠는가. 또 평소 아는 사람들도 있는 판국인데 말이다. 그런 와중인 1950년 12월 초에 첫아들을 낳았다. 그 아이가 나다.

아버지는 해방이 되어 홀로 계신 할머니가 걱정되어 귀국해서 돈도 좀 많이 벌고 해서 효도한답시고 살림에 드는 돈을 실제 비용보다 많이 드렸다 한다. 할머니는 아들이 넉넉하게 주는 돈을 더 달라고 해서 딸들의 살림에 보태는 일이 계속 이어지고 있었다. 어머니와 결혼해서까지 그 상황이 이어지자 살림이 걱정되어 어머니가 관여하게 되었는데 시어머니는 그게 못마땅하여 충돌이 생겨 고부갈등이 심했다.

그렇게 지내는 사이에 집안이 6·25가 끝나기도 전에 망하고 말았다. 전쟁에 관련해서 주야로 빼앗기기도 하였지만 집사 일을 보던 사람이 다른 한편으로 재산을 빼돌리기도 했다는 사실을 뒤늦게 알게 되었다. 집안이 망하고 나니까 시어머니와 시누이가 모두 합세하여 집안에 사람이 잘못 들어와 망했다며 모든 것을 어머니에게 책망했다. 또 남편은 남편대로 평소에 잘 먹지도 못했다는 술을 폭음하기 시작했다. 그 와중에 딸을 낳았다. 그리고 석 달 뒤에 시어머니가 전쟁 후유증으로 돌아가셨다. 사람 잘못 들어와 시어머니까지 잡았다고 시누이들의 시집살이에 핍박을 받았다. 빚 때문에 집마저 팔아 없애고 이웃 동네 쓰러져 가는 집으로 줄여서 이사했다.

찢어지게 가난한 생활이 시작된 것이다. 남편은 건달 생활과 거간(중개인) 생활로 생활비를 마련하는 듯했으나 살림은 늘 적자투성이다. 몇 년을 그렇게 살다가 어느 정도 정신을 차려 기술을 익혀 가내 수공업인 대나무로 문발과 바구니를 만들어 팔아서 살림을 꾸려 나갔다. 그러는 사이에 아들이 또 태어나서 자식이 2남 1녀가 되었다. 첫아이가 초등학교에 들어가는 해에 어머니는 크게 결단을 내리고 행상을 시작하였다. 고향 집도 아닌 천 리 타향 서울에서 행상을 했다.

머리에 이고 등에 짊어지고 손에 들고 사력을 다해 1년이면 9~10개월 이상을 객지에서 생활하였다. 겨울 혹한기 2~3개월만 고향 집에서 가족과 같이 생활했다. 행상을 시작한 지 2년 만에 또 딸을 낳았다. 아이까지 등에 업고 2년여를 하다가 아이가 세 살 먹은 해부터 아이는 아버지와 형제들이 사는 집에서 같이 살았다. 아이와 엄마는 떨어져 살아야 했다. 어머니의 남편(내 아버지) 고생도 이만저만이 아니었다. 이런 삶을 15년을 살았다.

2남 2녀 오직 자식들 잘되기만 바라보고 살았다. 그러나 개천에서 용이 나는 기대를 하며 희망을 품었지만 부모님의 뜻대로 되지 못했다고 나는 생각한다.

어머니는 행상으로 돈을 벌고 아버지는 살림을 하시며 재산을 늘려 논도 사고, 밭도 사고, 집도 새로 짓고 하였다. 옛날 같지는 않지만, 밥은 먹을 정도의 기반이 잡히고 아버지의 신용도 어느 정도 회복이 되어 갔다. 아버지가 팥으로 메주를 쑨다고 해도 주변에서 인정해 주는 것이다. 어머니는 후에 아버지의 주변에서 인정해주는 신용을 다시 찾는 것이 제일 기분 좋은 일이었다고 말한 적이 있다. 그런데 어머니 아버지 두 분이 자주 다투신다는 것을 동생들을 통해서 알게 되었다. 그 원인은 대개가 나를 포함한 자식들 때문일 것이다. 자식들이 제 몫을 다하고 귀찮게 하지 않으면 다툴 일이 없을 것임을 부모님 나이가 돼 보니 알겠다.

행상을 그만두신 후 25년 동안 아버지가 입원하셔서 수술하시고 회복하는 동안에 어머니는 아버지가 불쌍하다며 꼭 살려야 한다고 큰 자식인 나에게 말씀하시면서 눈물짓는 모습이 지금도 훤하게 보이는 듯하다. 또한 어머니도 논밭에서 일하다가 유행성출혈열에 걸려서 장기간 입원해 계실 때 아버지도 똑같은 이야기를 하신다. 무슨 일이 있어도 꼭 살려야 한다고 하시며 눈물짓는 모습이 부부가 똑같아서 후에 나는 울며 웃었다.

평소에 그렇게도 싸우시던 분들이 상대방이 병에 걸려 위험에 처하게 되니 애처롭게 여기는 것이 똑같았기 때문이다. 이런 것이 부부라는 삶이구나! 생각하게 만드는 한 단면이었다. 그리고 후에 또 살아가면서 계속 아옹다옹 싸움은 계속되었다. 그러다가 1997년 아버지가 돌아가시자 슬퍼하시는 어머니는 1년 상을 치르겠다고 하신다. 매월 초하루와 보름날 새벽에 제사를 지내는 삭망 제사를 모시는 일을 하신 것이다. 아버지가 향교의 장의(掌議)를 여러 번 하셨기 때문으로 생각이 든다. 우리는 멀리 서울에서 살았는데 나의 아내도 자주 삭망 제사에 참여하느라고 고생도 많이 했다. 자식들이 따라가기가 힘든 부분도 있었으나 사람이 사람의 도리를 하면서 사는 법을 가르쳐 주신 것이 아닌가 생각한다.

아버지 1년 상을 마친 뒤 서울에 사는 내가 모시겠다고 하니 지어놓은 농사 가을걷이를 마치고 조상의 천도제라도 모신 뒤 봄에 가겠다는 말씀과 함께 열심히 준비하시는 중 화재 사고를 당하시어 돌아가신 어머니. 당시 대한민국 사람들 평균수명이 80에 가까웠는데 71세를 갓 넘긴 나이다. 어찌 이럴 수가 있는가. 이 우주에 과연 신은 있는가? 이 세상은 공평한가? 하늘을 원망하지 않을 수가 없었다. 이게 대한민국의 여자의 일생인가. 남자인 나는 입을 열 수가 없다. 나에게 그런 삶을 살라면 살 수가 있을까?

여러 생각을 하게 하는 어머니의 여자의 일생이다. 나는 어머니에 대해서 얼마나 알고 있는지도 스스로 의문이다. 그분이 지향해서 자식들을 위하여 사는 삶이 과연 옳은 것인가. 여자의 일생을 읊조리며 우리 어머니의 사상과 어머니의 인생 목표와 한계는 무엇이었는가를 생각해 본다. 어머니를 생각하면 눈물만 나온다. 우리 인간의 다른 자식들은 어떤 생각으로 삶을 살고 있는가? 우리 인간의 후손은 모두 그런 생각으로 살고 있을까? 지금은 이승에 안 계신 어머님을 생각하면 이 불효자식은 후회와 눈물만 흐른다.

(2008. 12. 15. 「3사문학」 15집, 2019년 하반기호)

그때가 돼 봐야 그때를 안다 · 1

갑자기 매우 추운 며칠 전 친구들과 외식을 했는데 식탁에 냉장고에서 갓 꺼낸 냉수가 올라왔다. 한 친구가 겨울에 왜 찬물을 주냐고 푸념이다. 요즘 우리 국민들이 화나는 일이 많아 화병 환자들로 생각해 몸과 마음을 식혀주기 위한 배려가 아닌지 모르겠다고 말해서 웃은 일이 있다. 식전 식수가 뜨거운 보리차에서 냉수가 대세로 바뀌듯 세상과 사람도 바뀌고 있다. 사람이 한평생을 살면서 많은 우여곡절을 겪으면서 산다. 뒤돌아 생각해보면 아~하 하는 일들이 참 많고, 그때는 이해를 못 했는데 지금 생각해보면 이해가 되는 일들도 많다.

아버지와 나는 30살 차이로 완전 한세대 차이이다. 초등학교를 졸업하고 중학교에 다니면서부터 떨어져 살았다. 고향 집은 도시 근교 시골이고 중학교는 15㎞쯤 떨어진 도시지만, 교통편이 열악한 50여 년도 훨씬 전인 그때는 학교 근처에서 하숙하거나 자취를 하였다. 공부 열심히 하라는 마음이 간절했을 것이다. 그러나 부모님 마음에 흡족한 성적을 올리지 못해서 기쁘게 해드리지 못해 항상 죄송한 마음을 가지고 살아간다. 부자지간은 물론 어른과 젊은이도 차이가 나는 것은 당연하고 세월이 지나서 생각해보면 이제야 이해되는 일들이 많다.

내가 30대이고 부모님이 60대인 1980년대에 효도한답시고 냉장고를 사드렸다. 그런데 어머니는 매우 좋아하시는데 아버지는 별로 좋아하는 기색이 아니시다. 아버지는 반찬을 그때그때 바로 만들어 먹는 것을 좋아하셔서 어머니는 그 반찬 만드는 일에 고생을 많이 하셨다. 한여름에도 김치를 2~3일이면 새로 담가야 하니 얼마나 불편하고 힘이 드셨을까? 지금 김치냉장고를 생각해보면 알 일이다. 그렇지만 그때 아버지는 냉장고에서 나온 음식을 별로 좋아하지 않으셨다.

그래서 나는 아버지를 이해하지 못했다. 한여름에 시원한 김치를 드시면 좋을 텐데 생각하면서 의구심을 가졌다. 또 아이스케이크만 알고 계신 부모님께 냉장고 덕분에 맛있고 부드럽고 품위 나게 먹는 고급의 아이스크림을 사서 녹을까봐 시외 택시를 타고 가서 드리면 역시 어머니는 좋아하시지만, 아버지는 별로로 생각하시면서 인사상 한 스푼 드시고 밀어 놓는다. 아버지가 이해되지 않았다. 그런데 30여 년이 지나면서 내가 아버지를 닮아가고 있다. 차가운 음식들이 이빨에 시게 느껴져 싫어진다. 그래서 나는 차가운 모든 음식을 전자레인지에라도 데워서 먹는다. 그때야 아버지가 이해된다. 이래서 아버지가 싫어하셨구나.

또 부모님 환갑이나 칠순에 여행을 보내드리려고 준비를 했는데 한사코 싫다고 하신다. 젊어서 만주를 비롯한 중국 봉천까지 다녀오고 비록 징용이지만 일본 동경, 대판, 북해도까지 다녀왔기에 웬만한 곳은 가볼 생각이 없다고 하신다. 꼭 보내려는 돈이 있으면 현금으로 달라고 하셔서 현금을 드렸더니 자기 돌아가시면 묻힐 묘지 땅을 할아버지 산소 옆에 장만하셔서 가묘를 만들어 놓고 성묘갈 때마다 살펴보시고는 이런저런 이야기를 하셨다. 땅 등기도 남자 형제에게 공동으로 해 놓으셨다. 사후라도 자식에게 부담을 안 주려는 생각이었다.

그런데 그 후에 동네에서 친구 분들과 여러 곳을 다니시면서 찍은 사진을 보고 놀랐다. 동네에서 단체 계를 만들어서 다니시면서 처음 가본 그곳을 매우 좋아하셨다는 이야기를 부모님 친구분들에게서 들었다. 지금 내 자식들이 나에게 가끔 여행 이야기를 하지만 쾌히 승낙하지 않는다. 열심히 일하고 빨리 경제적으로 자립하기를 원하는 내 마음이다. 그때 아버지도 자식들이 빨리 셋집을 면하고 집을 장만하기를 원해서 그런 말씀을 하신 것임이 이제야 이해가 된다.

또 막무가내 손주 사랑이다. 35~6년 전 추운 겨울날 고향 집에 간 적이 있었는데 7세 된 손자가 심야에 잠을 자다가 갑자기 우유를 찾는다. 우리는 모두 달래서 재우려 안간힘을 쓰고 있었다. 그런데 시골이라 가게가 허허벌판을 지나서 3㎞ 정도 떨어진 먼 곳인데도 불구하고 자전거를 타고 가셔서 한밤중에 잠자는 가게 문을 두들겨 깨워서 우유를 사다 주셨다. 그런 정성이 어디서 나왔을까. 아마 당신 자식들을 위하는 일이었다면 어림없는 일이다.

그런데 매우 추운 며칠 전 꽤 늦은 밤에 아래층에 사는 초등학교 3학년 손녀가 올라와 단감을 찾는다. 제 할머니를 비롯하여 여러 사람이 내일 사다 주겠다고 달래고 있을 때 옛날 나의 아버지가 하신 일이 갑자기 생각이 나서 나도 모르게 옷을 챙겨 입고 슬그머니 행동으로 옮겨 단감을 사다 주었다. 내 자식의 일이라면 어림없는 일을 나도 모르게 손녀에게 하고 있어 그때 아버지가 이해가 된다. 내 방에 들어와 가만히 아버지를 떠올리며 웃음을 웃었다.

사람은 그렇게 망각하면서 살아가다가 때가 되면 떠올려 추억에 잠긴다. 요즈음 신세대들이 어른들을 보기에 고집불통인 꼰대들이라고 꼬집기도 한다. 우리는 기억해야 한다. 어른들은 젊은 시대를 살아본 경험이 있고, 젊은 세대들은 반드시 어른 세대가 된다는 사실이다. 그래서 어른들은 자기가 경험한 사실을 옛날 자신들이 살았던 시대와 비교하여 선택해서 좋았던 모습들을 보여주어 추후라도 젊은이들이 따를 수 있도록 모범을 보여야 한다고 생각한다.

젊은이들은 기성세대라서 별로 따를 게 없다고 단정하여 결론짓지 말고 온고지신 정신을 새기면서 옳고 그른 것을 판단해서 생활하여 자신들보다 더 후세를 위한 것이 무엇인가? 늘 생각하는 마음가짐으로 살아가야 한다. 훗날 반드시 경험한다. 우리는 그때가 돼 봐야 그때 일들을 알 수 있기 때문이다.

(2017. 12. 15.「문학시대」 123호, 2018년 봄호)

기가 막힌 어떤 하루

오늘은 우리 고등학교 동창들의 정기적으로 하는 산행일이다. 토요일 9시 30분경 친구들과 산행을 위하여 지하철을 타고 경로석에 앉아 스마트폰을 보며 한 정거장을 간다. 지하철이 정차한다. 사람들이 내리고 탄다. 타는 사람들 중 30~40대로 보이는 젊은 남자가 올라와 옆에 앉는다. 그는 스마트폰을 보고 있다가 다음 역에 열차가 정차하는데 "여기가 ○○역입니까?"라고 물으며 말을 붙여온다. 발음이 정확하지 않다. 횡설수설하는 느낌을 받는다.

역을 알려주는 방송도 있었고 열차 안 전광판에 역 이름을 표시도 하고 또 역 밖 벽에도 역 이름이 쓰여 있는데 역 이름을 묻는다. 한글을 모르는 노인도 아니고 외국 사람도 아닌 분명 한국 사람의 젊은이인데 말이다. ○○역을 다시 묻는다. 뭐 이런 사람이 다 있나! 생각하며 쳐다보다가 퉁명스럽게 건성으로 대답을 했다. 아직 멀었다고! 대답을 하는데도 계속 반복한다. 꼭 시각장애인과 대화를 하는 기분이다. 얼굴을 바라보는데 인상이 잔뜩 찌푸린 표정이다.

내가 정색을 하며 집중해서 거기는 아직 멀었다고 하자 갑자기 울음을 터뜨린다. 살펴보는데 눈물과 콧물이 얼굴에 범벅이다. 괜히 내 기분도 이상하다. 자리를 옮길까 생각하다가 곡절이나 알아보고 싶었다. 배낭에서 휴지를 꺼내 건네면서 왜 그러느냐고 물어보았다. 그런데 대답으로 엄청난 사실을 말한다. 오늘 직장에 출근했는데 잘리고 나오는 길이라 아무 생각이 없어 뭐가 뭔지 모르겠고 앞이 보이지 않고 어찌해야 할지 모르겠단다. 어떻게 여기 있는지도 모르겠다고 한다. 그러면서 이번엔 소리 내어 운다.

2년간 열심히 다니는 직장에 평소처럼 출근해서 일할 준비를 하고 있는데 그만두고 나가라고 했단다. 퇴직금은 통장으로 넣어준다며 나가라는 말만 계속했다고 한다. 그래서 어쩔 수 없어 나와서 어디론가 가는데 어디로 가는지도 모르겠단다. 그 말을 들으니 관계가 없는 내가 봐도 기가 막히는데 본인의 마음은 오죽하겠는가 하는 마음으로 바뀐다. 내가 갑자기 죄를 지은 기분이고 미안해진다. 어떤 행동을 해야 할지 몸 둘 바도 모르겠다.

초등학교에 다니는 자녀가 두 명인 4인 가족의 가장이란다. 뭐라고 말을 좀 해야겠는데 할 말이 떠오르지 않는다. 내가 내려야 할 역이 가까워져 온다. 참으로 안됐다는 위로의 말을 하였다. 그렇지만 가족을 위해서 곧장 집으로 가서 부인과 의논을 해서 열심히 일자리도 찾아보고 약한 모습 보이지 말고 용기 잃지 말고 힘을 내서 잘 살아야 한다는 이야기를 얼버무리듯이 하였다. 그 이야기를 들었는지 못 들었는지 확인도 못 하고 정차하는 전차에서 내리는데 발걸음이 무척 무거워 걸음을 걸을 수가 없었다. 생각한다. 그런 어려운 사람을 만나면 명함 한 장 건네고 '하는 데까지 해보고 그래도 힘들면 찾아오시오' 이런 멋진 말을 할 수 있는 힘이 나에게 있다면 얼마나 좋을까. 그런 능력이 된다면 얼마나 좋을까? 하늘을 쳐다보고 겸연쩍게 웃는다.

친구들을 만나서 조금 전의 이야기를 했다. 그 이야기를 들은 친구들 모두가 꿀 먹은 벙어리처럼 아무 말들이 없다. 어이가 없다는 표정들이다. 모인 친구들 7명은 나를 포함한 대부분 정년을 맞아 은퇴를 경험한 사람들이다. 참으로 안됐다며 남의 일 같지 않다는 친구와 '설마 그럴 리야!'라고 말하는 친구도 있다. 본인들 경험도 생각하기 싫은 우리가 아닌가.

누구를 원망해야 하는가. 그러나 그 친구가 다닌 회사의 사정과 우여곡절은 알 수 없으나 참으로 야속하다는 생각이 든다. 따져보니 내일이 크리스마스이브다. 꼭 이때 해고를 해야만 하는 무슨 사정이 있었을까? 월말 연말도 아니고 말이지. 같은 종교인이 아니더라도 축복을 주고받아야 하는 시절인데 해고라니! 온종일 답답한 마음으로 몸도 무거워졌고 힘도 빠지고 산행도 재미없는 힘든 하루였다. 하산 후 먹은 늦은 점심도 맛이 없었다. 내가 오늘 누구에게 씻을 수 없는 엄청난 죄를 짓고 있는 기분으로 하루를 보냈다.

이런저런 걱정 없이 열심히 일하는 세상이 왔으면 좋겠다. 일하는 즐거움을 만끽하며 행복을 누리는 세상이 됐으면 좋겠다. 그 친구 정말 잘되기를 기원한다. 꼭 잘되기를 두 손 모아 모든 신에게 빈다. 크리스마스이브인 내일이라도 곧바로 하나님의 축복을 받았으면 좋겠다. 행복한 모습의 그 젊은 친구를 그려본다.

(2017. 12. 23. 저녁)

엄마의 한계는? · 1

며칠 전 이낙연 총리가 모친상을 당했는데 그 소식을 전하는 신문 기사 가운데 현재 내 입장에서 눈에 띄는 내용이 있었다. 50㎞와 해변이라는 숫자와 단어에 꽂힌다.

"가을 농사를 마치면 어머니는 게를 잡으러 다니셨다. 이듬해 여름까지 가족들이 먹을 밑반찬을 장만하기 위해서였다. 어머니는 새벽에 도시락 두 개를 싸 가지고 모든 길을 걸어 다녔다. 주로 전라남도 영광군 백수면 해변이었는데, 집에서 6~7㎞ 떨어진 곳이다. 백수에 게가 없어지거나 하면 전북 고창 심원 해변까지 다니셨다. 최근에 동생 하나가 도로표지판에 적힌 거리를 보고 충격을 받았다. 집에서 심원까지는 정비된 국도로 달려도 23㎞였다. 국도가 생기기 전엔 어머니는 구불구불한 길로 대체 얼마나 걸었는가. 왕복 50㎞가 훨씬 넘는 길이었다."라고 가족들은 얘기한다. 그들의 어머니 진 여사는 초인적이다. 대단한 엄마의 능력이다. 존경한다. 얼마나 힘든지 내가 직접 걸어봐서 안다.

난 요즈음 바닷가를 걷고 있다. 주말과 휴일을 이용하여 우리나라 해안선을 도보로 답사하기로 결심하고 1월 21일 시작해서 오늘까지 12회 나들이하여 350㎞쯤 걷고 있는 중이다. 평일은 가사를 돕는답시고 손자 아이를 돌보는 아내를 위해 거들고 주말에 릴레이식으로 걷는다. 몇 년 전 완주한 인천의 황○○ 선생은 우리나라 한 바퀴는 약 4,200㎞정도인데 그 길을 과거를 되돌아보기 위해서 걸었고 또 미래를 위해서 걷는다고 했다. 그 말을 듣고 나도 꼭 해보고 싶은 욕심으로 실천 중이다.

나는 배낭 하나와 카메라를 목에 걸고 한강 하구에 있는 김포시 전유리 선착장에서 시작해 김포반도의 가장 북쪽인 애기봉과 문수산을 돌아 강화대교를 지나 김포 서쪽 해안을 통과 초지대교를 지나서 해안도로를 걷고 걸어 인천의 월미도까지 걸었다. 그 도중에 강화대교와 초지대교를 건너 강화도 한 바퀴를 돌고, 교동대교를 건너서 교동도를 돌고, 석모대교를 건너 석모도를 한 바퀴 돌아 연결하고 있다. 섬이라는 생각이 무색할 정도로 강화도, 석모도, 교동도가 다리를 포함하여 200여㎞가 넘는 둘레를 가지고 있다. 여기에 영종도와 용유도가 인천공항으로 발전되면서 육지가 돼서 또한 포함하니 54㎞란다.

지난 68년을 되돌아보고 진짜 우리나라를 살펴보고 삼천리금수강산을 내 눈으로 보고 싶은 충동과 내 생각을 실천해보고 싶어서 즉 여행이나 관광의 목적이 내포된 산천경개를 걸어서 유람하고 있다. 하루에 18~35㎞로 평균 30㎞정도를 걷고 있는데 힘들 때가 있다. 언젠가 전날 33㎞를 걷고 다음날 34㎞를 걷는데 진짜 힘들었다. 두 번째 날 25㎞정도 지나니까 허리가 점점 내려앉으면서 압축되고 다리가 휘청거리는 기분이 들고 약간의 통증이 온다. 앞으로는 30㎞로 목표를 할 셈이다.

나는 배낭과 카메라만 목에 걸고 빈 몸이나 마찬가지로 걸어도 힘들다. 그런데 연약한 이총리 모친은 도시락 두 개와 채취한 게를 담을 그릇을 가지고 25㎞ 걸어 도착해서 허리를 구부리고 게를 잡아 모아서 무거움도 잊고 한가득 머리에 이고 25㎞가 넘는 거리를 다시 걸어서 집에 가는 것이 한 해 그 계절에 한두 번이 아니었을 것이다. 보통 사람이라면 도저히 할 수 없는 일을 엄마이기 때문에, 자식들이 눈에 밟히기 때문에 초인간적인 힘을 발휘하였다.

머리가 부서지도록 이고 지고 안고 보듬고 행상을 하신 우리 엄마, 진 여사의 모습이 두 눈에 선하다. 우리 엄마들은 왜 그렇게 살았을까? 자식들 욕심은 왜 그리 많았는지 많이도 낳았고, 없는 살림을 한탄하지 않고 숙명으로 받아들이고 오직 자식들 바라보고 자식 잘 먹일 마음 하나였을 게다. 엄마들은 자식을 위해 목숨도 기꺼이 바칠 수 있는 자세가 항상 준비된 사람들이다.

내 아내도 우리 엄마들과 거의 대동소이하게 살아왔고 살고 있다. 박봉인 남편 월급 쪼개서 살림하고 아이들 길러서 대학까지 가르쳐 앞가림하도록 만들고 저축해서 집도 짓고 남편 잘되도록 기원하면서 살아왔다. 요즈음은 쉬어도 될 나이인데 부부가 출근하는 막내아들의 아들인 손자를 맡아서 기르고 있다. 내 마음 같아선 절대 안 될 것 같은데, 자식의 일이니 어쩔 수 없이 하는 것이 안타까울 때가 참으로 많다. 남편의 아내로서는 안 되는 일이 있어도 자식의 엄마로서는 안 되는 일이 없다는 것으로 보인다. 그래서 나도 조금씩 보조적인 역할로 돕고 있다. 아무튼 엄마의 한계는 없는 것인가? 엄마의 한계는 무한정인가? 의문을 가지며 늙은 엄마나 젊은 엄마나 할 것 없이 엄마들의 위대함에 감탄할 뿐이다.

(2018. 3. 27. 『문학시대』 123호, 2018년 봄호)

스마트폰과 세상

내 인생 프로젝트의 하나인 우리 국토 해안선을 따라 걷는 31일째의 날을 실천하기 위해서 첫 지하철과 첫 고속버스로 서산을 경유하여 다시 태안 버스터미널에 도착하니 가야할 곳의 버스가 30여 분 남아 있다. 화장실로 매점으로 돌아다니며 이런 저런 준비를 하고 볼일을 보고 시간이 돼서 버스를 타려 하며 주머니를 확인하며 뒤져보니 스마트폰이 없다. 동시에 갑자기 힘이 빠지고 세상이 캄캄하다. 아무것도 할 수가 없다.

2년여 전부터 스마트 폰을 사용하기 시작해 마침 맛을 들인 상태인데 낙심천만이다. 걷기 하는 동안의 모든 자료가 저장되어 있다. 분실신고를 포함한 카드, 교통카드, 연락 등 아무 조치도 할 수가 없다. 정신없이 찾아다니다가 맥 떨어진 생각으로 있다가 연배가 비슷한 사람이 대합실에서 스마트폰으로 뭔가 하고 있어서 사정 이야기를 하고 전화기를 빌려 아들한테 전화를 하는데 통화음이 10여 차례 가도 받지 않아서 끊고 다른 곳에 하려고 전화번호를 입력하는데 실수가 몇 번 반복되니 화를 내면서 전화기를 낚아채 가버린다. 정말 야속했다.

안절부절못하다가 조금 후 젊은 친구 2명이 있어서 가서 사정 이야기를 하니 빌려줘서 몇 군데 통화를 했다. 일단 급한 불을 끄도록 집에 있는 식구들에게도 통보하였다. 젊은 친구에게도 무슨 일이 생길지 몰라 더 쓸 수가 없어서 고맙다는 인사를 하고 스마트폰을 돌려주었다. 다음은 동전을 바꾸어 공중전화기를 2번을 이용하였으나 무슨 일을 하고 어떤 조치를 해야 하는지 아무 생각도 안 난다.

내 스마트폰에 전화를 해도 받지 못한다. 돌아다니면서 사진을 찍는데 배터리가 소모가 많아 걱정을 한 적이 있어서 오늘따라 배터리를 절약한다고 전원을 완전히 꺼놓은 상태였다. 그런데 잃어버린 것이다. 가는 날이 장날이다. 답답함을 스스로 자초한 것이다. 아휴 답답해 바보야~~. 스마트폰 케이스에는 증명사진 1장과 명함 몇 장 그리고 비상금 5만원이 들어있다.

잃어버린 동선을 따라 몇 번을 반복하여 들랑날랑하다가 40여 분 뒤 갑자기 터미널의 구내방송이 생각이 났다. 혹시나 하는 생각으로 사무실을 물어물어 찾아가 휴대폰 잃은 얘기를 했다. 곧장 방송을 한다. 방송을 하면서 사무실 직원이 친절하게 휴대폰을 빌려주며 전화할 곳이 있으면 쓰라고 한다. 고맙다. 다시 집에 연락하니 분실신고 했다고 하며 집으로 그냥 오란다. 방송을 2회를 반복한다. 전화를 통하고 있는 그 사이에 휴대폰을 나에게 내밀며 이거냐고 묻는 사람이 있다. 보니 내 전화기다. 얼마나 반가운지!? 화장실에서 주워서 갖고 있었단다. 그 사람은 대합실 매점에서 장사하는 사람이란다. 화장실에서 볼일을 보면서 앞의 튀어나온 턱에 두고 나와 버린 모양이다.

고맙다고 인사를 하고 답례를 하려고 찻값이라며 돈을 몇 푼 내미는데 극구 사양을 한다.

올해 1월 21일부터 우리나라 해안선을 따라 한 바퀴를 걷기로 하고 주말이면 지난번 끝나고 돌아온 지역으로 이동하여 연결하여 걷는 중이다. 이번엔 태안군의 어느 바닷가에서 이어 걸어야 한다. 그동안 걷는 여행을 하면서 그날의 행적을 일기식으로 써서 스마트폰에 저장하였고 또 사진도 일자별로 100여 장 이상을 촬영하여 저장하고 있다. 또 지도와 동네를 찾아가는 요령 등이 저장되어 있어 내 여행의 요술상자이며 창고이며 나의 족보이기도 하다. 그걸 잃어버렸으니 끈 떨어진 연 신세가 될 뻔했다.

그런데 여기서 잠깐! 내가 놔두었던 곳에 그대로 계속 놔두었더라면 내가 쉽게 찾을 수 있었을 텐데! 하는 아쉬운 생각을 해본다. 또는 방송실에 맡겨서 방송으로 잃어버린 사람을 역으로 찾았다면 하는 아쉬움을 갖는다. 이런 물건은 손을 안대는 풍토를 그려본다. 오늘 하루는 지옥과 천당을 오가며 하루를 보냈다. 그리고 어디 다니면서 너무 서두르지 말자고 다짐한다. 혹시 스마트폰이나 다른 분실물이 있을 시 구내나 유원지인 경우 지역이나 구내방송을 꼭 생각하라고 홍보를 해야겠다.

뜻하지 않은 일로 해안가 걷는 일이 2시간가량 늦게 목표지점에 도착해서 하루의 일정이 힘들게 이루어졌다. 여행이란 느긋하고 여유있게 풍광을 즐겨야 하는데 서둘러야 하는 처지가 되어 모든 게 힘든 하루를 보냈다. 걸은 거리도 계획보다 10㎞ 정도 적게 걸어 오늘의 양을 채우지 못했는데도 몸과 마음이 무겁다. 늦게 버스를 타고 신진도와 마도에서 시작하여 동북쪽으로 걸었다. 신진대교를 건너니 안흥항이다. 충남 태안반도 중에서 또 소규모 반도로 육지의 끝부분으로 안흥성이 있다. 바다와 연결된 군사요충지로 지역의 중요한 지역이다. 안흥에서 황도항까지는 해안선에 길이 없다. 황도항은 물고기 집산지이며, 연포해변은 '연포 아가씨'라는 대중가요도 있는 유명한 해수욕장이다. 채석포항, 원안 해변, 용신 어촌체험 마을을 통과하며 스마트폰으로 사진을 찍고 마을 이름도 메모장에 기록했다.

그 후 석양에 장기리라는 마을을 걷는데 조그마한 방조제가 있다. 호수 옆에 민가가 하나 있는데 꼭 서양 영화에서 본 성 같은 집이다. 작은 호수는 그 집 소유의 호수처럼 보인다. 장년 한 사람을 만났다. 귀촌한 사람인데 수도권에 사는 부인이 내려오기를 기다리며 집을 가꾸며 지키고 있다고 한다. 마당과 텃밭이 잘 정리되어 있다. 오늘 그 시간에 길가에서 오디를 따고 있다. 나도 한 움큼 따서 시식을 해봤다. 맛이 그만이다. 정서적으로 순화가 된다. 집을 보면 부럽기도 하고 혼자 사는 것을 보면 측은하기도 하다. 그 집 주인의 신세가 나와 비교해 보면 누가 나을까? 석양의 두 남자 행색이 말이 아니다. 그 집을 또 스마트폰으로 찍고 이별 인사를 나누었다. 있을 사람은 있고 갈 사람인 나는 길을 재촉한다.

논이 많은 들판을 지난 후에 남면의 남산리라는 마을에 있는 찜질방을 발견하니 힘이 쭉 빠지며 더 걷기가 싫어진다. 숙식을 해결하는데 너무 혼란스럽다. 힘이 들어 숙소도 마음대로 구하지 못하고 발길 따라 멈추어진 찜질방에서 하루를 묵기로 했다. 좋은 집을 찾아 나서기도 지쳐서 힘이 든다. 하루 흘린 땀을 지우고 저녁 끼니를 찜질방

미역국으로 해결한 뒤 일기를 쓰고 잠을 청하는데 한 팀의 여자들이 큰 목소리로 서로 자기 자랑 대회라도 하는 양 귀를 자극해서 잘 지낼 수 있을지 고민이다.

지금 태안과 서산은 마늘 수확에 모든 인원이 총출동하고 있다. 보리는 별로 보이지 않고 논의 벼는 벌써 땅 맛을 제대로 보고 검푸르게 잘 자라고 있다. 하얀 찔레꽃이 한창이다. 휴대폰 분실부터 스트레스를 받아 오늘 머리 컨디션이 별로인데 그런대로 잘 지나왔다. 꽤 오래 기억에 남을 것이다. 심신이 힘들었던 그 와중에 37천여 보에 27㎞를 걸었다. 스마트폰을 잃어버렸을 때는 지옥이었고 걸을 때는 천당에 있었다. 스마트폰에 매달린 사람이 되고 말았다.

(2018. 6. 9)

망중한의 하루

토요일과 일요일에 내가 하고 있는 우리나라 한 바퀴 걸어 돌기를 무더위 때문에 쉬고 있다. 일요일 집에 있으니 정말 덥고 답답하고 따분하기도 해서 고속버스터미널에 가 보았다. 이 혹서기에 교통의 중심지에서는 어떤 사람들이 어떻게 움직이는지 분위기를 느껴보기 위해서. 많은 사람이 더위에 아랑곳하지 않고 오가고, 부지런히 움직이는 모습의 생기가 보기 좋다. 나도 그 멤버들에 끼어들고 싶다.

아직 얼마 안 되는 기간이지만 토요일만 되면 차를 타고 떠나고 일요일에는 도착하는 곳으로 정이 들긴 든 모양이다. 결론은 어제 갔어야 했다는 것이다. 그러나 후회해도 마지막 버스 떠난 자리에서 서 있는 거나 마찬가지 신세다. 터미널 여기저기를 익숙하게 한 바퀴 돌아보고 지하에 있는 편의시설들을 구경하다가 요즈음의 문학과 출판 유행의 분위기를 알아볼 겸 해서 서점에 들렀다.

내 앞에 행복하게 보이는 한 가족이 있다. 거리를 두고 유심히 관찰했다. 딸이 위고 아들이 아래인 어린아이들 둘과 부부 그리고 외할머니로 보이는 중노인 이렇게 5명이다. 이들도 나처럼 심심하고 따분해서 나온 것은 아닌 것 같다. 할머니까지 보인 것으로 봐서 계획된 가족 나들이를 나온 것 같다. 그런데 서점에서 책과 장난감 사는 것을 가지고 논쟁이다.

아이들은 하나같이 책 한 권과 장난감 하나씩을 사달라고 고집을 부린다. 이에 어른들은 이번에는 책이나 장난감 중 한 가지만 사고 다음에 다른 것을 사자고 설득을 한다. 요즘 대세에 맞게 역시 결정의 주장은 엄마가 제일 강하고 단호하다. 아빠는 둘 다 사줄 수도 있다는 표정이다. 엄마의 강하고 단호한 설득에 책으로 정하고 밀어붙이니 아이들이 못마땅하지만 따르는 것이 대견하다.

한참 만에 아이들이 설득을 당해 그렇게 하기로 했는데 또 문제가 있다. 무슨 책을 살 것이냐?로 의견이 오고 가면서 타협을 한다. 아이들이 책 제목을 몇 가지 이야기 하면서 결정을 한다. 한참 후에 책을 들고 계산대로 나오는 것을 보니 아들은 꽤 무거워 보이는 공룡 그림책이고 딸은 상대적으로 가벼워 보이는 만화책 2권을 골랐다. 아빠가 계산하는데 36,500원이란다.

참 재미있는 광경을 보았다. 아이들이 떼를 쓰고 결국은 이긴다는 이야기를 많이 듣고 보았다. 그런데 이 집은 타협과 설득이 통한다. 살펴보고 있는 나는 아이들 엄마의 계속 미소를 짓고 있는 자신만만한 표정에서 답을 찾을 수 있었다. 혹시 워킹 맘은 아닌지 궁금하기도 했으나 더 이상 접근은 금물이다.

요즈음 젊은 부모들의 풍경을 보고 우리들은 그렇게 못 했던 사실에 쓴웃음을 지며 괜히 그냥 누군가에게 미안하다고 생각했다. 그러나 옛날로 되돌려 삶을 다시 산다면 잘할 수 있을까? 스스로 질문하였지만 대답은 글쎄다.

아이들 아빠에게 아이들의 나이를 물으니 딸이 초등학교 1학년이고 아들은 유치원에 다닌다고 한다. 아이들이 요즘 부쩍 책에 관심이 커졌다고 말하며 기분 좋은 표정이다. 예나 지금이나 책에 대한 긍정적인 생각은 같은 것일까? 책을 좋아한다는 아이들을 보고 좋아하지 않을 부모가 있겠는가.

점심을 하러 간다며 앞서가는 그 가족의 당당하고 행복해하는 모습이 가슴에 와 닿는다. 나도 그들의 행복함을 빌며 서점에서 요즈음 인기 있는 책들을 살펴보고 그중 한 권을 사고 다시 길을 나선다. 역시 고속버스터미널에는 아직도 사람들이 많다. 생동감 있는 사람의 삶이 흐르는 곳은 역시 시장과 기차역이나 버스터미널이다.

(2018. 7. 22)

화재 현장에 있었다

오늘 하루도 무진장 더운 날이다. 손자와 아내가 코엑스의 지하공간에 있다기에 하던 일을 중간에 끊고 코엑스로 갔다. 우리는 막내아들의 아들을 일종의 황혼육아를 하고 있다. 날씨가 너무 더워 동네에서 시원한 곳을 찾다가 유료 어린이 놀이터가 있는 이곳에서 시간을 보내던 중이다.

손자 유모차를 1시간 정도 밀어주었다. 손자가 재잘거리기도 하고 잠을 자기도 하고 시원한 공간에서 상당히 기분 좋아 보였다. 평소 밥을 잘 안 먹어 속을 태우는 놈이라 밥이나 먹이고 우리도 저녁을 해결하기 위해 식당에 들어갔다. 곰탕을 시켜 어른들은 거의 다 먹고 손자에게 한 숟갈이라도 더 먹이기에 여념이 없는 그 시간.

무슨 사이렌 같은 소리가 들렸으나 옆 테이블에 있는 아이가 투정을 부리는 소리로 인식하고 대충 넘겼다. 그런데 밖에서 갑자기 웅성거리고 술렁대는 소리와 사람들이 이동하는 속도가 갑자기 대단히 빠르다는 것을 느꼈다.

그리고 일부는 입을 손으로 막고 있고 어떤 젊은 커플은 남자가 여자 입을 손으로 막아주고 빠르게 걸어가고 있는 모습들이 목격된다. 무슨 영화의 한 장면 같다. 식당을 나와서 서쪽 지역을 바라보니 연기가 자욱하게 보이는 것 같기도 하고 매캐한 냄새도 난다. 조금 전 그 소리가 화재경보기 소리라는 것을 그제야 인지할 수가 있었다.

사태가 심상치 않음을 감지하고 빨리 계산하라고 아내에게 말하고 밥 먹이던 손자를 끌어안고 밖으로 나왔다. 유모차를 찾아 태우고 속도를 내서 내가 잘 아는 출구 쪽으로 달리다가 주위를 보니 아내가 보이지 않아서 계산한다는 생각이 떠올라 기다리며 서 있었다. 잠시 정지한 그 시간이 얼마나 길게 느껴지던지 혈압이 올라가고 뚜껑(?)이 열리는 것 같은 기분이다.

그런데 아내가 달려와 손자가 쥐고 있는 스마트폰 지갑에 신용카드가 있어서 그것을 빼내어 다시 식당으로 가야 한단다. 아내가 카드를 가지고 식당으로 가려고 돌아서니 물밀듯이 밀려오는 인파에 밀려 도저히 갈 수가 없었다. 순간적으로 다음에 계산하기로 부부가 합의(?) 결정하고 봉은사역 쪽으로 갈려는데 갑자기 화재경보기가 울려댄다. 내가 잘 아는 길이라 침착하게 대처해서 나가려고 하는데도 화재경보기가 계속 울리니까 허둥지둥하고 혼비백산하여 이성을 잃어버린 행동이 나온다. 경보기 소리가 마귀 소리와 같이 들리고 소리가 큰 쪽으로는 가기가 싫어진다.

여기저기를 둘러봐도 길을 쉽게 찾을 수가 없었다. 조금 움직이니까 바로 옆에 전시장 1층으로 올라가는 에스컬레이터가 눈에 보여 무조건 올라탔다. 에스컬레이터 올라가는 시간이 그렇게 길게 느껴질 수가 없다. 속도도 한없이 느려터진 느낌이다. 우여곡절 끝에 간신히

탈출(?)해서 코엑스 동문 쪽으로 나온 후 될 수 있으면 그 건물에서 조금이라도 더 떨어진 쪽으로, 또 한 걸음이라도 더 멀리 갈 생각으로 몇 걸음을 더 옮겨서 안도의 한숨을 쉬었다.

코엑스 지상 광장에서 봉은사역으로 200여 미터를 가는데 그렇게도 더울 수가 없다. 석양인데도 얼마나 더운지 숨이 탁 멈추는 기분이었다. 역에 도착해서 좀 쉬고 가자고 하니까 아내가 일단 코엑스 지역을 벗어나자고 해서 지하철을 타고 한 정거장을 이동한 다음 이것저것을 살펴 이상 없음을 확인 후 안도하고 한참을 쉬었다.

30여 분 뒤에 인터넷을 검색해보니 코엑스의 지하 어느 식당에서 불이 났다는 기사를 보았다. 그러나 인명을 포함하여 큰 피해 없이 10여 분 만에 진화됐다고 한다. 불행 중 천만다행이다. 고층 건물도 화재가 발생하면 안전에 취약하지만 지하 시설도 마찬가지로 취약하다는 사실을 확실하게 알았다. 만약 그 상황에서 정전이 되었다면 어떻게 되었을까를 생각하니 아찔하다. 아마도 아수라장이 되어 사람들끼리 밟혀서 대형 사고가 될 수밖에 없는 환경이었을 거로 생각한다. 소름이 끼친다. 더구나 가족 동반 나들이가 많은 시설이라 어린아이들에게 치명타를 입힐 수 있다는 생각에 가슴이 떨린다.

시설의 안전한 환경을 갖추기를 기대한다. 일하는 사람들은 사명감을 갖고 사고 나지 않도록 매사에 신중하고 대충대충 하지 말고 주의하여 완벽한 준비를 한 가운데서 일하는 지하공간이 돼야 할 것이다. 대형 화재 사고로 한 번에 수십 명씩 발생하는 인명사고도 조그마한 일과 실수로 시작한다는 뉴스를 많이 보고 있지 않은가 말이다.

설마라는 말도 잊어버려야 한다. 나 하나쯤이야 하는 생각도 버려야 한다. 수만 명의 인파가 정말 무서웠고, 찰나에 본 눈망울 하나하나가 애처롭고 무서웠다. 미약하게만 생각되었던 사회 구성원인 우리 하나하나의 역할이 대단히 크다는 사실도 생각하게 된다.

이 내용을 페이스북에 올렸더니 글이 올라왔다. 대단히 죄송하다며 '31일 오후 6시 28분께 코엑스 내 지하 식당에서 불이 났으나 소방서의 즉각 출동으로 10분 만에 완전히 꺼졌으며 인명 피해는 없다. 앞으로 철저히 관리해서 이런 일이 발생치 않게 하겠다'고 페이스북에 떴다.

(2018. 7. 31. 21:05)

한여름 밤의 소동

폭염의 최고온도 신기록을 수립한 8월 1일 밤 자정을 넘긴 시간, 잠을 자야 할 심야다. 이때까지 안 자고 놀던 31개월 된 손자가 자정 넘어 똥을 세 번이나 싸더니만 속이 비어서 허전한지 텐텐(?)이 먹고 싶다고 제 할미에게 달라고 한다. 할미는 다 떨어져 없다고 한다. 아이와 할머니 간에 실랑이가 대단하다.

아이는 할미와 집안에서 거의 생활을 같이하고 있는 막내아들의 아들인 현재 우리 집 전체에서 막냇손자다. 텐텐이란 꼬마들이 좋아하는 과자 종류인데 약국에서 판다. 1년여 전부터 하루에 1~2개씩 먹는데 오늘 저녁때까지 먹이고 떨어졌는데 미처 준비를 못했단다. 우리는 이 손자 아이를 1년 전부터 황혼육아 중이다.

10여 분 이상 달래어 봐도 소용이 없고 다른 것을 줘도 진정이 안 된다. 약국에 가서 사 오란다. 깜깜한 밤이라 약국이 문을 닫아 살 수 없다고 여러 가지를 설명하고 달래도 소용이 없다. 그래서 할미가 400여 걸음 옆에 있는 평소 텐텐을 사던 약국에 가서 문 닫힌 현상을 보여주면 아이가 이해할 것이라는 생각으로 유모차에 태우고 앞서

간다. 그 모습을 뒤에서 따라가며 바라보니 아내가 얼마나 안돼 보이는지. 그런데 크게 착오가 발생했다.

손자는 닫힌 약국 문을 보고도 막무가내다. 문을 밀고 들어가 텐텐을 가져다 달라며 전혀 마음의 변화가 없고 울기만 한다. 새벽 1시가 넘은 시간 집 밖 도로상의 날씨가 엄청난 찜통더위로 몸은 땀으로 범벅이 되고 숨이 막히는 지경이다. 이렇게 더워서야 어디 살겠는가 싶다. 너무 더워서 길거리 다니면서 칭얼대는 어린아이가 몹시 걱정이 되었다.

이웃 편의점이라도 들어가야겠다는 생각이 들었다. 경황없이 집을 나오다 보니 아무 준비가 안 돼 내가 먼저 집으로 돌아와 지갑을 가지고 다시 밖으로 나갔다. 아이는 할미가 밀고 오는 유모차에서 계속 울고불고한다. 상황이 말이 아니다. 우는 아이가 불쌍하기도 하고 어른은 어른대로 지쳐서 나가떨어질 지경이다. 만사가 귀찮다. 하늘이 원망스럽게 날씨는 무진장 계속 덥다.

할 수 없이 아이를 번쩍 들어 안고 무조건 편의점에 들어가 자기 맘에 드는 것을 고르라고 하고 매장 안을 빙글빙글 도는데도 막무가내 텐텐만 찾는다. 전에 좋아했던 막대 치즈 소시지도 싫다고 한다. 또 다른 편의점으로 들어가서 같은 행동을 하였다.

그놈을 안고 편의점을 몇 바퀴 도는 사이에 눈에 들어온 게 있는지 손으로 가리킨다. 젤리 종류의 과자다. 다시 물으니까 그게 좋단다. 제삼 물어볼 필요 없이 한 봉지 집어 들고 1,500원 계산을 하였다. 아이 마음이 변하기 전에 신속히 집으로 돌아와서 젤리를 뜯어 주었더니 웃으면서 좋아한다. '그놈 참' 하는 말이 목구멍을 타고 넘는데 침을 삼키며 참는다.

그런데 또 문제가 발생한다. 그 아이는 젤리를 많이 먹으려 하고, 할미는 될 수 있으면 적게 먹이려 하고 신경전이 대단하게 벌어진다. 아이~쿠, 옆에 있는 내가 답답해 죽을 지경이다. 모든 게 귀찮게 생각돼서 짜증이 나 통째로 다 주어버리라는 내 말에 할미는 불만이다. 결국은 아이가 원하는 데로 할 수밖에 도리가 없다. 그래도 몇 개 남긴다.

집에 와서 또 한바탕 소동을 벌이고 그 와중에 우유를 또 먹고 그림책과 동화책의 제목을 말하며 할미에게 읽어 달라고 한다. 책을 읽는 사람도 선택한다. 오늘은 꼭 할미만 책을 읽어야 한다고 한다. 할미가 책을 여러 권을 읽는 소리를 듣다가 새벽 2시 반 경에 잠이 든다. 새근거리며 잠을 자는 손자를 보며 한숨을 짓고 한여름 밤의 소동을 잠재운다. 이것이 한여름 밤의 꿈이었으면 좋겠는데 절대 꿈이 아닌 현실이다.

오늘 있었던 일을 생각하면 짧은 여름밤이었으면 좋겠고 잠을 생각하면 긴 여름밤이었으면 좋겠다고 생각한다. 그놈은 다음날 10시가 넘은 이 시간에도 잠꼬대하며 세상모르게 자고 있다. 얼마 전까지만 해도 잠을 자면 깰까봐 조심조심하며 행동했는데 지금은 잠이 들면 업어 가도 모르게 깊은 잠을 잔다. 이것도 아이들 발달 중 하나라 생각하며 크긴 크는구나! 하는 생각이다. 또 어린이집에 데리고 갈 일을 생각하니 걱정이다. 어린이집에 가기 위해 나서면 십중팔구 가지 않겠다고 떼를 쓰기 때문이다. 불볕더위는 이날도 계속이다. 어른이나 아이 할 것 없이 참 힘들게 하는 올해 여름이다. 무더위도 소동이다.

(2018. 8. 2. 10:12. 『한국전쟁 문학』 제3집, 2018년호)

탑골공원의 여름

폭염 속의 탑골공원에 나가보았다. 8월 4일 토요일 오전 10시를 지난 한낮의 공원은 어떤 모습일까? 궁금했다. 종로3가역에 내려 일단 지하철 1호선 길, 3호선 길, 5호선 길과 낙원상가와 인사동을 연결하는 탑골공원 외곽을 우선 크게 한 바퀴 돌았다. 폭염의 영향으로 도로변의 인도 길거리는 붐비지 않고 공원 동쪽 광장의 포장마차 상가는 장사 준비를 하느라 약간 어수선한 모습만 보였다.

다음은 공원 담장 밖으로 한 바퀴 돌아보았다. 그런데 웬걸!! 평상시 보았던 모습의 인파가 보였다. 이렇게 더운데 무엇 때문에 사람들이 많을까? 살펴보았다. 서북쪽에는 개인별로 의자에 앉아 무슨 신문들을 많이 읽고 있었다. 그 바로 옆에는 10여 명이 바둑판 한 개로 동네 바둑(?)을 두느라 시끌벅적 야단이다. 바로 북문 앞에는 의자를 10여 개 이상 둘러 놓여 있는데 벌써 술에 꽤 취한 사람들이 앉아 있으면서 술을 주거니 받거니 왁자지껄 소란스럽다.

오전 11시가 넘은 시간에 탑골공원 안으로 들어가서 담벼락 쪽으로 한 바퀴 돌아보았다. 간간이 있는 벤치에 실버들이 그늘을 이용하여 앉아 있다. 원각사비각 주위에도 그늘진 곳에 앉아서 이야기를 주고받는 실버들이 많다. 공원 한가운데 있는 팔각정에도 뒤편 그늘 쪽으로 많은 실버들이 앉아서 담소를 나누고 있다. 태양은 이글거려 몹시 더운데 왜 이렇게 앉아 있는가?

앉아 있는 모양으로 봐서는 알 수 없는 일들이다. 아주 재미있게 이야기를 하면서 주위를 사로잡고 끌고 가는 실버도 있고, 아주 힘들게 머리를 숙이고 조는 것 같은 모양의 실버도 있고, 무엇인가, 누구인가를 기다리는 듯한 자세도 있는데 나는 더 있기가 힘든 더위다. 무진장 덥다.

서쪽 그늘 벤치에 앉아있는 한 실버와 이야기를 나누었다. 파주에서 왔다는 자칭 양반인 광주(廣州, 넓을 광자) 이 씨인 이방래(81세)씨는 1주일 중 5일은 동네 복지관에 다니고 토·일요일은 탑골공원에 와서 말벗들을 만나면 얘기도 나누고 다른 재미를 위해서 온다고 한다.

주변 편의시설이 점심시간 어간에 값이 싸서 즐기기 위해서 온다고 한다. 더위보다 더 재미있는 즐길 것이 좋아서 온다고 한다. 가령 공원 뒤편 노래방에서는 점심시간에 가수들이 나와서 옛날식 쇼를 무료로 한다. 파고다 타운이라는 곳에서는 4,500원에 점심을 해결하고 역시 옛날식 쇼를 관람할 수 있다고 한다. 좀 더 알아보니 점심이 끝나면 실버들의 즉석 이성 만남도 이루어지는 장소이기도 하다.

이 씨는 38년생으로 전라도 보성이 고향인데 큰아버지가 가르치는 한문 공부하기가 싫어 12살에 집 나간 이야기, 30대 초반인 69년에 상경해서 쌀장사로 돈을 많이 벌었는데 다시 사기를 당해서 망한 이야기, 파주로 이사 가서 고철 장사로 돈을 많이 벌었는데 부인이 교회 집사한테 사기당해서 망한 이야기와 자식들이 3남 1녀인데 큰 자식은 은행지점장이고 며느리가 훌륭하고, 둘째는 건설회사에서 일하고, 하는 등 이야기가 구성지다. 인간사가 완전한 소설이 한 권이라는 이야기가 맞다.

탑골공원에 모인 실버들은 이런 경험담과 자랑을 하면서 시간을 보낸다고 옆의 다른 실버가 얘기해준다. 이 씨와 대화를 하는 중에 어떤 실버가 지나가다가 시간이 몇 시냐고 묻는다. 11시 45분이라고 말하고 왜 시간을 묻느냐고 되물으니 무료 급식하는 곳에 가기 위해서라고 한다. 12시부터 공원 뒤쪽에 있는 원각사에서 식사를 할 수 있다고 한다. 호기심이 나서 아무나 주느냐고 물으니 노인이면 아무나 식사가 가능하다고 한다.

12시 20분쯤 이 씨와 함께 노래방 쇼를 잠시 구경하고 혼자 나와서 노인 무료 급식소로 갔다. 건물 입구에 들어서니 실버 1명이 서 있으면서 손으로 뒤를 가리킨다. 뒤로 돌아가라는 것으로 이해하고 뒤로 걸어가니 아무것도 보이지 않는다. 알고 보니 자기 뒤로 서라는 신호다.

조금 있으니까 위쪽 이층에서 "올라오세요."라는 소리가 들리는데 나보다 뒤에 왔던 일행까지 3명이 익숙하게 올라간다. 위를 쳐다보는 나에게는 기다리라고 한다. 조금 기다리니까 올라오란다. 이층으로 올라가 입구에서 신발을 벗어 왼쪽의 신발장에 넣고 방으로 들어가면서 밥이 든 식기와 숟가락을 쥐서 들고 이미 국그릇이 놓여 있는 자리에 다가가 책상다리로 앉아서 밥을 먹는다.

오늘 메뉴는 카레라이스에 단무지 채를 올리고 오이 미역냉국이다.

장소는 식탁 10개가 자리하고 있다. 책상다리로 앉아서 식사하기 때문에 의자가 필요 없는 공간이다. 동시에 35명 정도 식사가 가능한 공간으로 판단된다. 절(寺)밥 먹는 식으로 먹는 밥은 젓가락이 필요 없다.

탑골공원을 올 때마다 간판만 봐왔는데 오늘 처음 체험했다. 요즈음은 1일 150~200명 정도 식사하러 온다고 한다. 보살님으로 불리는 아줌마 자원봉사자분들이 배식과 설거지를 하는 것 같았다. 더위에 땀을 뻘뻘 흘리면서 열심히 일하고 있었다. 일하는 모두가 보살과 천사로 보였다.

여유 있는 독지가들이 후원을 좀 더 보태서 조금 더 좋은 음식이 제공되기를 진심으로 바라는 식사였다. 아는 사람들은 알다시피 아주 작은 절에서 감당하기가 버거워 보이는 규모이다.(내가 보기에) 사명감이 없다면 시행하기 어려운 일을 하고 있다고 생각하니 그분들이 존경스럽다.

내가 조금 전에 공원 앞, 뒤에서 본 실버들이 이곳에서 점심을 해결한 분들도 여러 명 보인다. 그래서 이 더위에도 탑골공원에 많은 사람이 와 있었을 것이라고 이해하게 됐다. 한참 재미나게 인생 이야기를 나눈 이 씨는 파고다 타운으로 갔는지 끝내 이곳에는 나타나지 않았다.

민족의 정기가 서린 우리의 탑골(파고다)공원의 아름다운 정서가 민족의 가슴에 어리기를 원한다. 모든 실버들이 돌아오는 가을을 건강하게 맞이하기를 기원한다. 그리하여 활기찬 탑골공원의 기운을 찾기를 바라면서 다시 한 번 공원을 돌아서 발길을 돌리는데 자꾸 뒤가 돌아다 보인다.

(2018. 8. 4. 실버넷 뉴스 2018. 8. 5)

최고의 피서지 인천국제공항

폭염으로 이번 주에도 도보 답사를 못 갔다. 주말만 되면 도보로 해안가를 돌다가 더위로 못 나가니 답답하다. 고속버스터미널, 김포공항에 이어 일요일인 오늘은 인천공항으로 향했다. 공항으로 가서 가슴에 날개를 달고 싶어서. 둘러보기 위해서다. 김포공항까지 지하철을 타고 김포공항에서 다시 공항철도로 갈아타고 새로 생긴 인천공항 제2터미널에 갔다. 이곳이 철도 종점이다. 시설과 공간의 위엄에 놀라움을 금치 못한다. 밖의 날씨는 해가 쨍쨍하고 덥기가 이루 말할 수 없는데 여기는 별천지다. 엄청 시원하다.

폭염에다 학생들 방학이 시작된 지 오래여서 그런지 비교적 한산한 편이었다. 그런데 유독 아이 유모차를 밀고 다니는 할미들이 많았다. 해외에 나들이를 할미들과 같이 나가는 사람이 많을까? 라고 생각하며 지하층, 입국하는 1층, 출국하는 3층을 모두 돌아보았는데 모든 층 한쪽코너에 실버들이 많다. 그리고 모두가 느긋하고 한가한 모습이다. 벤치에는 여러 할미, 할배들이 둘러앉아 있기도 한다.

몇 사람에게 물어보니 해외 나들이 가는 사람들이 아니란다. 인천공항에 놀러 와서 시간을 보내는 중이란다. 그리고 실버들 무리가 많았다. 모두 피서를 온 실버들이다. 사람들 머리가 좋기로 소문난 우리나라가 아닌가. 기가 막히는 발상이다. 순간, 넓고 높은 커다란 공간에 냉방된 시설 안의 환경은 사람이 생활하기에 최상이겠다는 생각이 든다.

점심때가 되니 외진 곳에서는 파티가 벌어진 것처럼 삼삼오오 모여 서로 가지고 온 음식물을 먹는 모습들이 여러 군데서 보인다. 빵과 삶은 옥수수와 감자 그리고 수박, 참외를 비롯한 여러 가지 과일들로 요기를 하고 있다. 아침에 일찍 시원할 때 와서 시원한 이곳에서 점심까지 해결하고 오후까지 시간을 보내고 집에 갈 요량으로 보인다.

시원한 곳에서 이런저런 사람들과 풍경들을 즐긴다. 입장료도 안 내고 구경하면서 한 바퀴씩만 돌아도 만 보는 걸을 수 있는 공간이다. 시설 안에는 볼거리와 즐길 거리가 많다. 키가 커다란 아열대 식물들도 천장을 뚫을 듯이 위용을 자랑하고 있다. 동쪽 공간에는 화분 진열대가 있다. 화분에 담긴 식물들도 식물원처럼 아기자기하게 서로를 자랑하고 있다. 꽃피우기가 한창인 이름 모를 꽃들도 예쁘다.

인천공항은 서울이나 인천 시내에서 꽤 멀다. 교통편은 지하철과 공항철도로 연결되고 버스들도 많다. 시간도 이른 시간부터 늦은 시간까지 있다. 또 제1터미널에서는 용유역까지 가는 자기부상열차도 탈 수가 있다. 오고 가고 하는 것은 실버들은 지하철과 공항철도와 자기부상열차는 무료이지 않은가! 인천이나 서울에서 1~2시간이면 접근이 가능하다. 전철 타고 지하철 타고 오고 가는 이동 중에도 시원한 냉방을 보장한다. 최상의 피서가 아닐 수가 없다. 아마 추운 겨울에는 따뜻함도 이용할 수가 있을 것 같다.

오전에 가는 중에도 가방 없는 실버들이 많았다. 그 이유를 돌아오면서 터득했다. 사람이 머리를 쓰고 주변의 자산을 잘 활용하면 아무리 힘들고 험난한 고난도 피할 수 있다는 사실을 또 알았다. 이런 행동들이 윤리 도덕적으로 맞는지 아닌지는 잘 모르겠으나 출퇴근 시간 등 바쁜 시간을 피해서 다니고 세계인이 사용하는 공간이므로 비행기 타는 손님들에게 피해를 주거나 눈살을 찌푸리는 행동은 절대 하지 말아야겠다. 특유의 한국인 노인들의 특성으로 적당히 넘어간다든지 자신들의 편의만 생각하고 행동하는 일들도 절대 하지 말아야겠다고 생각한다. 그리고 오늘도 한 수 배운다.

제2터미널을 지하층 1, 2, 3층을 한 바퀴씩 돌아보니 만 보가 넘는다. 지하의 사람이 많은 대중음식점에서 뜨거운 콩나물국밥으로 점심을 해결했다. 다음 제1터미널로 이동하여 용유도행 자기부상열차를 타고 용유역에 내려 30분쯤 걸어서 마시안 해변으로 갔다. 바닷바람을 맞으며 바닷물에 발을 담그고 부드러운 물속 모래밭을 걸어보았다. 시원한 아이스 과자를 하나 사서 먹고 다시 용유역으로 걸어와서 자기부상열차로 공항으로 이동하여 공항철도를 타고 김포공항에서 지하철로 갈아타고 시원함을 만끽하고 집에 도착하니 다시 몹시 덥다. 왕복 교통 요금은 공짜다.

(2018. 8. 12)

3살짜리 손자에게 한 거짓말

우리 집에 손자·손녀가 4명이다. 위로 둘은 중1과 초4학년으로 부모나 다른 어른의 돌봄이 없어도 된다. 아래 둘 큰아들 집 손자(6살)와 작은아들 집 손자(3살)는 유치원과 어린이집에 다니는 아이들이라 손발이 맞는 눈치다. 세 집이 한 건물 위아래에 살고 있어서 우리 집에 자주 만나거나 모여서 같이 식사도 하고 놀기도 한다. 작은 아이들 둘이 어제저녁에 처음으로 제 할미와 함께 놀다가 새벽 2시가 넘은 시간에 같은 방에서 잠이 들었다.

그런데 아침 10시가 지나도록 일어날 기미가 보이지 않는다. 그 시간에 큰아들 집 손자의 엄마(내 큰며느리)가 올라와서 억지로 깨워서 유치원에 보낼 준비를 하는데 오늘은 방학이라 가지 않는다며 같이 잠을 잔 작은집 사촌동생 아이와 계속 놀겠다고 울고불고 야단이다. 그러나 작은집 아이는 어린이집에 가야 하는 날이다. 아직 잠이 덜 깨어 뭐가 뭔지 알아차리지 못하고 어안이 벙벙하게 있다. 그러나 형과 계속 놀고 싶은 것은 동생도 같은 생각이다.

큰집 형은 엄마가 어르고 달래서 자기 집으로 내려갔다. 부부가 맞벌이를 하는 작은아들의 아이를 우리가 돌보고 있다. 그 아이를 우리(할배, 할미)가 어린이집에 데려다 줘야 하는데 도무지 갈 생각이 없고 형과 계속 놀고 싶다고 떼를 쓴다. 여러 묘안을 내서 설득을 해도 이런저런 핑계를 대며 안가겠다고 한다.

아이 할미는 11시부터 시작하는 수영장에 운동을 가야 하는데 아이는 10시 반이 되도록 아침을 먹지도 않고 갈 준비도 못 하고 있다. 난감하다. 더군다나 그림책과 동화책의 제목을 대면서 계속 읽어달라고 졸라댄다. 할미가 몇 권을 읽어주고는 계속 시간을 보고 있어서 강제로라도 어린이집에 데려가자 하니 내키지 않는 눈치다.

내가 알아서 할 테니까 운동하러 가라고 했다. 어렵사리 할미를 운동 보내고 할아비인 나와 32개월 된 손자가 둘이 식탁에 앉아서 우유를 먹으라며 준비를 하고 도와주었다. 또 계속하여 책을 읽어달라고 하며 시간을 보내며 어린이집에는 가지 않겠다고 한다.

우유 한 잔 먹이는 데 30분이 걸리고 그 사이에 책은 10여 권을 읽었다. 어린이집에 갈 기회를 보는데 도통 아이디어가 나오지 않는다. 11시가 넘은 시간이다. 할아비는 서서히 짜증이 나기 시작한다. 그런데 갑자기 밖에서 앰프 소리가 요란하게 들린다. 가만히 들어보니 폐가전제품을 수거하는 화물자동차에서 나오는 멘트로 여성의 소리였다. 손자가 관심을 가지며 뭐하는 소리냐고 묻는다. 몇 번 설명을 해주어도 이해가 안 되는 눈치다.

그래서 나가서 직접 보자고 하니까 좋다고 하면서 끄떡도 않던 외출 길이 뚫렸다. 얼씨구나, 하고 부랴부랴 옷을 챙겨 갈아입히고 어린이집에 가지고 가는 가방을 챙겨 현관으로 나가서 유모차를 찾아서 태우고 나가 폐가전제품 수거하는 차를 찾는데 벌써 멀리 가버리고 주위에 보이지 않는다. 준비하는 시간이 소요되어 약간 지체하는 사이에 지나가 버렸다. 아이는 두리번거리면 찾는다.

그러나 나의 목적은 그것을 이용해서 어린이집에 가는 것이다. 그래서 앰프소리 자동차를 찾으러 가자며 그 길로 어린이집으로 향하기 시작했다. 10여 분 걸려서 어린이집에 도착해서 보니 앰프소리는 잊어버리고 문 앞에서 자기 발로 내려 내 손을 잡고 어린이집으로 들어간다. 얼마나 고맙고 감사한지 모른다.

아이를 어린이집 선생님에게 건네는데 선생님 손을 잡고 나에게 인사를 하며 들어갈 태세다. 내가 물끄러미 쳐다보니까 왜 그러느냐고 선생님이 묻는다. 아이에게 거짓말해서 데려와서 미안해서 그렇다고 하니까 선생님이 웃는다. 내 목표는 달성해서 아이를 어린이집에 데려다주었으나 바로 몸을 돌릴 수가 없어 안으로 들어갈 때까지 서 있는데 갑자기 눈물이 핑 돈다. 눈물이 꽤 오랜 시간 고인다.

내가 생각하기에 손자가 할아비가 무슨 엉뚱한 짓을 했는데 까짓것 '내가 포기하고 한 번 봐준다. 봐줘' 한 것이 아닌가 생각된다. 그래 네가 봐준 덕에 시간을 벌어 할배와 할미는 정보화 공부도 하고 병원도 가고 운동도 하고 하루를 잘 보냈다. '민준아 고맙다'라고 속으로 속삭여 본다. 역시 혈육은 어쩔 수 없는 것인가. 이 에피소드를 통해서 '위에서도 들어주고 아래에서도 이해함으로써 소통이 되고 일들도 처리가 되는 것이구나'라고 생각했다. 바깥의 이해관계자들의 시끄러움도 조금씩 이해해서 싸우지만 말고 소통이 되었으면 좋겠다.

(2018. 8. 31. 21:30)

2.

설날 풍경

꿩 대신 닭

매주 주말이면 우리나라 한 바퀴 도보답사를 이어서 한다. 그런데 이번 주말은 집에서 쉬었다. 내일 친구들과 함께 칠순 여행을 해외로 가기로 해서 쉬어야 한다는 강권이 있어서 자의 반 타의 반으로 해안가 도보답사를 쉰다. 집에서 뒹굴면서도 마음은 아직 확인하지 않은 남해군 서면 서상리, 가천 다랭이 마을, 상주 해수욕장, 독일마을 등의 남해가 머리에 가득하다.

우리 집은 거실에 TV가 없다. 세 살짜리 손자가 주로 우리 집에 있어서 교육과 습관 길들이기(?) 등을 이유로 없앴다. 그 대신 내 방에 아주 오래된 옛날 TV가 있어서 오랜만에 이번 주 토요일 아침과 일요일 아침에 혼자서 시청을 했다. 참 오랜만에 본 프로그램들이 눈물을 흘리게 한다.

시집살이에 지쳐서 매일매일 울면서도 큰 병에 걸린 시조부모, 시부모에 이어 남편까지 순서대로 병간호를 수십 년 동안 한 사람 이야기다. 나이가 나와 비슷한 여성 이야기에 눈물이 터진다. 어떻게 저런 사람이 있을 수가 있는가!? 생각하니 한없이 존경스럽다. 한 사람의 희생 위에 가족들의 행복한 생활이 싹텄다. 가족들이 그 희생을 인정해주고 남편의 이름으로 감사장을 올리니까 한없이 눈물을 흘리는 그 부인의 모습이 천사처럼 아름답고 참으로 행복해 보인다. 진심의 인정! 참으로 중요한 처세다. 앞으로 계속 행복한 가정이 됐으면 좋겠다. 기원한다.

또 배우 김영철 씨의 동네 한 바퀴라는 프로그램에서 뉴질랜드 출신 선교사 신부님(한국명 안광훈)의 53년 동안 서울 강북구 삼양동에서 가난한 사람들을 위한 봉사활동에 나는 할 말을 잃었다. 78세의 고령에도 이웃 어른들을 위한 몸에 밴 활동은 타의 추종을 불허한다. 성탄절을 앞두고 주위의 가난한 어른들을 위해서 라면과 햄 그리고 김 이외 여러 가지 물건 등을 넣은 선물 주머니를 준비하고 포장해서 다락방에 차곡차곡 진열해 놓은 모습을 김영철 씨가 보고 울면서 "신부님 고맙습니다."라고 말하는데 나도 뭉클해져 한참 동안 눈물을 흘렸다. 이런 일은 누가 시켜서는 절대 할 수 없는 일이다. 무려 53년 동안이나. 외국에서. 참으로 대단한 신부님이시다.

다른 프로그램을 보니 지금 우리나라는 이해관계로 시끄럽다. 소리치고, 떠들고, 침을 튀기고, 심지어는 사람으로서 하면 안 되는 말과 일도 서슴지 않고 하는 것도 모두 이해관계에 있는 내용이 전파를 탄다고 나는 생각한다. 그 결과 약한 사람들이 죽어가기도 한다. 실제로 태안화력발전소의 사고가 우리 사회의 이슈다. 죽였다고 의심되고 죽게 한 사람들이 힘으로 몰아붙여 조사도 받지 않은 경우도 있다. 옛날에 있었던 미심쩍은 사건들이 밝혀지는 일들이 종종 있긴 한데 아직 멀었다.

특히 힘 있는 정치권과 언론계, 경제계, 학계 그리고 갑(甲)들의 행태가 큰 문제라고 생각한다. 우리가 모두 노력해서 나쁜 행태가 도덕적으로 제자리를 잡아가도록 부단히 노력해야 한다고 생각한다. 절대 포기하지 말자. 거기에는 앞의 분들과 같은 배려와 이타심과 희생들이 모여서 아름다운 사회가 될 것이다. 좋은 것은 우리 모두 공감해서 따르는 풍토가 절실하다. 나부터 그리해야 할 터인데….

남해도의 걸음걸이를 앞에 두고 못 가서 지루한 일요일 오후에 집 주변 한강을 산책했다. 커다란 도시 한복판을 가로질러 흐르는 한강은 옆에만 있어도 후련함을 준다. 새들이 물질을 하고 강 주변에는 많은 사람이 부지런히 걷고 또 달린다. 또한 자전거 페달을 힘차게 밟으면서 내일을 위해 에너지를 충전하는 모습이 보기 좋다. 강은 누구라도 언제라도 와도 아무 말 없이 맞아주며 푹 쉬라고 승낙한다. 강을 쳐다보는 내 마음이 깨끗해진다. 3시가 넘어서니까 평온한 한강에 바람이 강하게 불어 물결도 보인다. 사람들의 하소연을 촐랑거리지 않고 무겁게 묵묵히 받아 파란 맑은 물이 출렁거림으로 대답하며 흐른다. 믿음직해 좋다 한강이. 남해를 못 간 대신 마음을 닦았다. 꿩 대신 닭이다.

(2018. 12. 23. 20:21)

울어야 하나 웃어야 하나?

친구들과 칠순을 앞두고 여행을 시작하면서 인천공항에서 겪은 일화 중 하나다. 친구 네 쌍 8명이 10년 전 환갑 여행에 이어 칠순을 내일 모레 앞두고 해외여행을 가기로 했다. 오늘 여행지 유럽으로 나가기 위해 인천국제공항에서 마음에 뜬 구름을 타고 출국을 위해 비행기 표를 손에 들고 분주하다.

가방을 부치고 출국 심사를 위해 출국장 검색대로 나가는데 꽤 많은 사람이 줄을 서 있다. 우리 일행도 뒤로 연결해서 줄을 서서 순서를 기다린다. 드디어 벽이 쳐진 입구에 들어서려는 찰나에 유니폼의 중년의 사나이가 우리 일행을 보았는지 나에게 와서 말을 건넨다. “이리 나오세요.” 뭐가 잘못됐나 싶어 긴장하며 한마디도 못 하고 돌아서서 나온다. 내 복장을 스스로 살피고 그 사나이 앞으로 내가 가니까 저음의 굵은 목소리로 말한다.

“일행이 몇 명이십니까?”

나는 힘없이 말을 한다.

“예, 8명입니다.”

그 사나이가 손바닥만 한 꼬리표 같은 모양의 작은 종이 딱지에 볼펜으로 뭔가 메모를 해서 주면서 손으로 가리키며 "저 반대쪽 전용 창구로 들어가십시오."라고 한다. 무슨 말인지도 이해를 못 하면서 길을 가르쳐준 대로 일행 모두가 조금 돌아서 그쪽으로 가면서 종이 딱지를 읽어보니 노약자 전용 창구를 이용하여 들어가는 일종의 확인증이다. 궁금하였으나 금방 알게 되겠지 생각하며 발걸음을 옮긴다.

그곳으로 가니까 내 앞에 사람이 하나도 없다. 들어가는 사람을 확인하는 직원 한 사람을 통과하여 들어가니 바로 검색대가 나와 짐과 몸을 확인하는 검색을 금방 받을 수 있었다. 바로 전에 그 공무원이 우리가 노인으로 보여서 긴 줄을 서서 기다리며 출국 검색을 받는 게 안쓰럽게 보이거나 우리가 노인의 권리(?)를 못 찾는다고 생각한 걸까?

그래서 그곳으로 안내해준 것이었구나라고 이해가 되어 고맙다는 생각이 든다. 이곳은 앞으로 전진만 할 수 있어서 미처 고맙다는 인사도 못 하고 순식간에 들어와 버리고 말았다.

가끔 뉴스에 공항에서 특혜 운운하는 소식을 듣고 보았을 때 '그런 게 있나?'라고 한 소리 하며 지나가곤 했는데 오늘 이런 일도 특혜인가? 이런저런 행정절차를 마치고 들어가서 탑승 게이트 앞 의자에 앉아서 조용히 쉬면서 과거를 생각한다. 꽤 여러 번 국내외 여기저기를 같이 여행했던 일들을 생각해 본다. 공항 직원으로부터 혜택과 우대라는 대접을 받은 다음 성찰하게 만든다.

70이라는 숫자와 부딪히니 갑자기 생각이 깊어지고 머리와 가슴이 먹먹해진다. 수십 년간을 같이 해온 우리 친구들 일행들의 얼굴과 모습을 포함한 면면을 자세히 살펴본다. 가끔 만나서 식사를 한다든지 국내 관광휴양지를 다니면서 부딪치며 말씨름이나 부부싸움 하는 것 등을 떠올려서 내가 스스로 평가해 본다. 적어도 내가 보기에는 한 사람도 노인은 없다. 아니 노인으로 보이는 사람도 없다. 모두가 모든 게 짱짱하다. 제 눈에 안경인가?

그런데 그 공무 직원의 눈에는 우리가 노인으로 보였던 것이다. 내가 본 것은 주관적인 것일 것이다. 생전 처음 본 그 공무 직원이 본 것은 객관적이고 정확한 것이다. 그래서 우리 일행도 나도 분명 노인이다, 인정해야겠다고 생각한다. 그런데 머리로는 인정이 되는데 가슴으로는 인정이 안 된다. 기왕 나가는 여행!! 성실하고 즐겁게 알차게 건강하게 보내고 돌아와야겠다.

그리고 앞으로 어찌될 것인가. 이번 여행을 위하여 부인들이 수년 동안 적금을 모아 부어서 경비를 마련했는데 또 적금을 들어야 할지 말지 궁금하다. 75 또는 80 여행을 계획해야 하는가 말이다. 노인인 게야? 아닌 게야?

오늘 이 상황을 웃어야 할지 울어야 할지 모르겠다. 천장을 쳐다보며 웃는다. 그러나 오늘 분명 객관적인 노인과 어른이 되었으니 앞으로 조심할 일이 더 많을 것 같다. 비행기에 들어가는 발걸음이 갑자기 무거워진다. 나만 그런가? 마드리드에 도착해서 물어봐야겠다.

(2018. 12. 24. 23:40)

*이 글을 페북과 카스에 올렸더니 큰아들의 멘트가 있다. 큰아들은 항공사에 근무해서 그들 가족은 일 년에 한두 번 해외를 나간다. 학생들과 어린아이가 있어서 붐비는 방학 때 주로 나가기 때문에 공항이 북새통이 될 때가 많아 어린아이들이 있는 가족 일행도 우리와 같은 혜택을 받는다며 자기들도 이용하는 코스라고 하며 별로 신기한 일이 아니라는 얘기를 한다. 그래도 나는 처음이라 신기한 일임이 틀림없다.

설날 풍경

1.

오늘이 2018년 섣달그믐날이다. 그리고 연휴일 3일째다. 우리 동네 한 바퀴를 돌아보았다. 거리는 한산하다. 그렇게나 많았던 자동차는 모두 어디로 갔는지. 국가에서 정한 명절에 따른 행동이 일사불란하다. 옆 동네 지하에 쇼핑센터가 있는 코엑스에 가 보았다. 꽤 넓은 길거리가 인산인해다. 들어가는 입구부터 사람으로 부딪혀 앞으로 나갈 수가 없을 정도다. 한 바퀴 돌아보는데 사람들이 많다.

다음은 다른 쪽에 있는 전통시장 형식을 갖추고 있는 영동시장이라는 곳에 가 보았다. 너무나 한산하다. 우리의 밥상을 책임지며 북적북적하던 때가 엊그제 같은데 지금은 파리를 날리는 형국이다. 대형 쇼핑센터가 등장한 세상의 변화가 생활환경을 바꿔버렸다.

이집 저집을 막론하고 설을 쇨 준비를 하는 집이 별로 눈에 띄지 않는다. 전부 나가서 또는 간단하게 해결한다. 배고프면 식당을 찾고 오락이 필요하면 극장과 쇼핑몰과 레저시설 등 편의시설을 이용하면 모든 것이 해결된다. 집에서 나가기는 싫고 필요한 것이 있으면 휴대폰으로 검색해서 주문하면 수분에서 수 십 분이면 배달이 된다. 가만히 앉아서 해결이 된다. 참으로 편리한 세상이다.

오후에는 목욕탕에 갔다. 여기도 한산하다. 목욕탕 안에 있는 이발소도 한산하다. 이발사는 손님이 없어서 TV를 보다가 의자에 앉아 졸고 있다. 내가 보기에 상상도 할 수 없는 일이다. 우리가 젊었을 때 귀성도 많이 했지만, 서울에서 차례준비를 하는 사람들로도 목욕탕과 이발소 등은 온종일 사람들로 붐벼서 너무 늦다고 성화를 대었는데 지금의 일들이 믿기지 않는다.

세상의 변화를 실감한다. 앞으로 뭐가 어떻게 얼마나 변할지! 그러나 우리는 여기에 적응하며 살아야 한다. 적응을 잘해야 한다. 그래야 살아남는다.

2.

설을 맞이하여 우리 집에서도 12명이 어제부터 모였다. 북적북적한 환경에 제일 일을 많이 하는 아내도 힘들어하면서 한편으로는 기분 좋아한다.

명절이 되면 집에 와서 시간을 같이 보내는 지수는 이번에도 어김없이 어제 막내아들과 그의 아들 즉 손자와 같이 내가 직접 가 모셔왔다(?). 시간을 같이 보내면서 즐겁게 보이고 좋아해서 우리 모두 기분 좋은 설날을 보냈다. 올해로 24년째다. 재활원 시설에 사는 지수 건강을 기원한다.

연일 뉴스엔 인천공항에서 해외로 나가는 인파가 신기록을 세우고 있단다. 이번에는 하루에 25만 명씩 빠져나갔다고 한다. 콘도에서 배달음식으로, 호텔에서 인터넷의 사진 음식으로 차례를 지낸다는 이야기를 들은 지 얼마 안 됐는데 이제 다 생략하고 해외로 가족여행 나가서 즐기고 돌아온다는 세태의 변화다. 뭐가 맞는지 모르겠다. 변화가 너무 빨라서 모르는 일들이 많고 다음엔 무슨 일이 벌어질지 유구무언이다. 머리가 빙글빙글 도는 기분이다.

설과 추석에 고향에 내려가 어른과 친인척들을 찾아 인사하고 조상에게 성묘하고 다시 복귀하는데 거리에 따라 다르지만 먼 곳은 편도에 10~20시간 이상 걸리기도 한 교통 현실이 있기도 했다. 그 어려움을 해소하기 위해서 3일간을 쉬도록 하는 것이다. 그 당시 기업에서는 유급휴가를 반대하기도 했다. 그런데 다 생략하고 해외여행을 간다? 잘못돼도 한참 잘못된 것이 아닌지. 그러나 쉬는 것을 없애기도 어려운 일이 되었다. 명분에 맞는 명절을 보내며 전통을 공부하는 시간이 되었으면 좋겠다. 전통을 이어가야 선조들의 삶이 어떠했는지를 알고 앞으로 어찌 살까에 길라잡이가 되지 않을까.

어쨌거나 세태에 따라 우리도 간략한 설날 아침 차례 행사를 치렀다. 조상님들도 우리들의 변화된 모습과 현상을 이해해 주시리라 자위한다. 이어서 아침을 먹고 세배 행사(?)를 마치고 결혼한 자식들은 며느리들 친정에 가는 시간에 점심을 간단히 마치고 나는 집에서 가까운 한강에 나갔다. 우리 집의 며느리들 친정 나들이는 일찍 보낸다. 둘 다 서울과 근교에 있어서 점심은 그곳에 가서 먹기를 원한다.

한강 풍경을 둘러보는데 날씨는 맑지만 온 천지가 뿌옇다. 강물도 빌딩도 하늘의 해도 뿌옇게 보인다. 뉴스에 황사가 강하게 측정되었다 한다. 맑은 공기가 그리운 오늘이다. 그런데도 탄천을 낀 한강 강

가엔 낚시꾼들이 많다. 자전거 길에 자전거 행렬도 많이 보인다.

언제쯤 마음 놓고 다니면서 심호흡을 할 수 있는 날이 올까? 빨리 오기를 기대한다. 공기 질을 관리하는 것도 변화가 필요하다고 생각한다. 나만의 무리한 욕심일까!?

3.

설 연휴 마지막 날 오후에 지루함을 달래기 위해 오랜만에 도봉산에 다녀왔다. 한때는 적어도 한 달에 한 번 정도는 갔었는데 우리나라 국토 한 바퀴 걸어 돌기 하느라고 작년에는 한 번도 가지 않은 것 같다. 등산을 위해서가 아니고 지난번에 비가 왔는데 혹시 산 위에는 눈이 와서 지금도 있지 않을까? 궁금하기도 하고 눈 덮인 도봉산 바위들을 멀리서나마 보고 싶어서다.

도봉산으로 바로 올라가는 길을 피해 서울 둘레길 도봉 옛길로 연결되는 도봉산 유원지 상가 뒤로 가서 옛 도봉 1동의 동쪽 농촌 길을 찾아서 둘레 길을 만나기 위해 가면서 도봉산을 쳐다보니 눈이 전혀 보이지 않는다. 실망이다. 그리고 나무들에 가려 도봉산 정상이 관측하기에는 가림이 심하다. 한참을 걸어가니 서울 둘레길 도봉 옛길을 만나 무수골 가는 방향으로 올라갔다.

데크라는 인조목으로 만들어 놓은 계단을 오르고 땅을 밟고 재미나게 걸었다. 예년 같으면 눈으로 덮여 있어야 할 길이 비가 와서 땅이 물기를 머금고 있어 스펀지 같은 마사토가 가벼운 운동화로 밟히는 감촉이 참 부드럽다. 그동안 주로 아스팔트와 시멘트로 된 바닥을 밟고 걷다가 물먹은 부드러운 흙을 밟으니 기분이 새롭고 좋았다.

조금 오르니 정상을 제대로 볼 수 있는 전망대가 나온다. 앞이 뻥 뚫리는 전망대다. 도봉산 정상의 바위들과 오른쪽의 포대능선 그 오른쪽의 사패능선까지 도봉산자락 모두가 조망이 되는 곳이다. 공기는 좋은 상태는 아니지만, 산을 쳐다보니 기분이 만점이다. 계속 길을 가는데 낙엽들이 주홍색으로 누워 있다. 그늘진 음지이기도 해서 눈과 얼음으로 뒤덮여 있어야 할 시기이고 자리인데 완전 가을 풍경이다. 또 한참을 걸으니 도봉산을 오르는 주도로와 광륜사가 나온다. 무수골로 가기 전 도중에 도봉산의 주인인 자운봉 입구에서 도봉서원까지 둘러보기로 하고 우회전해서 올라간다.

녹야선원 입구 다리에서 올라가는 사람들에겐 무사히 잘 다녀오라고 환송하고, 내려오는 사람에겐 무사 귀환을 환영하는 뜻(?)으로 매일 같이 색소폰을 불어주던 음악 연주자가 안 보인다. 설맞이 휴무를 오늘까지 하는 건지 정말 궁금하다. 그래서 차 한 잔 값의 돈은 굳었다.

도봉서원은 대대적으로 발굴조사를 한다며 울타리를 치고 4천여㎡ 땅바닥이 모두 파 뒤집혀 있다. 그 사이에 바위 같은 큰 돌들이 엄청 많다. 주춧돌도 보인다. 수백 년 된 서원이 옛 지방인들의 교육을 책임졌던 사교육의 본산인 서원인데 조선의 고종 시대 대원군의 서원철폐 때 마감이 됐다는 설명문을 읽어보고 다시 내려오는데 어느 실버 무리들의 이야기가 들린다.

길옆에 서 있는 아름드리나무들을 보면서 도봉산을 어렸을 때부터 다녔는데 그때 저 나무들이 팔뚝만 했는데 지금 저렇게 고목으로 자랐다고 이야기한다. 시간의 흐름을 말하는 것 같다. 그런 관찰을 하며 살아온 사람도 있음을 실감하고 내려와서 전철을 타러 역으로 가는데 어느 포장마차 앞에 남녀노소가 꽤 길게 줄을 서 있다.

고개를 빼고 들여다보니 잉어빵이라는 간판을 놓고 붕어빵을 구워서 파는 곳인데 살 사람들이 10여 명으로 줄지어 서서 기다린다. 주인은 나이가 꽤 들어 보이는 실버부부다. 남편은 붕어빵을 굽고 부인은 꽂이 어묵을 담당하고 있다. 그런데 더 재미있는 사실은 붕어빵 가격이 1,000원에 3마리인데 1인당 3마리만 판다고 한다. 먹을 사람이 많으면 많은 사람이 줄을 서야 한단다. 나도 무조건 줄을 서고 1,000원을 내고 기다린다.

20여 분을 기다려 붕어빵 3마리를 받았는데 집에 있는 아내가 생각이 나서 먹을 수가 없었다. 주머니에 넣고 신속하게 지하철역으로 가서 전철을 타고 집으로 이동했다. 50여 분 뒤에 집에 와서 살피는데 온기는 약간 있긴 있는데 축 처져서 볼품이 없는 이상한 잉어가 돼 있다. 전자레인지에서 열을 가해서 웃으면서 두 사람이 맛있게(?) 먹었다.

이렇게 해서 2019년 설날의 연휴가 끝나가고 있다. 내일부터 평상의 일상생활을 성실하게 할 것을 다짐하며 연휴를 마감한다.

(2019. 2. 4. 20:40)

손자 어린이집에서 하루

손자가 어린이집에 다닌다. 그 아이가 오늘이 만 38개월 되는 날이고 2019년 신학기 시작하는 입학식(?) 날이다. 며칠 전부터 파업인가 뭔가로 유치원 개학을 무기한 연기한다는 소식에 온 나라가 시끌시끌한 가운데 모든 학부모가 긴장을 하며 그날을 맞는 날이다. 그런데 하루 만에 해결되어 천만다행이다. 학부모(?)로서 모든 분께 정말 감사한다. 손자 아이는 다른 곳에서 2년을 다니다가 4촌 형이 다니는 유치원까지 있는 이곳으로 전학(?)을 온 첫날이다.

배정받은 토끼반에 들어가는데 삐쭉삐쭉 망설인다. 시설의 규모에 놀라고 처음 와본 곳이라 생소함에 놀라서 그런 것 같다. 할미의 손을 놓지 않고 앞으로 생활할 자기 방인 토끼반으로 들어가지 않으려 한다. 계속해서 전에 다니는 어린이집으로 가자고 한다. 이런저런 회유의 말과 방에 있는 장난감으로 유혹을 하는 등 설득에 설득을 거듭하여 어렵사리 들여보내고 밖에서 살펴보며 긴장하고 대기를 한다. 며칠간은 보호자가 남아 있어야 한다. 같이 간 할미는 다른 급한 볼일로 차를 가지고 나가고 내가 남기로 했다.

이런저런 놀이기구를 가지고 논다. 다른 친구들은 그곳에서 지난해부터 다니면서 방만 바뀌어서 생소함이 없이 잘 논다. 옆에서 선생님이 처음 온 우리 손자 아이와 눈을 익히려고 안간힘을 쓰면서 설명을 하고 같이 호응해주고 장난감을 가지고 노는 법을 가르쳐 준다. 아이가 노는 대로 행동도 같이해 준다. 눈높이를 아이와 똑같이 맞춘다. 정말 어려운 일을 20~30대 여선생님들이 어찌 그리 잘하는지 경이롭다. 매일매일 무척 힘든 일일 것이라는 생각이 든다. 군사부일체가 생각난다. 부모들이 못 하는 일을 선생님들은 해낸다.

1시간 반쯤 있다가 오늘은 처음 오는 아이들이 싫증을 낼 수도 있고 환경에 적응이 될 때까지는 하루에 1~2시간만 보내고 귀가해야 한다며 데리고 가란다. 손자를 안고 나오려니 옆방에 있는 사촌형을 부르며 형이랑 같이 가겠다며 우겨댄다. 그래서 선생님에게 얘기하고 다음 단계까지 해보자고 부탁을 했더니 30분쯤 놀이를 더 하고 점심을 먹는 것까지라고 한다.

그렇게 하기로 하고 다시 내려놓았다. 생소하고 부자연스럽지만, 그런대로 놀이하고 점심까지 먹고 이 닦는 시간까지 보냈다. 얼마나 고마운지 모른다. 그리고 전부터 다닌 익숙한 아이들은 다시 방으로 들어가 낮잠을 준비하는 시간에 우리는 집으로 향한다. 어린이 집 밖으로 나와 길을 조금 걷는데 안고 가라고 양팔을 벌리며 서 있다. 할미와 주로 놀고 생활을 해서 할아비는 안 따르면 어떡하나 걱정을 했는데 내 입장에서는 다행이었다. 다른 이동 수단이 없어서 아이를 안고 걷기 시작했다.

1㎞쯤 되는 거리를 안고, 업고, 걸리기를 반복하면서 길옆의 왕릉

에 관해 이야기도 하고 구경도 하고 햇볕에 늘어져 자는 고양이도 보면서 집 앞에 돌아오는데 편의점이 보인다. 편의점에 들어가자고 막무가내 떼를 쓴다. 할 수 없이 들어갔다. 막힘없이 능숙하게 코너를 찾아서 아이들이 좋아하는 음료수 한 병을 들고 계산대로 간다. 여러 번 해본 솜씨다. 자기 엄마 아빠하고 다녀본 것 같다.

음료수 한 병을 들고 집으로 와서 마시며 다시 둘이서 노는데 요구 사항이 많아서 정신이 없다. 장난감에 관해서 이야기를 하는데 솔직히 나는 아무것도 모르겠다. 손에 쥐고 이리 돌리고 저리 돌리며 시간을 보내는데 등에서 진땀이 난다. 설명서를 보아도 글씨가 작아서 보이지도 않고 돋보기를 끼고 읽어 보아도 무슨 말인지 해석에 시간이 필요한데 아이는 독촉이 심하다. 그리고 칭얼댄다. 그래서 더 긴장되고 땀만 뻘뻘 흘리며 한숨만 쉬었다. 장난감에 대해서 한 개도 해결을 못 하고 울상이다.

아이와 장난감 놀이와 이야기를 하는 1시간쯤 지나서 할미가 돌아와서 얼마나 안심이 되는지 모른다. 구세주를 만난 기분이다. 앞으로 이 아이와 시간을 보내며 놀려면 할 일이 많을 것 같다. 공부도 열심히 해야 할 것 같다. 장난감 조립과 합체가 너무 어려워 큰일이다. 오늘 하루 바쁘고 긴장하고 보람차고 힘들고 즐겁고 또한 어려운 공부를 한 하루였다. 그리고 좋은 정책을 만들고 시행해서 우리들의 희망인 아이들을 잘 키우게 되기를 바란다. 그리고 세상은 나와 우리를 도와주는 고마운 사람이 많다는 것을 알기도 한 날이었다. 세상에 감사한다. 다시 한 번 고맙습니다. 꾸벅한다.

(2019. 03. 04. 20:30)

인생은 한편의 이야기다

오늘은 예삿날 같으면 부산 바닷가에서 걸음을 걸어야 하는 일요일이다. 전국적으로 비가 온다는 예보를 믿고 어제(토요일) 걷기를 마치고 하루를 포기하고 저녁 늦게 집에 돌아왔다. 어제 걸을 때 내일은 못 걷는다고 생각하니 뭔가 부족함을 느끼며 좀 많이 걸어서인지 힘들었다. 어제저녁 평상시보다 좀 일찍 잠이 든 4살짜리 손자가 오늘은 새벽에 일어나 모두 깨우는 바람에 오늘 아침은 생각보다 일찍 일어나서 피곤이 풀리지 않은 상태에서 하루가 시작되었다. 어영부영 점심시간 전에 모든 식구가 집을 비우고 나만 집에 남게 되었다.

혼자서 점심을 챙겨 먹고 TV를 켰다. 그동안 평소에 손자를 핑계로 TV를 보지 않기로 하고 거실의 TV를 없앴다. 2년 전이다. TV는 내 방에만 있는데 그동안 켜보지 않고 지냈다. 쉬는 날은 바닷가 답사로 집을 비워서 TV를 볼 일이 별로 없었다. TV는 송해 아저씨의 전국노래자랑이다. 언제 봐도 꿈과 희망을 주며 힐링을 하게 하는 좋은 프로그램의 방송이다. 여기에는 한 사람 한 사람 소개할 때마다 여러 가지 이야기들이 존재한다. 끝날 때 상을 받는 사람들은 훗날

아마도 그 사람 인생에서 커다란 이야깃거리가 될 것이다.

다음 또 다른 채널을 돌려서 보는데 유명 배우가 어렸을 때 친하게 지냈던 후배를 찾는 프로그램이다. 성장 과정에서 엄청난 고생을 했음을 알려준다. 현재 얼굴과 이미지만으로는 귀공자로 자랐을 것 같은데 엄청난 고생과 어린 나이에 견디기 힘든 고난과 시련을 겪었다. 역시 사람은 겉과 속이 다르고 얼굴과 모양만 봐서는 알 수 없는 존재인가 보다. 보는 사람이 눈물을 흘리게 한다.

아버지 사업이 망해서 무작정 이사를 와서 살면서 다니던 교회에서 물심양면으로 도움도 크게 받았고 후배 형제와 재미나게 살았단다. 그런데 IMF때 아버지 사업이 또 잘못돼서 하룻밤 사이에 갑자기 이사했다고 한다. 헤어질 때 말도 못 하고 일방적으로 떠났고 그동안 만나지도 못하며 20년이 넘게 속을 끓이고 그리워하며 살다가 그 형제와 교회를 찾는 장면에는 눈물을 흘리지 않을 수 없었다. 만나서 포옹하는 장면이 아름답다. 연출이라는 과정을 이해하면서도 소용이 없다.

오늘은 아예 혼자서 TV와 같이하기로 하고 다른 프로를 찾았다. 연속극 드라마인데 또 울린다. 그동안 안 봐서 앞의 내용은 잘 모르겠으나 오늘 보는 내용으로 앞을 유추하고 보는데 가족들의 진한 사랑 이야기다. 암환자와 그 가족들의 이야기가 사람을 울린다. 환자에게 장기 이식을 이유로 가족 간의 갈등과 선악의 내용이다. 주변에서 흔히 볼 수 있고 있을 법한 이야기들이 감동을 주고, 또한 깊은 생각을 하게 하는 마술사 같은 조화다. 내 장기가 필요한 사람이 있다면 난 선뜻 줄 수가 있을까? 자문도 해보고 미소로 대답을 미루기도 하면서 눈물을 흘렸다. 나이에 따라 생각이 달라지리라 생각한다.

선의의 거짓말들이 난무하는데 모두가 상대방을 위하는 배려(?)의 거짓말들이 사람을 울게 한다. 선의의 거짓말은 숭고한 사랑의 결과와 상대방을 완전히 신뢰하기 때문에 할 수 있는 마술이라 생각한다. 여기에는 모두가 자기의 희생이 전제되는 결과라는 생각이 든다. 이런 아름다운 이야기는 거짓말이라고 해도 참으로 좋아 보인다. 아니 거짓말이라야 더욱 감동을 주고 진실로 사랑하는 결과가 아닐까? 하는 생각이 든다.

혼자서 저녁을 해결하고 고등학생들의 재치의 대결인 '도전 골든벨'이라는 프로그램을 참으로 오랜만에 시청하면서 응원을 열심히 했다. 오후 8시 5분 대구 운암고의 송 군이 50번째 문제를 맞혀서 골든벨을 울렸다. TV에서도 열이 나는 분위기를 만끽하면서 눈물을 흘렸다. 어리고 약하고 힘이 부족한 사람들이 강한 일을 하거나 장한 일을 성취하는 것을 보면 이것저것 가릴 것 없이 눈물이 난다. 오늘 나에게도 최고의 날이 된 것 같다. 얼마나 신나고 희망을 주는 아름다운 이야기인가. TV를 보기로 한 오늘이 나도 괜히 감사한 이야기를 할 수 있는 마음이다. 오늘 오후를 같이 한 멍텅구리라는 TV가 고맙다. 내일은 무슨 이야기를 듣고 보며 말할 수 있을까? 내일 또 부딪히자.

내가 오늘 오후 내내 TV를 본 것도 한 이야기가 된다. 앞의 1년여 동안 일요일은 모두 밖에 나가 걸었다. 집에 있는 시간에 비가 오지도 않는데 온종일 집에 있으면서 TV만 보면서 지낸 것을 알면 우리 식구들에겐 이야깃거리가 될 것이다. 전에는 비가 내려도 맞으면서 걸은 적이 여러 번 있어서 걱정하게 했던 나이기 때문이다. 그러니 가족들이 오늘의 사정을 알면 이야깃거리가 될 것이다. 이제부터라도 서울에 비가 좀 내리면 좋으련만 내리지 않고 하루가 지나간다. 못 걸은 나에게는 합리화 되게끔 다행히(?) 부산은 비가 많이는 아니지만 내렸다고 한다. 기왕에 쉬는 것 저녁 늦게까지 푹 쉬자. 잘 쉬자 파이팅.

(2019. 03. 10. 20:30. 『3사문학』 14집, 2019년 상반기호)

여행 중 바느질 하는 남자

지난 주 금요일 우리나라 해안가를 연결하여 걷기 위해 울산행 고속버스를 타고 내려갔다. 버스 안에서 지도를 보기 위해 찾으려고 배낭을 열어보고 닫으며 살피던 중에 배낭 왼쪽 어깨끈에 이상이 있음을 발견하였다. 배낭끈 부착 부위가 실밥이 터져서 약 5㎜정도가 해져 있는 것이다. 이리저리 살펴보면서 '설마 이번 2~3일은 괜찮겠지!?'라고 생각하며 넘겼다.

울산에 도착해서 태화강변과 십리대밭 주변 6㎞쯤을 보고 걸으면서 물건들을 꺼내 쓰고 다시 넣고 하면서 벗었다 메기를 반복하니까 헤어진 부위가 점점 넓어짐을 알았다. 걱정이 됐다. 하나 살 수도 있으나 집에 가면 똑같은 게 하나 더 있는데!? 하는 생각과 옛날 배낭이라 투박해도 튼튼한 것을 찾을 수가 없고 배낭을 하나 사려면 가격도 만만치 않을 거고? 이런 종류로 길들여진 나 아닌가? 또 하나를 산다고 해도 당장 어디에 가서 사야 할지도 모르는 낯선 곳이 아닌가? 또 시간 소비도 가벼운 일이 아니다. 답답하기가 이루 말할 수가 없다.

태화강변의 걸음을 마치고 배낭을 고쳐야겠다고 생각하고 고속버스터미널 구두 닦는 곳에서 수선도 하는 곳이라 생각하고 일부러 찾아가서 알아보니 구두 닦는 일만 한다고 하며 구두 수선을 위한 장비도 없단다. 그리고 아예 할 수 없다는 구둣방 주인의 대답만 듣고 돌아설 수밖에 없다. 의기소침해지고 내심 걱정이 된다. 옆에 있는 시외버스터미널의 구두 닦는 곳에 또다시 가서 알아보니 여기는 구두를 취급하는 곳이라며 뭘 모르는 사람 취급을 하며 나무라는 눈치를 준다. 두 사람 다 나보다 한참 젊게 보인다.

우리가 어려서 경험한 바로는 구두 수선하는 곳에서 가방도 고치고 다른 두꺼운 물건들도 수선해주지 않았는가. 어찌할 수가 없어 그 배낭을 다시 걸쳐 메고 장생포지역을 돌고 오후 6시가 지난 시각에 숙소를 정할 태화강역에 도착해 배낭을 살펴보니 해어진 부분이 더 넓어졌다. 낭패가 아닐 수가 없다. 그래서 생각에 또 생각하다가 마침 옆에 있는 관광안내소에 들러 내일 걸을 울산 시내 길에 대해 궁금한 것 몇 가지를 상담을 하고 여직원이 3명이나 있어서 혹시 바늘과 실이 있느냐고 물어보니 무슨 말이냐는 듯 얼굴만 빤히 쳐다보며 어안이 벙벙해 하는 눈치다.

옛날 우리 나이 또래의 여성들은 숙녀가 되면서부터 핸드백에 필수품 중의 하나로 실 바늘 세트를 가지고 다니지 않았는가 말이다. 점점 어려움에 봉착하는 것 같아 걱정과 근심을 하다가 안내소를 나와 걸으며 역 안을 구경하고 옆에 있는 편의점에 들러서 혹시나 하는 마음으로 바늘과 실이 있느냐고 물어보니 있다고 한다. 얼마나 반가운지 모른다. 가격은 2,500원이란다. 하나를 샀다. 투명 플라스틱

곽 안에 작은 바늘 2개와 작은 단추 2개, 옷핀 1개, 실패에는 5가지 색깔의 실이 나누어 감겨 있고 아주 작은 가위 1개가 오밀조밀하게 들어 있다. 우리 집 손녀 아이들 장난감세트 같이 귀엽게 생겼다. 쳐다보니 웃음이 절로 나온다. 이것으로 과연 그 투박한 배낭을 꿰맬 수가 있을까? 걱정되기도 한다.

숙소를 구하고 저녁을 먹고 배낭을 수리하기로 하고 시도를 하였다. 그런데 바늘이 너무 작다. 길이는 4cm가 될까 말까 하고 너무 가늘다. 실은 너무 가늘어 마음에 들지 않았다. 그렇지만 방법이 없다. 기술력(?)을 발휘하여 수리해야 한다. 바늘이 작으니 바늘귀도 구멍이 너무 작다. 숙소 방안의 조명등도 간접조명 식으로 돼 있어 어두워서 잘 안 보인다. 총체적 난관이다. 그러나 다른 방법이 없다. 적극적으로 시도해서 열심히 수리하는 방법밖에.

돋보기의 힘을 빌리고 몇 가지의 기지(?)를 동원하고 몇 번의 시도 끝에 검은색의 가는 실을 바늘에 꿰는데 성공했다. 두 겹으로 쓰기로 하고 1m쯤 길게 잘라 만들었다. 꿰매다가 실이 부족하면 다시 끼우려면 큰일이라는 생각 때문에 일부러 길게 해야 했다.

배낭을 뒤집어서 조심스럽게 짝을 맞추고 정리를 해서 바느질 작업을 시작했다. 그런데 투박한 배낭 천에 바늘이 너무 작아 잘 들어가지 않는다. 바늘이 휘어졌다. 30여 분 동안 실랑이를 하면서 왔다 갔다를 반복하며 그 길게 끼운 실이 거의 다 없어질 때까지 중첩하여 꿰맸다.

해어진 배낭의 꿰매기가 끝나고 다시 뒤집어서 잡아 당겨보고 조심스럽게 어깨에 메어 보았다. 그런대로 쓸 만하다고 생각되어 바느질을 마감하니 웃음이 절로 나온다. 어려서 어머니가 하신 모습을 곁눈질로 본 덕을 보았다. 무슨 의미 없는 웃음이 나온다. 갑자기 갈증이 나고 목이 말라 물 한 모금 마시고 정신을 차려보는데 머리가 아프다.

나는 신경을 많이 쓰거나 어려운 생각을 하거나 정신적으로 힘든 생각을 하면 편두통이 유발해서 심하게 아픈 증상이 나타난다. 온종일 배낭 때문에 별별 깊은 생각을 이리저리 하면서 신경을 쓴 결과가 틀림없이 산출되었다. 상비약 한 봉지를 먹고 잠을 청하였다.

이튿날 아침 일어나 출발 준비를 하는데 머리는 말짱하고 기분도 한결 좋았다. 비 온 뒤의 100일째 걷기를 우여곡절을 겪으면서 바느질한 배낭을 메고 시작했다. 결론적으로 바느질이 성공했다고 생각한다. 내 생전에 처음으로 해본 바느질이다. 그 배낭으로 이틀간의 울산지역 해안가 걸어서 도는 일을 무사히 마쳤다. 배낭으로 하여금 신경 쓰는 일이 없었다.

그리고 다음 답사부터 배낭을 바꾸어야겠다고 생각한다. 고친 배낭은 집에서 가까운 곳에 적은 량의 물건을 넣고 다닐 때 써야겠다. 이 배낭은 15년 전 대학동기회장이 선물로 준 아주 튼튼하고 예쁘게 만들어진 그 당시에는 매우 유명한 배낭이다. 잘 관리해서 오래오래 써야겠다는 다짐을 한다. 아울러 배낭을 선물해준 동기회장에게 고맙다고 생각하게 하는 기회이기도 하다. 만난 지도 꽤 오래되었는데 잘 있는지 전화라도 해서 안부를 물어야겠다. 그리고 배낭 선물 고맙다고 15년 만에 다시 인사를 해야겠다.

(2019. 04. 01. 20:00. 『한국전쟁문학』 제4집, 2019년 상반기호)

한 남자의 일생

김홍일 씨가 생을 마감하였다. 많은 사람이 빈소를 찾아 애도하고 조문을 한다고 한다. 홍일이라는 이름으로 자기 인생을 살았다기보다는 김대중의 아들만으로 살았던 사람이라고 생각한다. 정상적인 삶보다는 고통을 당하며 그냥 지나온 삶을 산 김대중의 아들이었다. 그는 1948년에 태어나서 1959년에 모친을 여의고 1962년에 이희호 여사를 새어머니로 모시고 살았다.

대학을 졸업하던 1971년에 '서울대생 내란 음모 사건'의 배후자로 지목되어 모진 구타와 고문을 겪었고 그 과정에서 허리를 다쳤다고 한다. 그는 또 1980년 신군부가 조작한 '김대중 내란음모 사건' 당시에도 중앙정보부에 체포돼 극심한 고문을 받았다. 그는 당시 중정 요원들로부터 '네 아버지가 빨갱이라고 쓰라'는 압박과 함께 고문을 당했다. 그 당시 자신이 고문을 못 견뎌 허위 자백이라도 할 것이 두려워 수사관의 눈을 피해 책상에 올라가 시멘트 바닥으로 머리를 처박고 뛰어내리는 자살을 시도하다 목을 다쳤다. 그러나 당시 중정요원들은 김홍일을 치료해주기는커녕 전신을 구타했다. 당시 목과 허리의 신경을 다쳤는데 적절한 시기에 치료를 받지 못해 파킨슨병까지 걸린 것으로 전해졌다.(이상 서울신문 참고) 1971년은 대통령 선거가 있는 해이기도 하다. 야당 후보는 김홍일의 아버지 김대중이었다.

돌이켜 보면 상대편 정권에 맞선 아버지를 둔 탓에 그는 사람으로서 이기거나 당할 수 없는 모진 고문을 받고 파킨슨병 등 후유증으로 죽을 때까지 고통을 받았다. 자신이 선택해 아버지가 된 것도 아닌데 아버지인 김대중 때문에 한평생을 바보로 살다간 홍일 씨는 죽을 때 눈을 제대로 감고 먼 여행을 떠났을까? 누구를 원망하며 살았을까? 누구를 원망하며 죽었을까? 지난번 아버지 장례식장에 나온 모습을 방송에서 보았다. 그게 어디 산 사람으로 보이던가?

홍일 씨에게 고문을 가한 상대편 정권은 일제강점기에 일본의 형사와 일본 형사들의 앞잡이인 조선인이 독립군이나 광복의 일을 한 우리 선열들을 찾아다니다가 못 찾으면 그 가족들을 붙잡아 고문 등 갖은 악행을 저질러서 본인이 나타나게 하는 전술(?)을 썼다. 그런 일본 놈들의 행태와 조금도 차이가 나지 않는 행태였다고 한다. 우리는 그러한 만행을 저지른 일본사람들을 지금도 증오하고 있다. 어찌 같은 민족이 그런 악행을 저지를 수가 있단 말인가. 그 당시 위정자들과 그들을 도우며 출세를 했던 추종자들이란 사람들이 지금도 눈이 퍼렇게 많이 살아 있을 것이다.

나경원 한국당 원내대표가 빈소를 찾아 "대한민국의 민주화를 이루신 김 대통령의 아드님으로서, 3선 의원으로서 민주화에 큰 역할을 했다."고 평가했다. 이어 "김 전 대통령께선 정치하시면서 정치보복을 하지 않은 대통령이었다."며 "우리 정치가 서로를 존중하는 정치가 되었으면 한다."고 말했다고 한다. 김무성 한국당 의원은 "고문 후유증으로 생활을 어렵게 한 것에 대해 정말 가슴 아프다."고 말했다(서울신문 참고)고 한다. 조문을 온 것인지 현 정권에 야당 목소리 들으란 정치를 하러 온 것인지 모호하지만 조문은 조문이다.

김대중 전 대통령도 홍일 씨에 대해 자기 때문에 시련을 겪은 일들 때문에 '아픈 손가락'이었다고 한다. 왜 그렇지 않겠는가. 영웅이나 어떤 사나이가 국가와 민족을 위하는 일을 하면서도 결국은 자기 가족에게도 행복함을 주기 위한 것이 포함되기도 할 텐데 말이지. 아버지도 죽고 아들도 죽었다.

예전에 내가 아는 지인 중에 김대중의 아들들 이야기가 나올 때 비난을 하면서 힘들여서 돈을 벌어보지 않은 나쁜 사람들이라고 이야기한 사람들이 있었다. 거기에 나는 한마디를 했다. 그 사람들을 누가 취업을 받아주고 일을 시키고 월급을 줄 기업이 있었겠으며, 공무원을 한다고 하면 제대로 할 수 있을 것이며 장사를 한다고 해도 돈 잘 벌게 놔두었겠는가(?) 하고 반문한 적이 있다. 김대중의 동생의 예를 보더라도 알 수 있는 일이다.

한 인생을 비참하게 만든 가해자들이 잘못했다는 말 한마디 않고 있는 세상은 어느 세상인가. 참 나쁜 사람들이다. 한평생을 몸이 아파서 숨도 제대로 쉬지 못하게 만든 사람들 말이다. 왜 아버지 때문에 그런 비인간적인 행위를 주고받아야 한단 말이냐 말이다. 약육강식의 동물들도 자기류는 공격하지 않는다. 사람이 사람한테 죽을 수도 있는 가혹 행위는 절대 하지 말아야 한다. 사람에게 사람의 목숨 같이 중요한 게 또 없다.

갖은 고통으로 어렵고 힘들게 살다 간 고인의 명복을 빈다. 만약 내세가 있다면 저세상에서는 절대 그런 아버지 만나지 말고, 자기 마음대로 살아도 되는 집안에 태어나서 처자식과 다정다감한 아버지로 살아가기를 바란다. 삼가 김홍일 씨의 명복을 빈다.

(2019. 4. 20)

대한민국 한 바퀴 걷기를 마치고

오늘은 2019년 7월 6일 토요일이다. 지난주까지 토、일요일은 오라는 데는 없어도 무척 바쁘게 지냈는데 오늘은 갈 곳이 없어져 무작정 쉬면서 신체의 자연적인 마무리에 이어 마음의 마무리를 하고 있다. 지금 시점에서 우리나라 외곽을 한 바퀴 걸어서 돈 결과를 뒤돌아본다. 먼저 스스로 한 약속을 지켜내서 흐뭇하다.

2018년 1월 21일 서해와 한강이 만나는 경기도 김포시 하성면 전류리 포구에서 북쪽으로 올라가며 내 몸과 머리와 마음의 3개 객체가 약속을 했다. 무조건 걸어서 우리나라 해안선을 한 바퀴 돌아보자고. 처음 생각은 우리나라 해안선만 걸어서 돌아 서해안 바다 쪽의 가장 북쪽 끝에서 출발해 남으로 내려가 남해안과 동해안을 거쳐 고성 통일전망대에서 마무리할 생각이었다. 출발 때 약속대로 2019년 5월 18일 고성 통일전망대까지 해안선을 따라 걸어 완주했다. 완주 후 마음을 고쳐먹었다. 대한민국 북쪽민통선 아래 길을 걸어서 통과해 임진강과 한강을 따라서, 출발했던 지점까지 한 바퀴를 돌아 도착하기로.

그 결과 17개여 월이 지난 2019년 6월 30일 오후 3시 19분 처음 출발했던 전류리포구 초소 앞에 반대 방향인 남쪽에서 걸어와서 섰다. 우리나라의 가장 바깥 길로 해안선뿐만 아니라 북쪽 DMZ 남쪽 민통선에 가장 가까운 길을 통해서 우리 국토를 한 바퀴를 돌았다. 이렇게 해서 내가 나와 한 약속을 지켰다. 그 약속을 지키기 위해 126회 555만여 보 4,198㎞를 걸었다.

나는 무조건 주말이면 나도 몰래 준비가 되고 발걸음은 지난주 버스 타고 서울로 출발한 그 지점으로 향하고 있었다. 지금까지 살아오면서 수많은 일들이 있었다. 그 일 중의 하나로 이번 우리나라 국토 둘레를 한 바퀴 도는 일도 포함하게 된다. 어떻든 한 바퀴를 걸어서 돌았다. 내가 한발 한발 걸어서 돌았다. 걷기를 마친 그날 기분이 매우 좋았다. 70살이 되는 기념식을 스스로 한 거라고 생각했다.

태어날 때부터 약골이었다는 부모님의 말씀이었다. 자식의 나이가 40이 넘었을 때도 몸이 너무 약하다고 걱정하신 어머니가 생각난다. 그래서 더욱 감사하다. 그동안 낳아주심은 물론이고 어렸을 때 빈혈이 심해 어지러움 병으로 고생했는데 없는 살림에도 도축장 옆에 방을 얻어놓고 소 잡는 새벽마다 빈혈에 좋다는 소의 특수부위를 구해서 먹이는 등 건강 챙기며 돌봐주셨던 부모님이다. 결혼 후에는 아내가 건강에 신경 쓰고 이것저것 챙기며 각별히 보살펴준 일들이 생각난다. 감사하다.

우리나라를 금수강산이라 한다. 어려서부터 많이 들어온 말이다. 그것이 꼭 맞는 말이었다. 대한민국 방방곡곡이 참으로 아름답다. 여기는 이렇게 예쁘고 아름답고, 저기는 저렇게 예쁘고 아름답다. 거기는 또 그렇게 예쁘고 아름답다. 이 동네 저 동네 모두 아름답고 예쁘다. 그 금수강산 동네에서 며칠씩이라도 살아보고 싶다. 우리나라의 내가 걸어 지나온 모든 동네에서 살아보고 싶은 마음이다. 향후 우리나라 산천에 돌아다니면서 살날을 기약해 본다. 좋은 곳 점찍어 놓은 곳에 아내와 같이 다시 꼭 가 봐야겠다. 그런 곳에서 사시는 분들 참으로 복 받은 분들이다.

걸으면서 많은 사람을 만났다. 지역별로 세상 살아가는 법을 보고 공부했다. 고을별로 풍습도 다양하고 말소리도 다양하고 행동 방식도 다양함을 보았다. 그러나 삶의 큰 틀의 방식은 비슷함을 보고 배웠다. 우리는 다름을 인정하고 다름을 활용하는 지혜가 필요하다. 먹고 사는 방법은 대동소이하다.

또 홀로 걸으며 가끔 꿈을 꾸며 이 세상에 없는 돌아가신 분들도 만났다. 그분들 중에는 아버지와 어머니 장인 장모님도 만났다. 또 그 이외 알고 지냈던 여러 고인을 만나 무언의 대화를 나누었다. 그 분들의 시원한 육성의 대답은 아니지만 심증으로 '한 번 사는 인생 어떻게 살아야 하는가?'에 대한 확실한 대답을 들었다. 또 나를 배반하고 일찍 생을 마감한 사람들도 나는 어떻게 살아야 하는지를 말이 필요 없이 이심전심으로 통하도록 해주었다. 감사하다. 그들의 명복을 빌고 또 빈다.

혼자 걸으면 별별 생각이 난다. 매번 걸으면서 무념의 상태가 될 때도 있었다. 그때 많은 생각을 하게 된다. 지금까지의 내 삶이 뒤돌아봐진다. 잘한 일보다는 잘못한 일이 훨씬 많이 생각난다. 살면서 죄를 많이 지었다. 아등바등 살면서 특히 이해관계에서 조금이라도 지지 않으려고 하는 이런저런 죄를 많이 지었다. 말로 형언할 수 없는 불충과 불효 그리고 우애를 하지 못했고, 가까운 사람이라는 굴레를 이용해 상처를 준 사실도 하나하나 떠오른다. 바닷가에 연한 산과 들을 걸으며 하늘을 쳐다보면서 울부짖으며 죄송하다고, 잘못했다고 빌기도 했다. 일방적이지만 용서를 바라고 빌었다. 많은 걸음을 하고 몸이 기진맥진할 때 정신은 더 말짱해져 가까이서 선명하게 떠오르는 죄짓는 모습들이 보인다. 이런 기회를 얻고 나 혼자만의 비는 일이지만 할 수 있어서 다행이었다. 앞으로 삶을 사는데 조금이라도 더 바른 길을 갈 수 있도록 해달라고도 했다. 다짐도 했다.

띄엄띄엄이지만 만 리 이상을 걷는데 힘들고 어려운 일이 왜 없었겠는가? 2018년 봄 영종도를 걸을 땐 늦은 오후쯤엔 허리가 내려앉는 느낌과 괴로움에 걱정하기도 했다. 그때는 체면 불구하고 맨땅에 큰 대(大)자로 드러누워 발을 들고 10여 분 이상을 쉬기도 했다. 또 거제도 김영삼 대통령 생가 근방 외포마을을 새벽에 걸을 때 대형 자동차를 피하면서 도로변 배수로에 빠져서 몸을 다치는 고충도 있었다. 오르막길을 장시간 걸을 땐 숨이 막히고 무척 힘이 들어 자신의 나약함과 한계를 한탄하기도 했다. 신체적으로는 무릎이 팍팍하고 기진맥진인 경우도 있었다. 땀을 과하게 많이 흘리기도 했다. 내 몸 구성품이 한 군데라도 못쓰게 고장 날까봐 노심초사하기도 했다. 내리막길에는 발가락 부분이 앞으로 쏠려 마찰이 장시간 지속되다 보니 아팠다. 결국, 발톱 3개가 4번 빠지는 어려운 일도 있었다. 몹시 아파서 진통제에 의존하기도 했다. 발톱 빠지는 것 무척 아프다. 다른 사람에게는 권하고 싶지 않은 상처와 병이다.

여기에 수많은 지역의 도로를 걸을 때와 인도가 없는 교량을 건널 때 과속하거나 대형차들에 의해 자칫 사고로 이어지는 위험한 일을 당할 수 있는 경우가 수없이 많았다. 그래서 스스로 위험하다고 느낀 적이 무척 많았다. 우여곡절은 있었으나 스스로 방어걸음(?)을 항상 생각하며 걸었다. 완주까지 하는 동안 멀쩡하게 살아 있도록 해준 난폭한 운전자들에게 진심으로 감사를 표한다. 집을 나와 운전대만 잡으면 미쳐 날뛰는 대한민국 자동차들이 오죽이나 과속을 해야지 말이지!! 쭉쭉 뻗은 좋은 도로를 꼭 그렇게 과속을 해야 하는지 의문이다.

이번 일을 하면서 걸음이 끝나는 당일 일기식으로 SNS에 글을 써 올렸다. 많은 이들이 읽어보고 감사하게도 댓글도 주셨는데 그중 한 분이 해준 말이 생각난다. '당신이 하는 일은 여유가 있어야 할 수 있다. 첫째 건강의 여유가 있어야 하고, 둘째 시간적 여유가 있어야 하고, 셋째 경제적으로 뒷받침되는 여유가 있어야 하는데 참 부럽다'는 이야기다. 나는 결론적으로 말하면 그런대로 그 말이 맞는 면이 있다고 생각한다. 경제적인 면에서 그날그날 돈을 벌어야 집안이 살 수 있다면 할 수 없는 일이고 그리되면 시간도 낼 수 없는 일이 아닌가? 젊었을 때부터 열심히 살아온 가족들의 덕택과 연금 등으로 다행히 숙식은 해결이 되는 여건이기 때문에 가능했다. 건강도 이만해서 감사하다.

나는 여기에 가족들의 이해와 지원을 보태고 싶다. 집에서 원거리는 비용이 좀 들어간다. 교통비와 숙박비 그리고 식사도 100% 매식을 했다. 그 비용은 말없이 아내가 대주었다. 걷고 집에 오면 큰며느리는 가끔 맛있는 음식을 만들어 줘 체력보강에 보탬을 주었고, 돌아다니다 보면 건강에 신경을 써야 하는데 처방과 상담은 막내며느리가 책임을 지고 살펴주었고, 매일매일 써서 올리는 글에 군장과 흥을 맞춰서 내가 힘을 내도록 응원한 큰아들, 오고 가는 교통편이 어려울 때 정보를 이용해서 언제든지 차표를 해결해 준 막내아들과 내가 중간에 그만두지 않게 의기와 오기가 우러나오도록 핀잔과 뼈 있는 말을 날린 마귀(괴물?) 같은 딸내미가 있어서 완주가 가능했다고 생각한다. 가족들이 고맙다. 그러고 보니 나는 행복한 사람이다. 그들에게 감사하게 생각한다.

이제 좀 쉬면서 토요일과 일요일에 다른 사람들처럼 늦잠도 자고 게으름도 피워야겠다. 그동안 이것을 핑계로 사회생활과 사적인 일을 거의 하지 못하고 욕 많이 먹으며 특별(?)하게 살았다. 또한 걸음 하는 동안 밥도 사주고 격려를 해준 친구들과 아는 모든 분께 감사한다. 이제는 아는 이들의 각종 모임과 행사에도 적극적으로 참여하여 걷기 전 과거 평소의 사람으로 행동하며 살아야겠다. 그리고 갚아야겠다. 그러면서도 5년이나 10년 후에 다시 한 번 더 도전한다면 준비도 꼼꼼하게 하고 더 잘할 수 있겠다는 생각도 한다. 매일 만보 이상 걸어 건강관리를 잘해 대비하면서 말이지. 그리고 고성 통일전망대에서 금강산 함경도를 지나 두만강과 압록강을 거쳐 평안도 황해도를 걸어 내려와 임진강 하구에서 남으로 내려 걷는 명실상부한 대한민국을 한 바퀴 돌 날이 언제 올까? 꼭 그런 날이 오기를 소망한다.

(2019. 7. 6. 『문학시대』 136호, 2021. 여름호)

나의 소망 한 가지

지방 인구 감소 대책이 절실하다. 시골 마을에 사람이 없다. 아이들 우는 소리는 멎은 지 오래되었고 사람이 있다고 해도 일도 할 수 없는 노인들과 멀리서 돈 벌러 온 말도 안 통하는 외국인들뿐이다. 집들도 점점 폐허로 변하는 빈집들이 증가하고 있다. 금수강산이 변하고 있다. 대책이 시급하다.

우리 국토 한 바퀴 돌기를 하며 완주할 때까지 뼈저리게 느끼는 사항이 하나 있다. 얼마 후에 어느 동네가 없어지고 어느 행정단위 고을이 사라질 수 있다는 사실이 눈에 보였다. 정치하는 사람들이 싸움을 하고 있다. 그들의 목표는 자기들이 상대 팀보다 정치를 더 잘하겠다는 것일 것이다. 잘하는 정치가 무엇인가? 국민을 보호하고 편안하게 잘살게 하겠다고 하는 것일 거다. 그동안 정치인들에게서 수없이 많이 들어온 말이다. 그런데 정말 큰일을 내 눈으로 똑똑히 보았다.

우리나라는 작은 나라라고 하지만 면적이 10만㎢가 넘는다. 그런데 수도권과 광역 대도시 지역을 포함한 20%미만의 땅에 우리나라

전체 인구의 80%이상이 살고 있다. 역으로 80%지역에는 20% 이하의 인구가 살고 있다. 거기에 20% 인구 중에 거의 50%가 65세 이상 고령자들이다. 농어촌만 따지고 보면 우리나라는 오래전에 초고령사회(노인 20% 이상)가 됐다. 학생이 없어서 폐교되어 교문에 철조망을 쳐둔 운동장엔 풀밭으로 변한 옛 학교를, 걷는 날마다 매일 심란한 마음으로 보았다.

1년 반 동안에 4,200여㎞를 걸으면서 조그마한 마을길과 학교 근처에 옛날엔 마을마다 있었던 '어린이 보호구역'으로 자동차 속도를 줄여야 한다는 표시판은 5번도 못 보았고, '노인 보호구역'으로 자동차 속도를 줄여야 한다는 표시판은 방방곡곡에서 수없이 많이 보았다. 그 동네에 아이들은 없고 노인들은 많다는 말이다. 마을길을 통과할 때 사람 구경이 힘들다. 길을 찾아 걸으면서 잘 모르거나 애매한 길에 대해서 물어 보고 싶은데 사람이 없어서 물어볼 수가 없다. 가끔 있다고 해도 외지에서 관광 왔다는 사람들이나 말이 통하지 않는 외국인 노동자들이 십중팔구다.

전형적인 농어촌 마을에 들어가면 빈집들이 많다. 어느 마을은 반절이 빈집이라는 말도 주민에게서 들었다. 빈집은 시간이 지나면 폐허가 된다. 이웃에 사는 사람들은 얼마 전까지만 해도 형제처럼 정답게 같이 웃고 울며 살았던 집이었는데 지금은 무너져 내리는 옆집이 무서운 폐허로 바뀌고 있다.

들과 바다에서 열심히 일했던 사람들이 늙어서 더 이상 일을 할 수가 없는 지경에 이르렀다. 구경꾼이 돼서 자식이나 후배가 아닌 말도 통하지 않는 외국인에게 손짓 발짓으로 시키면서 일하는 광경을 물끄러미 보고만 있다. 또 바닷가마을 노인들은 바다 멀리 수평선만 바라본다고 한다. 농사를 짓지 못해서 묵힌 땅에 잡초만 무성한 곳이 많다. 얼마 전까지만 해도 땅을 얻고자 바닷물을 막고 둑을 만들고 방조제를 만들어 간척사업으로 만든 농토를 우리 옆에 많이 두고 있다. 또 황무지와 산을 개간해서 농토를 만들어 농사를 짓지 않았는가 말이다. 그런데 농사 안 짓는 땅들이 많다. 서글프고 뭔가 잘못되고 있다는 느낌이다.

또 전엔 자기 마을길은 마을에서 책임지고(?) 말끔하게 닦아 놓았는데 지금은 손을 댈 사람이 없다. 지자체에서 둘레길도 만들어 놓고 관리를 못 해서 풀만 자욱하다. 사람이 줄었어도 잡초들은 줄지 않는다. 무성하게 자란 잡초들을 베지 않고 관리도 하지 않아 더 왕성하고 억세게 서 있다. 그 길을 걸으면 이슬 맞은 풀들에 신발이 젖어 걷기가 힘들다. 그런 것을 경험한 사람들은 그다음에는 그곳에 오지 않고 선전도 악선전만 한다. 그 말을 들은 다른 사람들도 가지 않는다. 사람들이 오고 가지 않으니 그 동네는 오지가 된다.

대중교통인 지역 시내(군내, 농어촌)버스도 하루에 두 번만 다니는 마을도 있다. 버스에 손님도 없어 나 혼자 시발점에서 종점까지 가는 경우도 있었다. 이 추세대로 10여 년이 지나면 사람이 한 명도 없는 마을도 있을 거라고 열변을 토하는 실버도 만났다. 실제로 과거 10만 명 이상이었던 인구가 3만 명 미만으로 줄어든 지자체가 20개가 넘는다는 뉴스를 보지 않았는가. 다른 나라 이야기가 아니다. 버스 타고 조금만 가면 닿고 부딪히는 우리나라 농어촌의 현재 이야기다.

정치와 관련된 세상을 잘 모르는 내가 봐도 안타깝기 그지없는데 큰소리치는 정치인들 눈에는 안 보이고 귀에는 안 들리는가? 창피하다. 국가의 대책이 절실하다. 땅에 사람이 살아야 한다. 황무지가 되면 후에 커다란 대가를 치른다. 국민을 진정으로 사랑하는 정치라면 분명 좋은 대책이 보이고 나올 것이다. 싸움만 하지 말고 말이지. 국민이 없거나 뒷전인 정치가 무슨 소용인가? 금수강산에 사람들이 골고루 섞여서 마을을 더 아름답게 가꾸고 자랑하며 살기를 소망한다. 그런 동네에 자주 가보고 싶다. 대한민국 국민인 나의 이 소망이 이루지 못할 일인가?

(2019. 7. 10. 『한국전쟁 문학』 제5집, 2019년 하반기호)

세상에 이런 일이

자식 키우기 정말 힘들어! 부모들이 하는 소리다. 어젯밤에 내가 직접 보고 기가 막혀 많이 울면서 보다가 잠이 들었다. 아침에 글을 쓰려다가 검색을 하는데 내가 하고 싶은 얘기가 그대로 돼 있어 싣고 약간 보충을 했다. 앞으로 자주 읽어보며 이 집안의 변화과정을 방송사에 문의해 보아야겠다. 사후 관리도 하면 좋겠다. 세상에 이런 일도 있구나.

- 18세 아들의 술 · 담배 심부름하는 50대 아버지

18세 아들의 술과 담배를 직접 사다 주는 아버지의 사연이 공개됐다. 28일 방송된 KBS2 예능 '대국민 토크쇼 안녕하세요'에서는 10년 전 이혼한 후 두 아이를 홀로 키워온 50대 아버지의 이야기가 공개됐다.

사연의 주인공인 아버지는 술 · 담배 심부름까지 시키는 아들 때문에 고민이라고 밝혔다. 아버지는 "18세 아들이 매일 술심부름을 시킨다."며 "회사에서 일하고 있는데 '퇴근할 때 술 좀 사다 주시면 안 돼

요' 한다."고 털어놨다. 아들이 그렇게 된 이유에 대해 "얼마 전에 파출소에서 전화가 와서 가 보니 아들이 친구들과 동네 아파트 계단에서 술을 마시다가 주민신고가 들어와서 붙잡혀 있었다. 살펴보니까 안주도 없이 소주를 마셨다. 데리고 오면서 남의 아파트에서 술을 마시면 피해를 주니까 차라리 집에서 마시라고 했다."고 한다. 화가 나서 한 말인데 아들은 그 말을 바로 믿고 다음날부터 아버지에게 술 심부름을 시켰다고 아버지는 말한다.

아버지는 "아들이 중2까지 괜찮았는데 중3부터 그렇게 됐다. 담배도 피우다가 걸리고. 요즘엔 담배 심부름도 시킨다. 담배를 사서 가는데 내가 이렇게까지 해서 애를 키워야 하나 눈물이 났다."고 덧붙였다. 아버지도 담배를 피운다. 그래서 같이 끊자고 했는데 못 끊고 있다고 한다.

이어 "사실 10년 전에 이혼했다. 그 이후로 애 둘을 혼자 키우고 있다. 이혼하면서 아내와 심하게 다퉜다. 그 기억 때문에 자꾸 어긋나는 건가?"라고 밝혔다. 아이들을 엄마가 키우도록 하면 좋았겠다고 MC가 말을 한다. 헤어질 때 아이들을 못 데려간다고 했다고 한다. 그리 말하면 아내가 애들 때문이라도 안 나갈 거로 생각했는데 그냥 나가 버렸다고 한다. 아들은 "제가 술・담배를 사는 게 불법이니까 아버지가 사는 게 법적인 문제가 없으니까."라고 했다. "심부름을 시킬 때 민망하지 않냐?"는 질문에 "아빠가 지구대에서 그렇게 말씀하셔서…."라고 답했다. 이어 아들은 "(술을)자주 마시고 싶으니까."라며 "아예 안 먹지는 못할 것 같다."고 말했다.

"미성년자는 술・담배가 안 되는 것을 알지 않냐?"는 MC의 질문에 "문제 되긴 하는데 제가 끊는다고 해도 건강 말고는 득 볼게 없는 것 같다."고 답했다. 아들은 본인의 주량이 소주 1~2병이고 담배는 하루에 1갑이라고 밝혔다.

부모님이 이혼한 것 때문에 그러냐는 질문에 "처음에는 그런 것도 있었는데 지금은 아니다."고 답했다. 아버지와의 관계에 대한 질문에는 "한번은 노래방에서 술 마시고 그런 적이 있었는데 그때 아빠가 친구들 앞에서 귀싸대기를 심하게 때려서 한동안 귀가 안 들렸다. 지금도 사고 치면 때릴까봐 무섭다."고 전했다.

또 아들이 한 달에 200~300만 원의 용돈을 쓴다는 사실이 밝혀졌다. 이에 아버지는 "제가 혼자 키우다 보니 집에 밥을 해줄 사람도 없고 혼자서 안 되니까 밥은 사 먹으라고 카드를 하나씩 줬다. 그런데 밥만 먹으라고 했더니 조금씩 쓰는 게 늘어났다."고 했다. 정작 아들은 자기가 얼마의 돈을 쓰는지도 모른다. 기가 막히지 않는가?

아버지는 "애들이 어릴 때 이혼하니까 엄마 없는 빈자리를 찾지 않게 하려고 하다 보니 제가 해줄 수 있는 게 그거밖에 없었다. 기 안 죽게 하고 싶은 거 다 하도록…."이라며 "애 아플 때가 진짜 마음이 아프다."고 자식들에 대한 마음을 털어놨다. 이러한 아버지의 말에도 아들은 "저는 아빠가 언제든 저를 때릴 수 있다고 생각한다."고 말했다.

이 말을 들은 MC 이영자는 "MC는 감정표현은 안 되는지 알지만 난 네가 너무 비겁하다. 아버지가 매일 같이 너를 구타한 것도 아니고 어떤 아들이라도 잘못했으면 혼내? 안 혼내? 버릇 고치려고 그러잖아. 지금 계속 아버지 핑계만 대고 있어. 비겁한 짓은 안 했으면 좋겠어. 나도 어릴 때 엄마 돈 훔쳤을 때 엄마가 생선을 마구 던졌다. 하지만 알았어, 내가 정말 잘못했다는 걸. 그때부터 도둑질 끊었어. 근데 아빠가 한 번 때린 거 가지고 무섭다면서, 술 담배는 계속하니까 말이 안 되는 거다."라고 호통을 쳤다.

한편 아버지는 "절반으로라도 술과 담배 좀 줄였으면 좋겠다. 그리고 대화 좀 너하고 많이 하고 싶다. 한 달에 4~5번이라도 마주 앉아서 이야기하고, 일주일에 한 번이라도 밥을 같이 먹고 싶다."고 아들에게 부탁했고 아들은 아버지에게 그동안 속 썩여서 죄송하다며 사랑한다고 전했다. (유하은 경향신문 온라인 기자)

MC가 "아버지는 낙이 없겠다. 집에 오면 아들 방에 술과 담배에 찌들어 있고 집안 분위기는 아들과 나이 어린 딸과의 관계가 서먹서먹하고 무슨 낙으로 사나요."라고 물으니 "일하는 낙, 돈 버는 낙으로 산다."고 한다. 얘들 기죽지 않게 살려면 돈을 많이 벌어야 하기 때문에 일하는 낙으로 산다고 한다.

이번 일을 계기로 아름답고 평화롭고 서로 사랑하는 가정이 되기를 진심으로 바란다. 꼭 그렇게 돼야만 한다. 아이 아빠에게 힘을 주고 싶다. 아들은 알아야 한다. 아빠가 포기하는 인생이 되지 않도록 하는 것은 아이들 책임도 있다는 것을. 사람은 자기가 주체할 수 없을 정도로 고통 받고 힘이 들고 지치면 모든 것을 포기해 버릴 수도 있기 때문이다. 그리되면 여럿이 피해자가 된다. 방송국에서 확인하는 사후관리를 했으면 좋겠다. 부탁한다.

(2019. 7. 27. 20:50)

비극의 원흉은 일본

일본이 우리를 또 힘들게 하고 있다. 오늘날 우리 한반도의 비극은 100년도 훨씬 전부터 일본으로부터 시작됐다. 순박하고 순진하게 또 도도하고 양반답게(?) 동방예의지국에서 조용히 살고 있던 한반도였다. 일본이 임진왜란 300년 후 또다시 온 백성을 총칼로 겁박하고 황후까지 죽이고 불태우고 황제도 몰아내고 한국인 앞잡이 몇 명을 앞세워 국권을 찬탈해갔다.

잃은 나라를 되찾겠다고 독립운동을 하는 우리 국민들을 잡아다 갖은 고문과 폭력으로 죽이고 장애인을 만들었다. 자기들 전쟁을 위하여, 자기들 잘 먹고 잘살겠다고 한국인 650여만 명을 강제로 징용해가서 일본 정부 소관 기관 및 일본 기업 등 8,566곳에 강제노역을 시켰다. 적응하기 힘든 더위와 추운 곳인 다른 나라에까지 데려가 일을 시켰다. 나이 어린 학생들은 학도병이라는 이름으로 군대에 징집해서 자기들 전쟁에 총알받이로 앞장세워서 죽였다.

군수공장에서 군수물자를 생산하고, 전쟁터에 길을 만들고, 진지 만들고, 비행장 만들고, 수천 미터 지하 탄광에서 석탄을 캐는 등 강제노동을 시켰다. 먹이는 것은 열악하기 그지없다. 콩깻묵 같은 것으로 주먹밥 크기 한 개가 하루의 식량이었다고 한다. 허기지고 힘든 그들에게 일을 제대로 하지 않는다고 채찍으로 때려서 죽은 사람이 엄청 많았다는 징용 생존자의 증언이다. 이런 증언을 보고 듣고 읽는데 눈물만 흐른다. 유구무언이다. 힘없는 우리가 겪은 역사이다.

또 히로시마와 나가사키에 원자폭탄이 떨어진 후에는 시가지 정리를 시키기까지 했다고 한다. 원폭 피해 한국인은 7만여 명이라고 한다. 징용자 중 사지에서 강제 노역하다가 얼마나 많은 사람이 죽었는지 집계도 없다고 한다. 강제 징용자 중 돌아온 그들이 우리의 아버지이고 할아버지이다. 또 나이 어린 학생들을 학도병 징집에 이어 15살 전후의 세상 물정 모르는 어린 소녀들을 붙잡아 가서 일본군대의 위안부로 운영했다. 그런 행위를 한 사람들이 어디 사람인가? 짐승만도 못한 것들이지!?

한반도에서는 쌀을 수탈해서 일본으로 가져갔다. 땀 흘려 농사지었으나 모두 빼앗기고 초근목피로 연명하다가 그것마저 먹을 게 없어 보릿고개를 넘기지 못하고 굶어 죽은 이가 부지기수다. 한국에서 생산된 쌀을 원활하게 수송하기 위해서 한국인을 동원하여 쌀을 많이 생산하는 호남지방 서쪽인 군산과 강경, 목포에 신 항구를 만들기도 했다. 한국말도 못 하게 하고 한글도 못 배우게 했다. 무려 36년간을 오금도 못 펴고 살다가 일본이 망하고 해방이 되었다.

해방되어 우리끼리 자유롭게 오순도순 잘 사나 했는데 일본을 쫓아낸다고 남쪽은 미국이, 북쪽은 소련이 들어와 3년간 군정을 한다. 그 사이에 또 앞잡이가 나타난다. 남쪽엔 이승만이 북쪽엔 김일성이 튀어나온다. 이들은 독립투사들과 광복군들의 통일된 단독 정부수립의 여망과 노력을 무시하고 각각 단독정부를 수립하고 대통령과 주석(?)이 된다. 그리고 철천지원수(徹天之怨讐)가 된다.

북한 김일성 일당은 6､25남침 전쟁을 일으켜 동포 수백만 명을 죽이거나 다치게 하고 1천여 만 명의 이산가족을 만든다. 남쪽에서는 이승만과 그 정부를 비판하는 세력은 사회주의자와 공산주의자와 빨갱이로 몰아 수많은 사람을 죽인다. 그것을 실천한 사람들은 일제강점기에 일본 앞잡이였고 친일 세력이었던 전직 경찰과 군인 출신들이었다. 미군정과 이승만 정권에서는 정부수립 시 혼란한 시기에 일제 밑에서 행정을 해봤다는 이유로 전직 경찰과 군인들을 이용했다. 이들은 친일파로 제거 대상인데 오히려 권력과 힘을 주었으니 이승만의 반대 세력을 제거하는데 충성을 다해서 실적 올리는 경쟁으로 일제강점기에 행했던 자기들의 허물을 덮으려 했다.

여기서 생각해 보면 결과론이지만 일본이 한국을 강점하지 않았다면 미국과 소련이 한국에 들어올 이유가 없었고 남북으로 나뉘어서 정부를 수립하거나 전쟁도 하지 않았을 것 아닌가? 친일파 한국인도 없었을 것 아닌가!? 70여 년이 지난 세월에도 해결되지 않은 갈등이다. 남북한문제는 해방 후 75년, 6·25 휴전 후 67년이 지났지만, 여전히 원수로 지내고 있다. 참으로 안타깝기 그지없다. 그리고 일본은 진정한 사과도 없이 날뛰고 있다. 그들의 도움을 받았던 추종자들은 권력 장악을 위한 권모술수와 온갖 짓으로 국민을 현혹하고 있다.

6､25남침과 이념 갈등과 이간질과 빨갱이와 종북도 친일파도 모두 일본 때문에 생겨난 것이다. 한국인의 통치를 위해 한국인 내부

분열을 가르쳤다. 패망한 일본을 일어나게 한 것은 미국이다. 원폭 투하로 항복한 일본을 놔두었으면 망하는 건데 미국이 도와주고 더구나 6·25전쟁 때 엄청난 돈을 벌게 해서 세계에서 두각을 나타나게 한 것이다. 그래서 일본은 지금도 남·북한이 평화롭게 잘 되는 걸 절대적으로 싫어한다. 반목의 남북한이라야 자기들 먹을 것이 생기기 때문이다. 참으로 나쁜 사람들이다. 전후에 미국이 일본에 아량을 베푼 것처럼 일본도 미국이 일본에 한 것의 1%만이라도 대한민국에 할 수는 없을까?

독일 국민들이 매년 사과하고 보상하고 있는 나치의 유대인 학살보다 더 잔인하고 더 악질적이고 더 천인공노할 만행을 저지른 일본이다. 731부대의 마루타 만행도 일본이다. 일본의 고문 기술이 세계에서 가장 악독하다고 한다. 그 고문을 가장 많이 당한 사람들이 우리 대한민국 국민 조상들이고 선배들이다. 우리 대한민국 국민들은 꼭 기억하고 또 대비해야 한다. 또다시 당하면 안 되기 때문이다.

이런 것을 까맣게 잊은 생각 없는 우리 국민들도 한심하다. 조금만 곰곰이 생각하면 답이 나오는데 말이다. 알면서도 무엇을 얻으려 일부러 그러는 것인지 모르겠다. 지금 우리는 내우외환(內憂外患)을 겪고 있다. 이때는 일치단결해서 외환을 먼저 해결하고 내우를 따져야 한다. 나라를 또는 가정을 잃고 잘잘못을 따져봐야 말짱 황이다. 같이 망한다. 같이 죽는다. 외환의 앞잡이라면 모르지만 말이다.

우리나라는 국민이 지킨 역사이고 국민이 지킨 나라이다. 전쟁이 나자 왕과 대통령 그리고 관료들은 피난을 핑계로 도망갔지만, 서민의 국민들은 묵묵히 제 자리를 지켰다. 그리고 의병을 조직하여 싸워

이겼다. 이럴진대 군대를 여러 이유로 가지도 않았던 사람들 즉 얼굴 두꺼운 정치인과 고관대작들이 안보를 부르짖고 친일적인 말과 행동을 침을 튀기며 활보하는 모습이 오직 군에서 앞만 보며 한 세대를 바친 노병이 보기에는 참 가소롭게 보이고 또한 안타깝다.

(2019. 8. 8)

후기

일본에서 또다시 태클을 걸었다. 코로나의 영향으로 우리 국민들의 일본입국을 사실상 금지한다고 한다. 지난해 반도체 소재 물자 수출 금지에 이은 한국사람 일본 입국과 일본인의 한국으로 출국까지 제한한다는 대사건이다. 뻔뻔하기 그지없다. 그러나 한편으로 착잡하다. 글로벌 세상이라는데 우리에 대한 일본을 생각해 본다. 코로나가 창궐하고 있다. 모든 국민이 힘들다. 그런데 코로나도 역으로 이용하고 있는 사람들도 있다. 꼭 코로나 같은 사람들이다. 코로나바이러스여 의료기술이 발달한 대한민국은 당신들이 살 곳이 못 된다. 제 살 곳을 제대로 찾아가기를 간절히 바란다. 찾으면 갈 곳이 많다. 코로나가 꼭 일본 같다는 생각이 든 것은 왜일까?

(2020. 3. 6. 21:00. 『한국전쟁문학』 6호, 2020. 5. 30)

사람을 사람이 쓴다

사람은 사람을 상대하면서 한평생의 삶을 산다. 엄마 아빠라는 사람으로부터 태어나고 죽어서도 사람에 의해서 땅속에 묻히거나 하늘로 올라가는 처리를 당한다. 사람은 믿기도 어렵고 믿음을 받기도 어렵다. 그래서 사람을 믿고 행동하는 이야기들이 예부터 전해지고 있다.

어떤 이야기는 목숨까지 걸고 사람을 믿는 사람의 이야기도 있다. 그 믿음의 약속이 지켜졌을 때 사람들은 그들의 아름다운 관계 이야기에 박수를 보낸다. 반대로 사람을 배반한 경우도 있다. 배반의 이야기는 사람들 일상생활에도 수없이 많다. 성인인 예수도 자기 제자에게 배신을 당하여 믿음이 깨지기도 했지 않았는가?

'열 길 물속은 알지만 한 길 사람 속은 모른다'는 속담도 있다. 여기서 사람 속이란 마음을 말할 것이다. '열 길' 또는 '한 길'에서 '길'은 물건의 높이나 길이, 깊이 등을 어림잡는 데 쓰였던 단위다. '한 길'이라고 하면 보통 사람의 키 정도 되는 길이다. 그러니까 '열 길 물 속'이라고 하면 물의 깊이가 사람 키의 열 배만큼 깊다는 뜻이다.

그러나 물은 아무리 깊어도 그 깊이와 내용까지를 알 수 있다. 줄

에다가 돌멩이를 묶어서 던져 보거나 특수한 기계를 이용해 조사해 볼 수도 있다. 수천 미터 태평양 바다 속의 깊이도 지도에 표시되고 있지 않는가 말이다. 카메라 들고 물 속에 들어가면 모든 것을 알 수가 있다. 하지만 무슨 수를 써도 사람의 마음은 좀처럼 알기 힘들다. 이 속담은 아무리 깊은 물 속이라도 수단과 방법을 동원하여 그 깊이를 헤아릴 수 있지만, 사람의 마음이라는 속은 어떤 수단과 방법을 총동원해도 알아내기가 힘들다는 뜻이다. 아마 '알아내지 못하다'가 맞는 말일 것이다.

사람의 마음속으로는 들어갈 수가 없으므로 무슨 생각을 하고 있는지 헤아리기가 힘들다. 게다가 하루에도 열두 번 이상도 바뀌는 게 사람의 마음이라고 하지 않는가?

표준 국어사전에 사람을 아래와 같이 풀이했다.

1. 생각을 하고 언어를 사용하며, 도구를 만들어 쓰고 사회를 이루어 사는 동물. - 사람은 만물의 영장이다.
2. 어떤 지역이나 시기에 태어나거나 살고 있거나 살았던 자. - 서울 사람
3. 일정한 자격이나 품격 등을 갖춘 이. - 사람을 기르다
4. 인격에서 드러나는 됨됨이나 성질. - 사람이 괜찮다.
5. 상대편에게 자기 자신을 엄연한 인격체로서 가리키는 말. - 돈 좀 있다고 사람 무시하지 마라.
6. 친근한 상대편을 가리키거나 부를 때 사용하는 말. - 이 사람아, 이게 얼마 만인가?
7. 자기 외의 남을 막연하게 이르는 말. - 사람들이 뭐라 해도 할 수 없다.

8. 뛰어난 인재나 인물. - 이곳은 사람이 많이 난 고장이다.
9. 어떤 일을 시키거나 심부름을 할 일꾼이나 인원. - 그 일은 사람이 많이 필요하다.
10. (수량을 나타내는 말 뒤에 쓰여) '1'을 세는 단위. 주로 고유어 수와 함께 쓴다. - 한 사람
11. 법률 권리와 의무의 주체인 인격자. 자연인(自然人)과 법인(法人)을 포함한다.

마음
1. 사람이 본래부터 지닌 성격이나 품성.
2. 사람이 다른 사람이나 사물에 대하여 감정이나 의지, 생각 따위를 느끼거나 일으키는 작용이나 태도.
3. 사람의 생각, 감정, 기억 따위가 생기거나 자리 잡는 공간이나 위치.

이렇듯 사람은 복잡하고 어렵다. 사전을 읽어보고 옮겼는데 이해가 되고 또 다른 해석은 없나 생각해 본다. 또 어렵게 생각 되는 구절도 있다.

사람을 두고 쓰는 사람들은 믿을 수 있는 사람을 원한다. 사람에게 일을 시키는 사람은 자기와 자기 집단을 위한 인재를 공들여서 고른다. 믿고 맡길 수 있는 사람을 골라 쓴다. 사람을 잘 골라 쓰는 사람은 자기와 자기 집단이 흥한다. 사람을 잘못 골라 쓰면 손실이 아주 크다. 고인이 된 어느 기업 회장은 기업에 필요한 사람을 뽑을 때 역술인이나 관상을 보는 전문가를 참여시켰다는 소문이 들리기도 했다. 많은 사람을 상대한 그분도 사람 고르기가 어렵고 복잡하고 신

중할 필요를 느꼈기 때문에 그랬을 것이다. 우리 아버지도 목숨을 살려주었던 사람에게 사기와 배반을 당해 중년에 온 집안이 어려운 생활을 하였다.

나라도 마찬가지다. 충신을 골라 쓰면 흥하고 역적을 골라 쓰면 망한다. 골라 쓰는 사람도 아랫사람이 보기에 믿을 수 있는 사람이라야 한다. 믿을 수 있는 주군에 충성한다. 유구한 역사에서 수많은 군주와 신하가 있었지만, 명 군주와 명 신하로 후세에 전해져 귀감을 주는 이들을 보면 각각 몇 사람 되지 않는다. 그래서 그들은 역사가 흐를수록 명성이 자자하다. 그런 역사를 알고 있는 후세의 주군이나 신하들은 그들을 따라 행동해서 명 군주나 명 신하가 많을 법도 한데 사실은 그렇지 않음을 우리는 잘 알고 있다. 사람의 마음 때문이 아닌가 생각한다.

작금에 나라가 시끄럽다. 문통은 조국과 윤석열을 골라 쓰면서 "환상의 조합을 꿈꿨지만, 갈등을 야기해 송구스럽다."고 말했다. 이쪽이나 저쪽이나 사람을 알아보고 딱 맞는 사람을 고르기가 얼마나 힘든가를 단적으로 보여주고 있다. 두 사람을 천거했던 사람들도 정말 그럴 줄 몰랐다고 생각하고 있지 않을까? 정말 사람은 알 수가 없다. 자기 자신과 조직의 이해관계가 끼면 더욱 그렇다. 그리고 가장 가까운 사람이 나의 급소를 알고 있다. 기업이나 기관이나 단체의 내부 고발자도 한때는 자기의 팔다리 같은 심복이라 할 수 있는 사람들이었다. 사람이 가장 무서운 물체다. '조직에 충성하지 사람한테 충성하지 않는다'라는 유명한 어록을 남긴 윤석열은 조직은 어느 조직이고 사람은 누구인가를 해석을 잘해 보았다면 대충 답을 알 수 있었을 텐데 너무 쉽게 판단해서 앞으로 힘이 드는 관계가 되지 않을지 모르겠다.

사람은 흐르는 물과 같이 세상을 살아야 한다. 그런데 성인들도 그것이 어렵기 때문에 그런 말을 했을 것이다. 물은 흘러가면 다시 오기 어렵다. 나라에는? 조직에는? 사람이 많다. 대통령은 선출직으로 임기가 시작과 동시에 끝나는 날도 정해진다. 목숨 걸고 충성할 사람이 그리 많지 않을 것이다. 사람의 마음이 너무너무 깊어서 여러 가지를 생각하기 때문이다. 더구나 요즘 세태가 세상을 그렇게 만들고 있다. 그래서 여러 사람을 한 번씩만 써야 한다는 게 내 생각이다. 오늘도 사람을 만나야 하는데 그들은 나를 어떻게 보고 생각하고 평가할까?

사람!? 아~휴 정말 어려워!? 그리고 복잡해!?@#%

(2019. 8. 14)

3.

세월의 흔적

대추 열여덟 알

인간들이 싸운다. 매스컴에 중계가 된다. 서로가 자기가 잘났고 너는 못났다고 인간의 탈을 쓴 악마처럼 싸운다. 오늘은 새벽부터 태풍 관련 사항을 중계 방송한다. 인간의 싸움이 보이지 않는다. 강력하고 무서운 태풍이 지나갔다. 기나긴 장마와 폭서기를 보내고 시원한 계절과 추석을 앞에 두고 때 아닌 커다란 태풍을 만났다. 잠깐의 나들이에 몸을 가누지 못할 정도의 바람을 맞아 봤다. 두렵고 무서웠다. 대신 강력한 자연의 힘을 보여준다.

태풍의 위력이 대단하다. 아름드리나무들이 뿌리째 뽑혀 드러누워 있다. 인명을 포함한 각양각색의 피해 상황들이 보인다. 마음을 아프게 한다. 눈물이 흐른다. 태풍이 지나고 있는데 골프장 수리를 하다 사고가 나서 인명피해가 발생했다고 한다. 이 판국에 무슨 놈의 수리를 한단 말인가. 관리자들은 제정신인가? 한심하고 유구무언이다.

흔히 하는 말이 있다. 조금 안 오면 말라 삐뚤어지고, 조금 오면 넘쳐서 물난리가 난다. 즉 가뭄이 좀 길게 계속되면 물이 부족해 농작물이 말라 죽고 사람이 먹는 식수도 부족해 난리가 나는 한해가 발생하고, 비가 좀 많이 오면 수해가 나서 산이 무너지고 강이 넘쳐 논과 밭 그리고 시가지에 물이 들어차 사람이 사는 집안은 물론이고 방안까지 침수가 돼서 울고불고 야단이 난다. 우리는 살면서 자주 봐왔다. 지금은 그래도 댐과 저수지와 낮은 곳에 고이는 물을 퍼올리는 배수펌프 시설이 많이 있는데도 한 번에 많이 오는 집중 폭우를 감당하지 못하는 도시계획도 문제다. 집중 호우나 폭우는 온난화 현상을 야기한 사람들이 문제다. 산사태나 강의 범람은 난개발이 원인이다. 사람들 잘 먹고 잘살겠다는 개발 사업을 중구난방으로 하고 뒤처리와 마무리를 잘못해 이런 비극을 초래하기도 한다.

사람이 보는 방송에 나오는, 힘이 있다고 자타가 인정하는 사람들아! 이런 일이 벌어지는 것을 보고도 싸울 마음이 남아 있느냐? 앞으로는 싸워서 자연의 버림을 받은 다음 후회하지 말고, 싸우지 말고 다정하게 잘 살기를 기원하고 약속하자고 이 사람이 부탁한다. 아니 부르짖는다. 당신들만 관련되는 일은 싸우든 말든 상관하지 않겠지만 한 사람이라도 국민들이 해당하는 일에는 머리를 맞대고 우선 살리는 일부터 하라고 부탁한다.

도시에 사는 나도 농작물 태풍피해를 보았다. 야심(?)을 갖고 옥상에 매일 물을 주며 키운 대추나무에 열매가 열리고 다 커서 익어 가는데 오늘 태풍 바람을 맞고 18개가 떨어져 버렸다. 마음을 우울하게 한다. 텔레비전 화면에 보인 과수원에 떨어진 낙과와 찢어지고 넘어진 과실수들을 보고 한숨짓는 농부들의 기분을 충분히 이해가 된다. 자식 키우듯이 보살펴서 곧 시집・장가들이려는 찰나에 하늘의 재앙을 맞아버린 것이다. 그러나 지나간 것은 빨리 잊어버리고 힘을 내서 태풍이 할퀴고 지나간 뒤처리를 잘해서 나머지라도 잘 가꾸어 거두시기를 기원한다.

우리는 그들을 어떤 식으로든 도와야 한다. 그것이 한나라에 같이 사는 사람의 행위이고 도리라고 생각한다. 그러나 먼저 해야 할 사람들은 언론에 나오는 싸움질 잘하는 사람들의 변화이다. 국민이 있고 당신들 직책과 직위가 있는 것 아닌가? 국민들 없으면 당신들의 명예와 직위와 권한과 의무도 아무 필요가 없는 일이다. 농작물 태풍 피해본 사람들을 위한 대책을 수립하라. 국민들의 명령이다.

자연의 힘은 강하고 위대하다. 순응하자. 상대방 사람도 자연이다. 하느님이 보우하사 우리들 만세를 우리가 만들어야 한다. 다른 나라 다른 세계에서 우리를 도와줄 개체는 하나도 없다. 오로지 우리가 스스로 해야 한다. 우리 모두 같이 뛰기를 기대한다. '감사합니다'라는 소리를 듣도록.

(2019. 9. 7. 20:10)

추석 전야에 받은 세금 고지서

추석 연휴 시작 하루 전인 9월 11일 오후 우리 동네 구청 정보화 센터에서 컴퓨터와 스마트폰 공부를 하고 위층에 있는 헬스클럽에서 운동과 샤워까지 하고 기분 좋은 컨디션으로 서서히 걸어서 귀가 중이다. 추석 연휴를 하루 앞둔 명절 분위기가 흐르는 날이다. 선물꾸러미를 들고 귀가하는 행인들의 발걸음도 가볍고 행복해 보인다. 길에 펼쳐져 보이는 광경이 기분이 좋고 흥미로운 옛 모습들이 떠오른다. 이런 생각 저런 생각을 하며 걷는다.

지금은 조용한 우리 집안 풍경이지만 지난날 나도 저렇게 퇴근했던 일들이 생각난다. 한 조직의 책임자였을 때는 아랫사람들에게 조금이라도 더 나누어 주겠다고, 이런 계획 저런 계획을 수립해서 결재권자에게 보고해 승인받아 베푼다고 열심히 일했던 과거의 일들이 스쳐간다. 혼자서 웃으며 명절의 풍경을 가슴에 안고 집에 들어간다. 들어가면서 평소 습관대로 우편함을 들여다보니 우편물 봉투가 몇 개 있다. 이것저것을 자세히 살펴보는데 9월에 내는 재산세고지서가 들어 있는 봉투와 교통위반 과태료 고지서 봉투가 나를 기다렸다는 듯이 얼굴을 내민다. 갑자기 기가 막힌다.

누구는 추석을 맞아서 선물이다, 추석상여금이다 해서 야단인데 나는 고작 세금 고지서와 과태료 고지서가 기다리고 있다. 추억의 업기분을 다운시킨다. 국가 행정이란 게 이렇게 인정사정없구나! 생각하니 인생무상이고 허리가 휜 기분이다. 구청에서 고지서를 좀 일찍 보내든지 좀 늦게 보내든지 했으면 이러지는 않을 텐데 말이지. 꼭 추석 연휴 시작한 날에 받게 하는지 갑자기 입맛이 씁쓸하다. 세금은 원래 일등으로 내는 나지만 이번엔 야속하기 그지없다. 또 아내가 가지고 다니는 자동차를 어디 가서 주차위반을 했는지 비싼 주차요금을 후불로 바가지 쓰고 내는 꼴이 되었다. 또다시 기가 막힌다.

집에 들어와서 기가 막힌다며 세금고지서 얘기를 하니 아내가 토를 단다. 세금 낼만 한 재산이 없어 세금 못 내는 사람도 있는데 그래도 우리는 집이라도 있어 세금을 낸다니 '괜찮은 일이지 않냐?'라며 오히려 핀잔을 준다. 그 말에 또 기가 막힌다. 일면 그럴 것도 같다. 갑자기 내가 나쁜 사람이 된다. 그러나 오래전부터 실업자인 나로서는 흐리고 비 오는 날씨만큼이나 기분이 별로다. 세상이 복잡하고 시끄럽게 돌아가는 것과 같이 내 마음도 복잡해지고 마음이 서글프다. 그래서 이래저래 추석 연휴 시작이 찜찜하여 기분 좋지 않게 보내게 될 것 같다. 그렇지만 가을이 깊어지면 모든 게 나아지겠지 기대하기도 한다.

저녁에 우리 집 귀염둥이 5명의 손자·손녀들이 들이닥쳐 순식간에 아수라장이 된다. 모든 근심·걱정을 잊게 한다. 손자·손녀들도 세대 차이가 있다. 가장 큰애와 가장 작은애의 나이 차이가 15년이다. 조금 큰 아이들은 할아비나 할미와 놀지도 않고 손만 쳐다보는 놈도 있다. 스마트폰이 더 재미있고 친한가 보다. 또 행동 하나하나를 눈을 떼지 않고 따라다녀야 하는 놈도 있어 아주 복잡하다. 따라다니기도 힘이 든다. 손자·손녀를 보는 것도 차이가 나니 기가 막힌다. 이렇게 기가 막힌 일들이 벌어지지만 추석 명절은 서서히 시작되고 있다. 시간은 가고 오고 하늘의 은하수처럼 흐른다.

작년 추석 연휴는 우리나라 한 바퀴 걸어서 도는 일로 장시간 귀성 버스를 타고 전라남도 신안군 증도와 지도 그리고 무안과 목포를 걸으면서 보냈다. 올가을이 깊어지고 이번 추석 연휴와 더위를 비껴서 우리나라 1, 3, 5, 7번 국도를 따라 걸어 2,000여㎞의 대장정을 시작할 계획을 하고 있다. 이것을 생각하니 기분이 좋다. 이 세상 모든 사람들의 아름다운 추석이 되기를 빌고 추석날은 커다란 보름달을 맞아 우리 가정과 나라의 평화와 번영을 기원해야겠다.

(2019. 9. 11. 21:15)

세월이 지나간다, 나도 흘러간다

오늘은 9월 4번째 일요일로 대학 동기 산악회인 오성산악회 산행이 있는 날이다. 나는 15년여 전 산악회 결성에 참여한 최초 구성 멤버로서 회장도 역임한 바가 있다. 각별한 애정을 갖고 매월 한 번씩 하는 산행에 거의 매번 참여하고 있다. 비가 오나, 눈이 오나, 바람이 부나 시행하기로 해 계획된 일정을 한 번도 빠뜨린 적이 없는 자칭 유명한 팀이다.

나는 우리나라 국토 한 바퀴 도보로 돌기를 하느라고 20여 회 참여를 못 하다가 오늘 나가기로 했다. 그런데 새벽부터 비가 꽤 많이 내렸고 또 집에서 출발하는 시간에도 계속 내리고 있었다. 그러나 시간에 맞춰 복장을 갖추고 무조건 출발했다. 오늘은 어렵지 않은 강서구 방화동에 있는 개화산이다. 높이는 해발 128m로 그리 높지 않은 강서구의 뒷동산이라고 할 수 있다. 지하철 5호선 개화산역에 도착해서 시간을 맞춰 기다리는데 결국 25명의 회원이 모였다. 다행히 이곳은 비가 내리지 않는다. 천만다행이다.

여름의 폭서기를 무사히 보내고 다시 보는 친구들이 반갑다. 특히

2년여 만에 보는 친구들도 있다. 서로 인사를 나누고 역 광장에서 맨손체조로 준비운동을 마치고 길을 찾아서 오밀조밀한 동네 골목길을 지나 산으로 오르내리는데 아기자기한 산이 재미있다. 김포공항 근처의 산이다. 그동안 그 주변을 걷지도 보지도 못했는데 오늘 공항 일대와 행주산성과 한강 하류 일대, 아라뱃길 터미널 일대, 행주대교 건너편 고양시 등 서울의 서쪽 지역을 한눈에 시원하게 볼 수 있었다. 전망대도 있어서 서울 남산도 보는 등 눈이 호강을 했다.

임진왜란부터 전쟁 시에는 서해와 광활한 김포평야를 통제할 수 있는 지형이다. 6·25전쟁 시 막중한 임무를 수행한 지역이기도 하다. 국토를 지키다가 산화한 선배들의 뜻을 기리기 위해 위령비를 세우고 순국한 이름들을 새겨 후세에 교훈으로 전하는 곳도 있어서 참배도 했다. 개발 후 남아 있는 김포평야의 논 들판은 연노랑에서 황금색으로 바뀔 준비를 한다. 공원에는 화초들이 아름답다. 같이 놀고 싶다. 참 의미 있는 볼거리를 즐긴 오늘이었다.

멤버들과 목표를 찾아 길을 걸으며 생각하니 서글프기도 하다. 몇 년 전까지만 해도 해발 1천 미터가 넘는 전국의 명산들을 주름잡고 다니던 우리 구성원들인데 요즘은 근교의 수도권 둘레길이나 뒷동산 같은 산들을 회원들이 선호한다고 한다. 또 오늘 눈에 들어오는 행태들이 할아버지, 할머니가 분명하다. 오호통재라. 그들이 하는 행태가 또한 확실한 내 모습이렷다!?

가는 세월을 잡지 못하고 모두를 맡겨버렸구나!? 생각하니 마음이 찡하다. 그런데 그 와중에 간식을 먹는 휴식 중에 회원 중 유병찬·김정아 부부가 홍어회와 생김치를 무겁고 힘든 것도 마다하지 않고 짊어지고 올라와서 회원들에게 막걸리와 함께 배불리 먹게 한 대단함을 보였다. 친구들을 진정으로 사랑하지 않으면 할 수 없는 일이다. 참으로 고맙고 감사하다.

우리 모두 더 폭삭 늙지 말고 현재를 인정하고 서서히 익어가는 나날을 즐겨야 할 때라 생각하며 기대해 본다. 틈나는 대로 자기 몸에 맞는 운동을 꾸준히 해서 건강한 모습을 갖추어 오늘 같은 등산에도 자주 나와서 즐겼으면 좋겠다는 이야기를 주고받았다. 이 산악회가 오래오래 많은 친구들이 참여하고 지속되기를 기원하며 오늘을 마감한다. 오늘 만난 친구들 고맙고 감사하다. 다음이 또 기다려진다. 친구들 아프지 말고 더 늙지도 마!

(2019. 9. 22. 21:00)

손자 어린이집에 보내기

아침 7시쯤에 아내가 나를 부르더니 옆방에서 자는 4살짜리 손자 민준이 옆에 누워 있으라고 한다. 자기는 경찰서 전·의경들에게 하는 점심봉사를 위해서 지금 나가야 한단다. 우리 집은 손자 아이를 할미가 주로 보살피고 있다. 자리를 옮겨 손자 옆에 누워있는데 민준이가 눈을 뜨고 두리번거리더니 옆에 내가 있음을 확인하고는 다시 잠을 잔다. 가끔 내 손을 잡기도 한다.

2~3년 전 더 어릴 때는 인기척만 있어도 잠을 깨고 울고 야단이었는데 지금은 잠이 깊이 들었을 때는 업어 가도 모르고 잠을 자는 개구쟁이로 성장한 것이 신통하다. 9시쯤 둘째 아이 출산 후 산후조리 중인 오늘의 사정을 알고 있는 아이 엄마가 아래층에서 올라와 기상 여부를 확인하고는 아직이라는 내 신호에 다시 내려간다.

30여 분 뒤에 미소를 머금고 일어나서 나에게 권투질을 하면서 10여 분 장난을 치면서 놀고 완전한 기상이 되었다. 일어난 다음 하루야채라는 음료수 하나를 먹이고 다시 아침을 먹으라고 아래층 제 엄마에게 데려다 주었다. 아이도 내려가기를 원하기도 했다.

아침을 해결하고 거실과 주방 그리고 옆방 등 청소를 하고 어린이집에 데려다주기 위해 확인을 하니 무슨 이유인지 가지 않겠다고 울고불고 야단이다. 하기야 매일매일 가지 않겠다고 하기는 한다. 그런데 오늘은 눈물과 콧물에 범벅이 되어 아주 심하게 떼를 쓴다. 10여 분 후 어찌어찌했는지 아이 엄마가 복장도 갖추고 밖으로 나왔다. 기분은 풀리지 않고 계속 울고 있다. 세발자전거를 이용해서 어르고 달래면서 속도감 있게 밀면서 어린이집으로 달린다. 10시가 훨씬 넘은 시간 무진장 덥다. 햇볕도 쨍쨍하다. 아이는 손으로 얼굴을 가리는 시늉을 해서 될 수 있는 대로 그늘을 찾아서 달렸다.

10여 분 뒤에 어린이집에 도착해서 안으로 들어가려는 찰나에 아이가 이의를 제기한다. 왜 편의점에 들르지 않고 어린이집이 웬 말이냐는 투다. 집에서 출발할 때 달래면서 밖으로 나가서 편의점에 간다고 하는 내용도 설득의 하나로 하고 나왔다. 세발자전거를 타고 올 때 아이가 계속 편의점 이야기를 했는데 자전거 소리가 시끄러워서 내가 못 알아들은 척 묵살하고 다른 골목으로 빠른 속도로 달려와 버렸다. 그런데 잊지 않고 있다. 난감하다.

그런데 이 아이는 집에서는 안 간다고 하지만 막상 어린이집에 들어가면 아주 순하고 말도 잘 듣고 또 잘 논다. 편의점은 오후에 간다고 이야기하고 대문을 열고 들어가서 신발을 벗으려고 하면서 신발장을 보니 토끼반 신발장이 텅 비었다. 시간이 10시 반쯤인데 그 반만 아이들이 몽땅 늦을 리도 없고 아리송하다. 2층 방으로 가서 보니 방도 불이 꺼져있다.

대충 감이 잡히지만, 다시 내려와서 사무실에 가서 물어보니 예상

한 대로 조금 전 길 건너에 있는 선정릉에 산책하러 갔다고 한다. 맥이 풀린다. 돌아올 때까지 기다릴 수도 없고 말이지. 능에 가는 것을 알았다면 상당한 시간 전에 입구를 지나쳐 어린이집까지 오지 않아도 되는 길목인데 우리 집에서는 전부 모르고 있는 눈치다. 그래서인지 나에게 전달이 되지 않았다.

왕릉에 내가 데려다 주기로 마음을 먹고 다시 세발자전거에 아이를 태우고 달리기 시작한다. 어린이집 가던 길과 반대로 나와서 왕릉으로 들어가 또 반대쪽으로 깊숙이 들어갔다. 자전거가 달리는 길이 비포장의 자갈밭이다. 그래도 달렸다. 그런데 아이가 웃고 크게 재미있다는 소리를 낸다. 자갈 깔린 요철 길에서 덜커덩덜커덩하는 진동이 재미있는 모양이다. 그 바람에 나도 신이 나서 더 빨리 달렸다. 아이 기분이 완전히 풀린 상태에서 10여 분 뒤에 어린이집 선생님과 아이들이 있는 곳에 도착하니 모두 웃고 맞이한다.

아이를 인계하고 빈 세발자전거를 밀면서 다시 뒤로 돌아 나오는데 허탈하기도 하고 화도 나고 온몸은 땀으로 목욕을 했다. 터덜터덜 빈 자전거를 밀고 걷는데 만난 행인들이 웃는 사람들이 많다. 집에 와서 시계를 보니 10시 50분쯤이다.

사실 나도 오늘 광화문 근처에서 점심 약속이 있어서 마음이 급한 상태였다. 집안 정리를 대충 하고 또 살펴보고 지하철을 타고 약속장소에 가는데 한 정거장을 지나치는 사고(?)도 저질렀다. 우여곡절 끝에 1분 전에 약속장소에 도착해서 친구들을 만나서 점심을 들고 우리나라 한 바퀴 걸어서 돌았던 내용의 질문에 답하며 수다를 떨고 돌아왔다. 우리나라 한 바퀴 걸어서 돌았던 내용을 SNS에 올린 것을 보고 밥 한 끼 같이 하고 싶었다며 맛있는 점심을 대접해 주신 이희범 선생님과 김종화 작가님에게 감사한다.

오후에 있는 구청 전산 교육에는 1시간 반을 지각해서 민망하지만, 강의실에 들어가 컴퓨터 공부를 했다. 오늘 수업은 대부분 알고 있는 내용으로 큰 지장은 없어 다행이다. 생각해 보면 자기 계획대로 혼자서 사는 사람은 하나도 없는 것 같다. 그렇게라도 이해해준 민준이가 대견하고 고맙다. 여하튼 재미있고 의미 있는 오늘이 넘어가고 있다.

(2019. 9. 24. 21:10)

100회 전국체육대회

난생처음 전국체육대회 개회식을 관람했다. 올해가 100회라고 한다. 서울 잠실 주경기장이다. 1920년 서울 동대문운동장의 전신인 서울운동장에서 야구 3팀이 참가해서 제1회가 시작된 이래 전국 광역자치단체별로 방방곡곡 돌아가면서 개최하였다. 선수들은 1년간 힘과 기술을 연마하여 전국체전에서 역량을 발휘하여 자기 자신과 고장을 빛내는 계기가 되기도 했던 전국 체전이다.

전국체전을 유치하기 위해서 광역자치단체별로 유치전이 치열하게 진행되기도 한 내용을 알고 있다. 요즘 올림픽을 유치하는 것처럼 막강한 힘을 발휘할 때도 있었다. 전국체전을 계기로 그 고장의 도시환경을 발전시키는 계기가 되기도 하고 중앙정부의 눈도장을 찍기도 한다. 그리고 선수들은 이 체전에서 실력을 인정받아 국제대회에 나가 국위를 선양한 용사들을 길러온 제전이다. 운동선수들의 로망인 전국체전 참가 아닌가? 국가대표 스포츠선수들을 양성해서 세계만방에 우리의 힘을 과시하도록 한 밑바탕을 만든 마당이기도 하다.

몇 십 년 전에는 입장식 행사를 관람하기 위해 새벽부터 기다리기도 한 전국체육대회다. 평생의 숙원사업(?)을 완수하기 위한 커다란 행사처럼 여기며 새벽부터 운동장 입구에서 빽빽하게 줄을 서서 기다리다가 서로 빨리 들어가기 위해 야단이었다. 문이 열리면 갑자기 뒤에서 미는 바람에 밀려 뛰어서 입장하다가 넘어져 밟혀 죽는 사람들이 발생하기도 한 전국체육대회 입장식이 아닌가? 그런데 나는 99회까지는 한 번도 가보지 못했다.

어떤 우리 모임의 회장으로 모시는 원로 체육인의 느닷없는 초청으로 난생처음 구경한 전국체전 개회식이다. 식전 행사로 멀긴 하지만 한 공간에서 송해 아저씨도 만나고 여러 가수도 만나고 본 행사에서 선수들 입장도 보고 참가 선수들에게 격려도 하고 본 행사에 축하하러 온 대통령도 먼발치지만 보았다. 성화 점화 등 여러 가지 행사를 2~3시간에 걸쳐서 즐거운 시간으로 잘 보냈다.

잠실주경기장은 86아시안게임과 88서울올림픽이 열린 유서 깊은 운동장이다. 나는 마라톤 할 때 어느 신문사에서 주최한 경기를 뛰면서 이 잠실운동장으로 골인한 기억이 있다. 마라톤 골인으로 몇 번 밟아 보았는데 스탠드에 올라와 자리에 앉아서 트랙과 필드에서 벌어지는 광경을 보는 것은 오늘이 처음이다. 우리 집에서 그리 멀지 않는 장소인데도 올해 전국체전을 서울에서 하고 잠실에서 하는 줄도 전혀 모르고 있었다. 그만큼 우리들의 볼거리 즐길 거리 문화가 확장되었다는 뜻일 것이다. 본 행사 시간에는 스탠드가 거의 들어찼다. 입장할 때도 대통령이 행사에 참여한다는 인상을 전혀 느끼지 못했다. 옛날 대통령이 참석하는 행사 정도 되면 야단 난리법석을 피우지 않았는가 말이다. 준비도 조용히 입장식도 조용히 자유롭게 진행하는 시스템적 움직임에 우리의 성장과 민주주의와 선진국형 행사를 보는 것 같아 기분이 업 되어 좋았다.

아무튼 난생처음 참여한 전국체전 입장식이 100회 전국체육대회여서 감개무량하다. 특별한 의미를 주는 오늘 나들이다. 초청해준 김영필 회장님에게 감사한다. 만약 오늘 보지 않았다면 평생 보지 못할 수도 있는 일이었다. 나라의 규모가 커지면서 이 정도의 행사는 조용히 치르는 행사쯤이 되었다. 앞으로 남북통일이 돼서 평양 신의주 원산 함흥 청진 개성 등지에서도 전국체전이 열려 구경 가는 날을 그려본다. 우리 생애에 가능할까? 꼭 그렇게 되기를 기원한다.

(2019. 10. 04. 22:04)

어느 여자의 일생

한 어머니가 세상을 떠났다. 한 여인이 세상을 떠났다. 연세가 92세라고 한다. 20년 전에 작고하신 내 어머니와 동갑이다. 참으로 파란만장한 삶을 살고 생을 마감했다. 일제강점기의 한복판에서 태어나 해방을 맞고 6·25를 경험하고 4·19와 5·16을 보았고 70~80년대의 독재와 격동의 시대를 오롯이 몸으로 체험하며 살았다. 배고픈 보릿고개를 넘기며 산업화와 민주화의 시대에 빠져서 살아 온 연약한 여인이었을 것이다. 특히 6､25때는 북한 위정자들이 싫어 정든 고향을 버리고 세계 전사에 기록된 흥남 철수 피난민 배에 올라 머나먼 타향인 거제도에 피난 와서 살았다고 한다.

맨손으로 아무것도 없는 타향에서 설움을 흠뻑 짊어지고 삭일 틈도 없이 자식을 줄줄이 5명이나 낳고 살았다. 연탄장사와 계란장사 등 온갖 일을 마다하지 않고 열심히 일하며 고향도 잊고 자식들 크는 것 보는 재미로 살았다. 어려운 살림 속에서도 자식들을 대학에 보냈는데 한 자식은 독재에 맞서 민주화운동이라는 데모 사건에 관련돼 감옥살이하고 대학에서 제적된다. 옥바라지도 그녀의 몫이었다.

하늘이 무너지는 기분이 아니었을까?

그래도 열심히 살았다. 자식들 키우는 일을 포함해서 할 일이 태산인데 오래전에 남편은 저세상으로 떠나고 만다. 자식 5명을 출가하나 시키지 않고 나약한 여인이 떠안는다. 얼마나 기가 막힐 일인가? 세상을 얼마나 원망하며 살았을까? 또 눈물은 얼마나 많이 흘렸을까? 형언할 수 없는 고생을 하며 산 것을 후세대인 우리가 어찌 말을 하겠는가? 남편을 보내고 41년 동안 혼자서 자식들 잘 되라는 기도를 하면서 살아왔다. 연약한 여인이 아니라 엄마로서는 세상에서 가장 강한 엄마로 살았다.

어찌어찌 살다가 감옥살이 했던 자식이 사법고시에 합격하여 변호사가 되고 또 대통령이 되었으나 자신을 숨기고 낮은 자세로 살았다. 숨지기 전에 진료와 입원 치료를 받았던 병원도 소규모 병원이었고 병실도 일반병실이었다고 한다. 주치의도 최근 대통령이 병실에 들른 다음에야 대통령의 어머니라는 사실을 알았다고 한다. 제 삼자인 내가 보기에도 울어야 하는가? 웃어야 하는가? 나는 말을 쉽게 못 하겠다. 마땅한(?) 일인데도 불구하고 한국의 정서에서 있을 수 있는 일인가? 생각해 본다. 그러나 바람직(?)하였고 앞으로는 반드시 이런 세상이 되었으면! 하고 기대한다.

그런데 대통령의 어머니에 대한 처세와 행동에 대해 불효자라는 말과 가족사가 원만하지 못하다는 등 말이 많다. 모 정치인은 "노년의 어머니를 출세한 아들이 함께는 아니더라도 근처에 모시고 살 수 있지 않았을까? 법적으로 문제가 있었을까?"라며 '노년의 어머니를 왜 모시고 살지 않았냐'는 트집을 잡기도 한다. 일면 맞는 말 같기도 하다. 그럴 수도 있다는 생각이 들기도 한다. 그런데 만약 대통령이 청와대에 같이 살았든가 아니면 근방이라도 이사해서 살았다면 어떤 평가와 말을 했을까? 참으로 편리한 사람들이다. 청와대는 그렇다고 치고 근방에서 집 얻어서 혼자 살면 무슨 재미가 있겠나! 이 사람들아! 노인의 세계를 몰라도 너무도 한참 모르는 사람들이다.

자식인 대통령은 페이스북을 통해 "마지막 이별의 시간이 다가오고 있다는 사실을 알면서도 자주 찾아뵙지도 못했다."며 "이제 당신이 믿으신 대로 하늘나라에서 아버지를 만나 영원한 안식과 행복을 누리시길 기도할 뿐"이라 말하며 빈소만 지키고 있다. 고인은 2017년 5월 중앙일보와의 인터뷰에서 "아들 내외 집에 이사하는 건 어떤가?"라는 질문에 "이사를 가고 싶어도 여기 성당이랑 동네 천지가 다 아는 사람이고, 내 인생이 여기 있어가. 딴 데 가면 불편하다."고 답변한 바 있다고 한다.

그리고 더구나 이산가족이고 여건이 아들이 대통령이고 북한에 가서 회담을 포함하여 백두산까지 오르는 등 여러 행사를 하고 돌아왔는데도 엄마인 고인은 흥남 고향 땅을 가보지 못하고 눈을 감았다. 대통령인 아들도 그 점을 가장 안타까워했다고 한다. 부디 안식을 하시고 일찍 사별한 부군을 맞나 꼭 고향땅을 가보기를 기원한다. 고인이 내 어머니와 나이가 같아서인지 20년이나 일찍 가신 어머니가 각별하게 생각나는 며칠이었다. 문 대통령 모친 이야기다.

(2019. 10. 31. 20:30)

인간은 인간적으로 사랑해야 한다

오늘도 1번 국도를 걸어야 하는데 해당지역에 비가 온다는 일기예보 때문에 망설이며 새벽에 일어나 밖에 나가 보니 잔뜩 흐리고 비는 오지 않는다. 검색해보니 비 올 확률이 80%다. 나가는 것을 포기하고 다시 잠을 청한다. 정작 비가 온다는 소식은 새벽 예배를 보고 들어오는 아내한테서 들었다. 마음이 갑자기 홀가분하고 교통정리가 확실하게 된다. 다시 늦잠으로 뒹굴고 일어나 늦은 아침을 먹고 글 써놓은 것 정리 좀 하고 늦은 점심까지 먹고 TV를 켰다.

내가 좋아하는 '동네 한 바퀴'라는 프로그램이 방송한다. 바닷가 동네인데 낯설지 않다. 내가 우리 국토 한 바퀴 돌 때 숙박도 한 적이 있는 고을이다. 삼척인데 케이블카가 바다 위로 지나간다. 한국의 나폴리라고 자랑하는 근덕면 장호항이다. 케이블카가 도착하는 870여 m 떨어진 용화리에서는 레일 바이크가 출발해서 5.5㎞를 바닷가와 소나무밭과 해수욕장을 가로지르고 황영조 선수의 고향마을도 지나 공양왕릉이 있는 궁촌마을까지 가는 놀이도 있다. 그때 나는 새벽부터 바이크 철길 옆을 따라 걸었다. 다른 이들에게는 뭐가 좋았는지 모르겠으나 나는 걸음이 좋았다고 생각한다.

화면에 나오는 장면의 동네들이 눈에 선하다. 모든 길과 해수욕장 모래밭을 걷고 밟았다. 또 동네 사람들도 만나서 얘기를 나누기도 했다. 이런 화면을 볼 때마다 어깨가 올라가고 그때가 생각나서 추억에 잠기기도 한다. 우리 국토 한 바퀴 돌았던 일을 잘했다고 생각한다. 자부심이란 게 이런 것인가?

프로가 끝나서 오늘의 운동량인 만 보를 걸으려고 옷을 갈아입고 나가려고 TV를 끄려는 찰나에 치매환자들 돌보기 프로가 또 방송된다. 나는 치매에 관심이 많다. 다시 앉아서 보기 시작한다. 다큐멘터리 프로로 '부드러운 혁명 휴머니튜드'라는 제목의 내용이다.

치매 환자를 보호자나 의료진에서 관리하고 보호하고 치료하는 기존의 시스템을 완전히 바꿔서 시도하는 내용이다. 지난 6월부터 치매 케어 전문가인 프랑스의 '이브 지네스트'의 워크숍으로 인천 시립 요양병원에서 우리나라 최초의 치매 환자 치료 및 관리를 위한 전문가 교육 및 실천 내용이다.

즉 치매 환자들을 케어 하는 사람들의 과정은 치매 환자와 눈을 마주치고, 치매 환자와 자연스럽고 부드러운 스킨십을 하며, 치매 환자와 관계 형성을 해나가며, 치매 환자의 불안감과 스트레스를 줄여줘야 한다는 내용이다.

그 실천 과정의 실습을 보니 어린 유아가 날이 가면서 발달하는 과정과 같다. 부모가 어린아이 보살피듯, 어린아이 키우듯 해야 한다고 나는 생각한다.

의학 지식의 원칙은? 치매 환자 관리의 보조 수단으로 사용되어야 한다고 강조한다. 의약품보다 그 사람의 속으로 들어가야 한다고 한다. 그 사람이 그 상태에서 좋아하는 것 즉 열쇠를 찾아야 한다. 진심어린 관심이 중요하다. 휴머니튜드를 하기 전의 우리나라 치매 환자가 있는 치료센터는 침대에 눕히고 말 안 통하고 안 들으면 묶어놓고 신경제 주사를 놓거나 약을 먹이는 것이 보통이었고 능사였다고 참여자는 말한다.

휴머니튜드를 적용하여 시행한 60일 동안의 실적은 누워만 있던 환자는 이곳에 들어온 지 4년 만에 휠체어를 탈 수 있게 해서 가족의 소원을 이루었고, 한 발자국도 못 옮기던 환자는 걸어서 화장실을 스스로 해결하고, 공격적인 행동으로 간호사나 보호사와 결투를 했던 환자는 순한 양이 돼서 고마움을 표하고 선물도 주고, 매일 저녁 같은 시간만 되면 집에 가야 한다고 휠체어 타고 온 병원을 주름잡던 할미환자는 손에 뜨개질 꾸러미를 쥐고 느리지만 능숙하게 뜨개질을 한다. 일부 환자는 복용하는 약을 줄였다고도 한다.

매일매일 화가 나고 힘들어서 울었던 간호사나 요양보호사들이 이제는 같이 어울려서 생활하며 과거의 잘못된 방법을 후회하며 울고, 기적 같은 변화에 즐거움과 감사의 눈물을 흘리는 장면은 화면을 보는 나도 울게 한다. 감동의 시간이었다. 물론 시행 경과는 무척 어렵고 힘들고, 고생하며 진행되었을 것이다.

휴머니튜드 2달 후에 대상자 14명 모두가 정도의 차이는 있으나 좋아졌다 한다. 폭력적이고 부정적이고 거부만 하던 사람들이 사랑스러워졌다. 얼굴이 환해지고 분노의 얼굴이 미소의 얼굴로 바뀌었다. 이처럼 인간이 인간을 인간으로 대하는 것이 지상 최대의 사랑이고 치료다. 치매라는 병도 인간이 인간을 진심으로 사랑하는 인간 앞에서는 운신의 폭이 좁아진다.

지금은 멀쩡한 우리도 치매 예방활동을 열심히 해서 치매가 들어오지 않도록 하는 것이 더 중요하다 할 것이다. 현재 우리나라 치매 환자는 75만여 명이 등록돼 있다고 한다. 열심히 꼬무락거리며 살아야겠다고 생각하며 걸으러 나가서 2시간 동안 13,000보를 걸었다. 비님 덕분에 오늘 하루도 이렇게 여유롭게 저문다.

(2019. 12. 1. 19:22)

걷는 사람이 발을 다쳤다

매사에 주의하고 정신을 바짝 차려야 한다는 교훈을 얻는다. 오늘은 기다리던 토요일이다. 한 달여 전부터 시작한 국도 따라 걷기에 오늘 일정은 논산 연무대에서 전주 쪽으로 걸어야 하는 날이기 때문이다. 그런데 집에 있다. 어제 사고를 당해 걸으러 나갈 수가 없어서다. 오늘 일정을 위하여 어제 주변의 볼일을 보고 집에 들어오는데 우편함에 건강보험에서 온 엽서가 보였다. 기간으로 봐서 올 일이 없는 우편물인데 무슨 일인가? 의문이 들어 곧장 엽서를 살피면서 계단을 오르는데 마지막 계단 앞에서 그만 발을 잘못 디뎌 앞으로 넘어졌다. 우편물의 내용은 살펴보지도 못 한 채 말이지.

오른쪽 엄지발가락과 주변 발바닥이 엄청 아프다. 5분여 뒤에 아픈 부위가 검푸르게 멍이 들기 시작한다. 겁이 난다. 여기저기 살펴보니 그래도 불행 중 다행으로 뼈나 근육에 금이 가거나 찢어지거나 하는 것은 아닌 것으로 확인됐다. 집안에서 모든 응급조치에 나선다.

아픈 곳에 물파스를 바르라는 조언을 듣고 물파스를 자주 발랐다. 몇 시간 뒤에 확인해보니 멍이 든 자국의 색깔이 많이 완화되어 원래 색깔에 가깝게 돌아온다. 한 밤을 자고 새벽에 일어나 걸어보니 상당히 아프다. 정상적인 걸음을 장시간 하기는 어렵다는 결론을 얻고 이번 주말 걷기는 생략하기로 한다. 답답하다. 심적 환경도 심히 좋지 않다.

아침 식사를 하고 TV를 켜 본다. 실버들이 자문단으로 많이 나와서 과거 자기들이 살았던 경험과 사는 지혜를 얘기하는 '황금연못'이라는 프로다. 이야기하는 사람마다 힘들게 살았던 사연들이 공개된다. 지금 젊은이들이 들으면 충격을 받을 만큼 큰 사건들을 겪으면서 살아 온 실버들의 우여곡절이 공감되어 눈시울을 적시는 참여 멤버들의 모습이 공감이 간다. '나만 힘들고 어렵게 사는 것이 아니구나!? 오늘의 내 입장도 일종의 시련이구나!?'라고 자위와 반성을 한다.

지루하게 오전을 보내고 점심을 먹고 동네 주민센터에 있는 헬스장에 갔다. 이런저런 기본 운동을 하고 러닝머신의 걷는 운동으로 발을 테스트 해본다. '혹시 내일은 가능할까?'를 생각하면서. 그런데 불편하고 거북스럽다. 기분이 별로다. 다음은 등받이 있는 자전거를 타면서 마음을 달랜다. 페달을 밟으며 TV를 본다. '세상 끝의 집, 카르투시오 봉쇄수도원'이라는 프로가 방영되고 있다. 시선을 끈다. 관심이 간다. 우리나라 경북 상주에 있는 수도원이다. 기인들이 사는 것 같은 모습을 보여준다. 오로지 수행만 하는 수도원 같다. 외국 신부들과 한국의 신부들이 같이 살며 수행을 한다.

이 분들의 삶의 목표와 목적은 어디에 있고, 무엇인가? 궁금하다. 예수님의 삶처럼 살아보는 것인가? 자기들을 보고 욕심내지 말고 살다 가라는 메시지를 전하는 것인지 궁금하다. 수행자(?)들은 출가한

지 10여 년부터 55년까지 다양한 연령층이다. 중간부터 봐서 그런지 생각이 혼란스럽다. '세상에 태어나서 이러한 삶을 살다가는 사람도 있구나?'라는 생각을 깊게 하도록 한다. 또 검소한 생활이 기본이다. 반찬 없는 맨밥을 먹고 제복(?)을 꿰매 입는 것은 일상이고 어떤 신부님은 구두를 35년째 신는다고 한다. 무슨 재미나 무슨 뜻을 가지고 사는지 궁금하기도 하다.

오늘은 직접 체험하는 육체적인 고행의 걷는 즐거움(?)을 얻지 못했다. 그러나 남의 고행을 보고 간접적이고 대리 고행의 체험을 느끼는 정도의 다른 환경을 접하며 오늘을 숨 쉬었다. 오늘과 내일의 시간이 꽤 지루한 일상이 될 것이다. 기왕 쉬는 것 편하고 부담이 없는 쉼이 돼야 하는데 그러지 못하고 끙끙거리는 내 성격이 안타깝다. 다음 달에 든 설 안에 목포까지 걸어가야 한다는 생각이었는데 어찌될 것인가. 하늘에 맡기자. 자연환경에 비해 내 능력은 아무것에도 미치지 못한다는 사실을 나는 잘 안다. 운동을 마치고 나오면서 이래저래 생각하며 하늘을 쳐다보니 기가 막히고 허무할 뿐이다. 다친 발가락아, 미안하다 빨리 나아라.

(2019. 12. 28. 20:05)

남보원 선생님 영전에

설 명절을 며칠 앞두고 유명인의 부음 소식이다. 신격호 회장에 이어 우리들의 스타인 남보원(본명: 김덕용) 선생님이 84세에 이 세상을 버리셨다. 가는 세월에 오는 슬픔이 크다. 원맨쇼의 달인은 물론 커다란 별인 남보원! 절대 늙지 않고 보석 같은 재주를 한없이 오래오래 우리에게 주실 것 같은 선생님이었는데 차례차례로 가는 세월의 야속함을 이기지 못하고 저세상으로 가셨다. 남북 이산가족으로 북의 가족을 한번 보는 것이 평생소원이라 하셨는데 어찌 눈을 감으셨을까.

생전에 보여주셨던 용기도, 강인한 힘도, 투철한 신념도, 기다리는 인내도 가고 오는 세월의 흐름을 이기지 못한 것이다. 10년 전에는 같은 계의 라이벌이고 그의 절친한 친구인 백남봉(본명: 박두식) 선생님이 가셔서 많이 울었는데 또 이번엔 남보원 선생님이 다시 못 올 길을 가시면서 울게 만든다. 이런 일을 당하지 않고 살 수는 없을까? 라는 부질없는 생각을 해본다. 사람이라면 반드시 겪을 수밖에 없다는 사실을 다시 증명해 주시는 남보원 선생님의 부음 소식이다.

1980년대 초에 두 분 선생님을 만나서 몸을 부딪치며 정을 나눈 것을 계기로 가끔 인사를 드린 적이 있었다. 우리나라 코미디언 축구동호회팀과 우리 회사 직원들과 친선 축구시합을 한 것이 만남의 시작이었다. 사기를 먹고 산다는 우리 조직의 특성상 위문을 곁들인 친선모임의 성격이 컸다. 이때 두 분이 주선하시고 대표로 직접 경기에 참여하셔서 웃음을 주고 사기를 올려주셨다.

그때 우리는 받기만 했던 추억이 되살아난다. 열심히 뛰시며 좋아하시고 우리를 웃겨주셨다. 경기 도중 몸싸움(?)이라도 있으면 큰 제스처로 더 큰 웃음을 주신 남보원 선생님이었다. 우리 쪽 인생 후배들이 간식으로 준비한 햄버거를 이 세상에서 가장 맛있다고 엄지손가락을 치켜세워 칭찬을 주시며 맛있게 드시기도 했다. 그 후에도 가끔 특별 공연을 해주신 두 분 선생님이 눈에 아른거린다. 후배들에게 좋은 일도 많이 하시고 코미디계 발전을 위해서도 일을 많이 하신 두 분으로 알고 있다.

남선생님의 주특기는 성대모사였다. 구수한 팔도 사투리부터 동물·기계장치를 포함한 사물까지, 못 따라 하는 소리가 없던 그의 재능은 코미디언협회장 엄용수 씨의 말을 빌리면 '전수가 불가능한 넘버원(NO. 1)'이었다고 말한다. 고인의 한국전쟁 당시 폭격기 폭격음 묘사, 뱃고동 소리 묘사는 물론 일왕 히로히토 항복 방송 성대모사, 이승만 전 대통령의 연설 장면 등 레퍼토리가 다양하다. 어려운 시대와 호흡하고 아픈 역사를 웃음으로 승화시키는 등 실향민들의 아픔을 희극적으로 묘사한 콩트는 현대사의 산증인임을 보이는 대표적인 사례일 것이다.

남보원 선생님은 2010년 7월 먼저 세상을 떠난 백남봉 선생님과

콤비를 이뤄 코미디쇼를 펼치며 웃음제조기의 '쌍두마차'로 불렸다. 백 선생님이 타계하자 사흘 내내 빈소를 찾았고 하늘에서 다시 만나 투맨쇼를 하자며 통한의 눈물을 흘려 주변을 숙연케 하기도 한 정이 많은 분이시다. 저승에도 영혼들이 선생님을 기다리고 있었는지도 모르겠다. 이승에서 많은 사람에게 웃음과 꿈을 주셨듯이 저승의 영혼들에 편안한 안식을 돕는 일을 하실 것으로 믿는다. 먼저 가셔서 10여 년을 혼자서 하시던 백 선생님의 원맨쇼를 이제 두 분이 이승에서 하셨던 옛날처럼 다정하게 영혼들을 기쁘게 해 주실 것으로 생각하며 평안한 길이 되시기를 빌어본다. 백 선생님은 투맨 쇼를 할 수 있어서 외로움을 덜게 된 것일까. 반가운 재회가 되기를 빈다.

화장실에 가서 우두커니 멍청히 거울을 본다. 다음은 우리 차례인가? 얼마나 지난 후가 될까? 가고 오는 세월을 붙잡을 수가 절대 없다. 사는 동안 열심히 살고 세월과 자연에 순응할 수밖에.

남보원 선생님! 저세상에서는 아프지 마세요. 기원합니다. 이승에서 생이별한 북쪽의 이산가족도 마음껏 만나시고 저의 할아버지뻘인 백남봉 선생님을 만나서 저의 안부를 꼭 전해주실 것을 부탁드립니다. 선생님의 가시는 길이 편안하시기를 빕니다. 영전에 삼가 명복을 빕니다.

(2020. 1. 22. 20:46)

세월의 흔적

새해 해맞이를 한 지가 엊그제인데 벌써 설 명절 휴일이 시작됐다. 정말 세월이 빠르다. 나이가 좀 든 사람일수록 세월의 빠름을 이야기하고 살아온 흔적들을 나열한다. 사람이 느끼는 세월의 흐름은 나이 숫자의 속도로 달린다고 한다. 실제로 그러함을 느낀다. 진짜 빠르다.

설에는 옛(舊)을 만난다. 고향에 가서 부모·형제와 동네 어른들을 만나 인사를 드린다. 또 직계 가족들이 모여 얼굴을 맞댄다. 또한 땅속에 계시는 조상들을 만나 뵙는다. 정성껏 성묘하고 조상들을 기린다. 옛(舊)은 친근하고 편안함이다. 명절에 성묘가 아니더라도 평소 기쁜 일이 있어도, 슬픈 일과 어려운 일들을 겪어도 산소에 가기도 한다. 조상들의 산소에 가서 옛날을 회상하기도 하고, 인사를 드리고 보고를 하고 하소연하기도 하고, 통곡하기도 하고, 어려운 인간사의 답을 얻어 오기도 하고, 홀가분함과 후련함을 묻혀오기도 한다. 인간사의 치유의 장이 되기도 한다.

옷이나 신발도 옛것들이 좋다. 나는 20년이 더 된 러닝셔츠를 입고 있다. 22년 전에 특수한 돈인 쿠폰을 써야만 하는 일을 맞이하여 무난하게 또한 오래오래 사용할 수 있다고 생각해 러닝셔츠를 5벌을 사서 주~욱 입고 살았다. 그런데 엊그제 동네 문화센터 헬스장에 가서 운동을 하기 위해 옷을 갈아입는데 상의를 벗을 때 옷이 찢어지는 소리가 난다. 조심히(?) 옷을 벗고 확인해보니 러닝셔츠가 구멍이 몇 군데 보이고 오늘 크게 찢어진 구멍도 보인다. 22년째 입고 있는 셔츠가 벗을 때 땀이 밴 어깨에 걸려서 억지로 벗겨지면서 찢어졌다. 셔츠를 자세히 살펴보니 닳고 닳아 몹시 얇게 보이고 해어졌다. 상표는 VETERAN이고 사이즈는 105이고 메이드 인 코리아다.

20년 넘게 입고 다니면서도 꼼꼼하게 살펴보지 못하고 평소 똑같은 방법으로 관리하고 입고 다녔다. 5벌 중 손에 잡히는 대로 입고 다니며 그동안 해어져서 3벌은 없어지고 2벌이 남아 있어 교대로 입고 다니는데 오늘 벗다가 찢어지는 수난을 주었다. 미안하기 짝이 없다. 혹시(꿰매 줄려나?)나 하고 아내한테 얘기하니 생각해 보지도 않고 자연스레 버리라는 대답이다. 서운한 마음이다. 그래서 작고(作故?)를 시켜야 하나! 고민이다. 누구는 고양이가 작고해서 마음이 아팠다는데…. 내 생각은 죽마고우를 내 실수로 다치게 해서 큰 병이 나게 만든 것 같은 기분으로 짠하다. 속옷이라 찢어졌어도 몇 번은 더 입을 수 있을지는 모르나 빨기 위해 내어놓으면 십중팔구는 걸레로 변하거나 쓰레기통으로 갈 것이다. 오늘의 주인공인 빨지 않은 찢어진 러닝셔츠를 문짝 뒤에 옷걸이로 걸어놓았다. 기약은 없다.

이렇게 오래된 옷이나 신발이나 소지품을 즐겨 사용하면 '무슨 주책이고 청승이냐?'고 하기도 하고, 궁상을 떤다고 하거나 좋지 않은 핀잔의 말을 듣는 경우가 많다. 그런데 몰라서 하는 말이다. 닳아빠져 있지만 오래된 것들은 부드럽고 대하기가 편하고 사용하다가 망가지거나 분실해도 부담이 없어서 좋다. 조부모님이나 부모님을 만나면 어려움이 없고 마음이 푸근해지고 이해를 잘해 주시고 부담도 없고 편안하다. 똑같다. 그래서 힘들어도 어려워도 찾아다니는 것이다. 사람들이 살다가 그 나이가 돼보면 안다. 그때가 돼야 그때를 알 수 있다.

좀 오래된 고장난 물건들을 고치려고 하면 버리고 새것으로 사는 것이 싸게 먹힌다는 말들을 하는 세상이다. 특히 자식들과 그 또래의 젊은 사람들이 그리한다. 그렇지만 나는 옛것이 좋다. 오래전부터 쓰던 물건들이 손에 익어 사랑스럽다. 찢어진 것과 하나 남은 러닝셔츠를 잘 생각하고 조심히 관리하여야겠다. 또 토의해서 좋은 안을 찾아야겠다. 작고시키는 것이 능사가 아니다. 그동안 나를 보호해 주어서 감사하다. 러닝셔츠의 뚫어진 구멍이 세월의 흔적이다. 아울러 나의 세월의 흔적이기도 하다.

(2020. 1. 24. 20:52)

봉준호! 기분 좋아요

봉준호 감독! 기분 좋아요.

감사합니다.
이런 일도 있을 수 있구나?
오늘 기쁜 날이다.
많이 울었다.
오늘 같은 날들이 계속 나왔으면 좋겠다.

대한민국의 봉준호 감독이 '기생충'이란 영화로 세계에서 가장 권위 있다는 오스카 상/아카데미 상(The Oscars 2020/ 92nd Academy Awards)에서 작품상, 감독상, 각본상, 외국영화상까지 4관왕을 했다는 소식이 눈물을 쏟게 만들었다. 창피한 줄도 모르고 아무데서나 눈물을 줄줄 흘리면서 많이 울었다. 작년 5월 세계 3대 국제영화제의 하나인 칸느 황금종려상에 이어 쾌거가 아닐 수 없다. 우리 영화가 이런 큰 일을 내 생애 이렇게 빨리 이루어낼 줄 몰랐다. 나는 영화에 대해서 잘 몰랐다. 소문 듣고 가끔 보기는 하였지만. 종합예술이라는 것 외에 문외한이었다. 봉감독은 전에 블랙리스트에 올랐던 적도 있었다고 한다. 그런데 해냈다. 아랫목의 꿈을 바깥에서 현실로 만들어냈다.

나는 20여 년 전 늦깎이로 대학원에서 경영학 전공 공부를 하는데 일반교양 과목을 몇 학점 수강해야 한다고 해서 이것저것 따져보다가 '영화와 영화읽기'라는 과목이 있어서 강의를 들었다. 수업시간에 영화의 역사, 영화와 연극, 영화와 문화/예술, 미장센 등 장르, 시대적 배경, 영화와 산업, 작품성 영화, 영화경영, 비평과 평론 등도 포함되어 있어 흥미를 가지고 알아보며 공부했다. 영화 하나에도 공부할 게 이렇게 많다는 것에 놀랐다.

수업 시 사례로 많은 영화를 예를 드는데 우리나라 영화는 한 편도 올리지 않아 교수에게 물었더니 우리 영화는 논할 가치도 없다는 투의 이야기를 하였다. 영화에 대해 잘 알고 있는 나보다 젊은 다른 학생들도 같은 생각이었다. 아무튼 문외한이 수강한 '영화와 영화읽기'라는 뜻깊은 과목을 듣고 눈을 뜨는 계기가 됐다. 우리나라 영화 역사도 당시 80년이라는 사실도 알았다. 우리 세대는 외국 영화와 팝송 그리고 클래식 등을 이야기해야 유식한 측에 든다는 시대를 살기도 했다.

그러나 영화에 대해 전문가들까지 그런 생각과 취급을 한다는 것이 놀라웠다. 수업을 진행하는 교수와 과목의 목적은 무엇인가 궁금하기도 했다. 그리고 영화 등 예술에도 국가의 정책과 힘이 많이 개입된다는 사실도 알게 되었다. 또 한편으로 영화를 포함한 예술인들의 어려움도 알게 되었다. 세계 영화제의 상에 대해서도 알게 되었다.

수업이 끝나고 종강평가 토론 시간에 나는 리포트로 낸 이야기를 했다. 수업을 들으면서 느낀 사항을 말했다. 주저 없이 자신 있게 말했다. 우리나라 영화가 앞으로 20년 내에 미국 할리우드에 진출하고 아카데미상도 받을 거라고. 그 이유는 우리 역사는 깊고 길고 이야기거리가 매우 많고, 문민정부 이후 검열이 완화되어 가위질을 하지 않을 거고, 영화에서 표현하고자 하는 내용에도 간섭을 하지 않은 시대가 곧 오고, 영화도 민주적으로 발전하게 되어 있다고.

그리되면 다음은 영화에 진출하는 인제들이 많이 공부할 거고, 영화로 밥 먹는 방법을 터득하는 계기가 조성될 거라고 얘기했다. 이어서 '적극 지원하되 간섭은 말라'는 문화예술진흥의 국정도 있다고 말했다. 그런데 같이 공부한 20여 명의 학생들의 반응이 별로였다. 무식한 꼰대라는 식의 냉소였고 우리의 영화를 너무 모른다는 비난을 들었다.

그런데 웃기만 하고 말이 없던 교수는 나에게 A학점 100점을 주었다. 연장자이기도 하고 많은 영화 관련되는 사람들의 간절히 바라는 희망사항을 별로 관련도 없는 비전공자가 예리하게 분석했다는 것이다. 아무튼 재미있는 과목으로 한 학기를 재미있게 보냈다. 그 다음에는 영화도 많이 보고 관심도 가지게 되었다. 문화를 이해하고 존중하는 것도 배웠다. 세월이 흘러 우리나라 한 바퀴 돌기 도보답사로 전국 방방곡곡을 다니면서 보면 모두가 이야깃거리다. 우리 세대와 그 이전의 선배들의 인생은 소설을 쓰면 책이 몇 권씩이라고 말한다. 그런 공부도 많이 하게 됐다. 어디든지 영화 한 편씩이 쌓여 있는 것 같았다.

그런데 K-POP이 세계를 흔들어 놓고 우리를 재미나게 만들지 않았는가? 또 세계에서 우리나라 TV드라마를 가장 많이 본다는 소식이 들려오지 않는가. 영화와 드라마는 비슷한 면이 많지 않는가. 그런데 강의실에서 무식하게(?) 큰 소리치고는 멋쩍어 난처하였던 일이 있었던 후 20년이 되는 시점에 봉황 같은 봉 감독이 아카데미상을 4개나 받는 일이 벌어져 기가 막히게 기분이 좋다. 우리가 우리 것을 사랑하고 아끼고 밀어주어서 나온 결과다.

우리나라에 모든 분야에서 계속해서 이런 일들이 벌어졌으면 좋겠다. 우리는 잘하는 것이 무척 많다. 싸우지 말고 힘을 모아 주어야 한다. 사람을 편 갈라서 블랙인지 화이트인지 이상하게 이용하지 말고 말이지. '크고 넓게 울타리만 쳐 놓고 그 안에서 마음대로 하도록 지원한다'는 봉준호 감독처럼 경영을 하여야 한다고 생각한다.

와~~아~~~하 기분 좋다.

와~~하~~~아 기분 좋다.

(2020. 2. 10. 15:50)

또 하나의 전쟁

요즘 세상이 시끄럽다. 전쟁이다. 상대는 사람과 코로나라는 바이러스다. 바이러스는 사람의 눈으로는 보이지도 않는 아주 작은 생명체다. 중국에서 시작한 바이러스의 활동이 세계의 사람들을 쥐락펴락하며 포위해 버렸다. 마스크를 구하려는 곳을 제외하고는 사람들이 일상생활을 하던 모든 장소는 한가하다. 마스크가 의식주 중 의(衣)의 하나가 되어 버렸다. 그래서 생산시설을 늘리지 않는 한 항상 부족할 것이다. 일회용이기 때문이다. 아무리 많이 사더라도 소비가 많기 때문이다.

코로나19는 한순간에 우리 사람들의 생활하는 활동 무대를 대폭 축소하는 등 일상을 바꿔버렸다. 전쟁에서 공격을 당한 사람은 물론 그와 접촉을 했던 사람들까지 포로수용소(?)로 보내버린다. 포로수용소는 병원이나 자가 격리라는 이름으로 통제되면서 원하는 곳에 자유롭게 함부로 나가지도 못하고 검사도 받아야 한다. 이 같은 곳에서 생활해야 한다는 것이다.

이 전쟁으로 학교의 신학년도 입학과 개학도 연기됐다. 주일 종교

행사도 시설에서는 자제하기를 바란다. 어떤 종교는 한국에 들어온 유사 이래 처음으로 단체 예배를 중지하기로 했다고 한다. 언제까지라고 날짜도 정하지 못하고 막연히 중단하여 운영한다. 또한 대중들이 많이 모여서 활동하는 모든 시설이 이용객들이 줄어들고 있고 어떤 곳은 아예 쉬는 시설들도 많다. 우리 동네 문화센터의 정보화교육과 헬스장도 2월 10일부터 무기한으로 쉬고 있다. 각종 교통시설도 조용하고 한가하다고 한다. 직장 생활하는 사람들도 재택근무자도 많고 출퇴근 시간도 다르게 정해서 운영한다. 영세 소상공인들과 외식 식당들도 손님들이 오지 않아 빈집이 많다.

대형마트는 물건이 없을 정도로 매출이 많은데 식당들은 냉장고에서 음식 재료들이 썩어서 버린다고 하는 슬픈 소식들이 마음을 짠하게 한다. 다음은 우리나라 거의 모든 어린아이를 보육하는 어린이집도 마찬가지다. 특히 맞벌이 부부들이 이용하고 있는 어린이집을 포함한 모든 보육 시설들도 문을 닫았다. 이런 내용을 보고 들으면 긴장감이 앞서고 무섭다.

우리 집에서는 코로나 전쟁의 공포에 더해 전쟁을 하나 더 치르고 있다. 우리 부부는 4살짜리 손자를 돌보고 있다. 막내아들의 아들이다. 막내아들 부부가 모두 일을 하고 있어서 3년 전부터 이른바 황혼육아를 하는 중이다. 평상시 같으면 아침 9~10시에 어린이집이라는 시설에 보내서 또래 친구들과 각종 놀이나 공부를 하고 점심도 먹고 낮잠도 자고 오후 4~5시에 데려온다. 우리 부부는 그 시간 7~8시간을 이용해서 운동도 하고 시장도 보고 다른 볼일도 볼 수 있다. 그런데 2월 24일부터 어린이집이라는 시설 문을 닫았다. 그래서 손자는 하루 24시간을 집에서 보내야 한다. 우리 부부는 이 아이와 같이 오로지 집에서 보내고 있다. 하루 이틀 날짜를 더해서 보내는데 이거 장난이 아니다. 아이와 같이 외출할 수도 없는 상황이다. 오늘이 2주일째인데 뉴스에 2주일이 더 연장된다고 한다. 힘이 빠진다.

오늘은 오전 9시 반쯤 일어났다. 간단히 세수를 시키고 아침밥을 먹이는데 이것 또한 작은 전쟁이다. 무엇을 먹을 것인가 물어서 메뉴를 정한다. 매일매일 메뉴가 다양하다. 생선, 쇠고기 스테이크, 삼겹살, 된장국, 카레, 짜장면, 짜장밥 등등을 이야기하는 하나를 주문을 받아 할미가 준비해서 먹이는 데도 힘이 든다. 만화가 나오는 TV를 켜놓았지만, 가만히 앉아 있지 않고 여기저기 쫓아다니면서 숟가락을 입에 골인을 시키는데 그대로 쉽게 받아먹는 게 흔치 않다. 후식으로 과일이나 유산균 우유를 먹이는 데까지 1시간 이상 걸린다. 전형적인 한국식 할머니 육아의 실태다. 하루에 3번 식사 때마다 이런 짓(?)을 해야 한다. 인고의 수행 과정이나 다름없다. 바라보고 수발을 거드는 나는 가끔 짜증이 나거나 화가 나기도 한다. 다른 집 사정을 알아보아도 대동소이하다. 서양식 교육의 현대 교육이 들어와 우리나라를 지배하였는데 어린아이들 육아 방법은 우리 토종의 방법에서 벗어나지 못하는지 모르겠다. 서양 아이들은 독립적으로 쉽게(?) 키우는 것 같은데 말이지. 내가 잘 모르고 있는 건가?

식사가 끝나면 장난감을 가지고 논다. 장난감의 종류도 수십 가지다. 가지고 놀다 잘 안 되는 경우 해결을 부탁한다. 아무리 이리저리 살펴보고 조작을 해봐도 할 수도 알 수도 없다. 체면이 말이 아니다.

장난감을 가지고 노는 데도 세대 차이가 크다. 한번은 이런 일도 있었다. 일요일에 손자가 자기 아빠랑 마트에 가서 여러 개 들어있는 합체하는 장난감을 사 와서 포장을 뜯고 조작을 하는데 30대인 제 아빠도 조작을 못 한다. 그런데 초등학교 입학 예정인 사촌형을 불러서 부탁하니 순식간에 조작하며 같이 가지고 논다. 사촌동생에게 교육을 하는 장면과 손발이 맞으며 이해하는 속도가 빠른 것을 보니 기가 막힌다. 세상이 이렇게 변하고 있다. 어이가 없다.

또 아이가 노는데 반드시 사람과 접촉해서 논다. 할머니에게 기대고 만지고 비비고 부딪히고 뛰어들고 높은 곳에서 사람에게 뛰어내리고 하는 등 한 시도 눈을 뗄 수가 없다. 전문가에게 알아보니 아이가 친근감을 표시하는 것이란다. 땀을 뻘뻘 흘리면서 논다. 순식간에 무슨 일이 벌어질지 알 수가 없고 무섭다. 신나게 노는 중에 '쉬 마려워, 똥 마려워'라는 말에 기구를 들고 대기하고 처리도 해야 한다.

노는 데 지치고 점심 먹고 나른해지고 낮잠을 한숨 잘 만도 한데 전혀 생각이 없다. 정신력이 강한 건지 신체적으로 힘이 넘쳐나서 그런 건지 도무지 알 수가 없다. 어른(할미, 할아비)들은 견딜 수가 없다. 고문이다. 워낙 피곤해서 눈을 감고 옆에 잠시 누워 있으면 와서 눈을 만지며 눈을 뜨게 하고 자기를 보고 같이 호응하라며 건드린다.

시간이 조금 지나면 다시 TV시청을 원한다. 케이블 TV에 어린이와 관련되는 채널이 많다. 어린이 채널이 이렇게 많은 줄을 이제야 알았다. 리모컨을 아직 사용할 줄 몰라 어른에게 조른다. 한 프로그램 방영 시간이 20~30분이라서 끝나면 다른 채널을 바꿔줘야 하므로 계속 같이 있어야 한다. 만약 혼자서 아이를 본다면 집안일을 할 수가 없다. 우리는 다행히 두 사람이 있어서 내가 가끔 도와주고 있다. 옛말에 한여름 한낮에 콩밭의 김을 매는 것이 아이 보는 것보다 훨씬 낫다는 이야기를 실감한다. 내 자식들 다 키워 놓고 다시 손자를 키우고 있는 이 짓이 뭔가 한탄을 할 경우도 많다. 70대인 우리가 4~5세의 아이들의 행동이나 동작을 따라갈 수가 없다는 것을 실감한다. 5~6세 아이들은 하루에 25,000보 이상 걷는 정도의 활동을 해야 정상이라고 전문가는 말한다.

어렵게 낮 시간을 보내고 저녁이 되면 일찍 자고 싶은데 아니 된다. 저녁 먹고 또 전쟁이다. 잠을 자지 않는다. 목욕을 시키고 이를 닦는데 30분쯤 어르고 달래고 온갖 짓을 다 한다. 11시 반쯤 지나면 잠자리를 준비한다. 금방 자는 게 아니다. 유아들에게 읽어주는 동화책을 5권쯤 읽어 줘야 한다. 수많은 책과 장난감이 있는 제 방에서, 읽어 달라고 해야 하는 책을 자기 손으로 골라 와서 읽어 달라고 한다. 눈은 잠기고 하품을 하지만 잠을 안 자려고 몸부림을 친다. 30여 분쯤 책을 읽으면 자정이 넘어 아이가 잠이 든다. 오늘의 전쟁이 끝나고 휴전이 된다. 옆에서 같이 잠을 자는데 이불을 차버리고 맨몸으로 잠을 잔다. 수시로 확인하고 이불을 덮어 줘야 한다. 군대 불침번 같은 행동을 아침까지 한다. 주로 할미가 맡아서 하지만 가끔 나와 같이 자기를 원하는 경우도 있다. 아이와 같이 밤을 보낸 할미나 할아비는 이튿날은 잠이 부족하고 피곤해서 야단 난리가 아니다. 아무튼 자정쯤에 해방이 된다. 자는 아이의 얼굴을 쳐다보며 웃고 옆에서 새우잠을 준비하며 하루를 마친다.

어린이집에 매일 데려다 주며 이것저것 살펴본 바와 이번 사건으로 집에서 아이와 생활하며 느낀 바에 의하면 보육교사들의 노고를 조금 알 것 같고 진정으로 감사를 드린다. 24개월쯤 되면 어린이집에 보내는데 그 교사들이 아이들의 대소변 정리, 점심 수발, 놀이 도와주기, 만들기, 낮잠 재우기 등 전반적인 아이들 관리로 매우 힘든 일을 매일 한다. 하루 길게는 10시간 이상 일하는 동안 일분일초도 빈틈을 허용하지 않는다.

맡은 10여 명의 아이에게서 어느 순간에 무슨 일이 일어날지 모르기 때문이다. 진심으로 존경받아야 하는 분들이다. 진심으로 존경한다. 교육의 백년대계는 어린이집 보육교사로부터 시작이다. 그렇지만 아무튼 하여튼 여하튼 보육선생님들에게는 대단히 미안하지만, 코로나와의 전쟁이 빨리 종식되어서 어린이집에 보내게 되어 추가된 우리의 육아전쟁(?)이 속히 끝나기를 기원한다.

(2020. 3. 6. 20:10. 『3사문학』 16호, 2020. 5. 30)

4.

커피 한 잔의 마력

마스크가 세상을 바꾸고 있다

코로나의 악마가 국내에 들어와 환자가 하나둘 발생해 뉴스를 탈 때마다 같이 등장하는 것이 마스크였다. 그 후 마스크가 나라를 뜨겁게 했다. 정부와 권력까지 들썩들썩했다. 특히 의료분야 전문가가 방송에 나와 예방법을 말하면서 첫 번째로 하는 말이 마스크 쓰기였다. 마스크를 살 수 없다는 뉴스도 같이 나왔다.

정치권에서는 한술 더 떠서 마스크 하나 못 사는 이게 나라냐? 하는 언젠가 들어본 이야기도 나온다. 나도 상당한 기간 망설이다가 추운 겨울바람을 맞으며 동네 약국을 헤매고 다녔다. 마스크를 사기 위해서. 하루에 약국을 다섯 군데 아니 어떤 날은 열군데 이상도 다녔다. 오기로라도 꼭 사 보겠다고 한 달여 동안 다닌 결과 헛수고만 했다. 한 장도 살 수가 없었다.

사실 나는 지금까지 살면서 마스크에 관심이 없었다. 마스크를 쓰면 숨쉬기 불편하고 귀찮기도 해서다. 상당한 기간 전부터 황사 때문에, 미세먼지 때문에, 초미세먼지 때문에, 유행성 독감 때문에 등의 시절에는 마스크 쓰라는 말을 들었으나 한 번도 마스크를 써 본 적이 없다. 전(前)날의 신종 코로나 사태, 사스 사태, 메르스 사태 때도, 또 우리나라 한 바퀴 일만 오 백리를 걸어서 돌 때도 황사 미세먼지들이 날아다니는 예보를 듣거나 실제로 앞이 잘 안 보일 정도로 진한 황사를 맞닥뜨릴 때도 마스크를 써본 적이 없다. 전부 코로 마시고 견디며 다녔다. 그 결과 진한 가래침이 나오고 목이 아파 병원에서 치료를 받으면서도 마스크를 쓰지 않았다. 그런데 세상이 어수선하고 시끄럽고 환경이 바뀌니까 사람이 긴장되고 겁이 난다.

마스크로 시끄러울 때인 2월 15일 지방에서 친척집 결혼식이 있어서 내려갈 때 아이들이 준비해준 마스크를 쓰고 기차를 2시간 이상 타고 가는데 숨이 막혔다. 벗어버리고 싶은 생각이 컸으나 나와 상대방 모두를 위한다는데 쉽게 벗을 수가 없어 못 벗고 끝까지 갔다. 아주 힘들었다. 돌아올 때까지도 아침에 썼던 것을 계속 쓰고 다니며 일을 보고 다시 기차 타고 왔다. 난생처음 하루 10시간 이상 마스크를 쓰고 지냈다. 무척 힘들고 어렵고 괴로운 하루였다.

그래도 건강을 지키고 감염병을 예방하는데 마스크가 필수라는 전문가들이 말하는 이야기를 듣고 마스크를 갖추어야 할 것 같아 확보하기 위해 또다시 약국을 돌았다. 그러나 2월 하순까지는 한 개도 못 샀다. 그때 가격도 무척 비싸졌고 매점매석한다는 소식도 들렸다. 비싼 값이라도 사려 했으나 살 수가 없었다. 인터넷 판매상에게 사기를 당했다는 뉴스도 접했다. 나는 인터넷으로 사는 방법도 서툴다.

그러던 2월 하순 어느 날 다이소라는 소액의 물건을 파는 점포에서 마스크를 만났다. 어린이용이다. 5개가 걸려있다. 가격도 1,000원씩이라고 한다. 손자가 생각나서 사기로 했다. 그러나 양심상 2개만 들고 계산했다. 다른 쪽으로 나오는데 어른 마스크가 보인다. 6개가 걸려 있다. 또 3개를 들고 계산했다. 역시 1,000원씩이란다. 웬 횡재인가 싶어 기분이 좋았다.

내 평생 처음 마스크를 사 보았다. 집에 오면서 생각을 했다. 그 점포에 사람이 꽤 많았는데 그리고 마스크가 있는데 사람들이 관심을 가지지 않고 나에게까지 넘어왔지? 물량이 많이 나왔을까? 궁금함을 갖고 집에 와서 마스크를 아주 싼 값에 샀다고 자랑을 하고 식구들도 거기 가서 사라고 정보(?)도 주었다. 그리고 보여 주었더니 아이들이 웃는다. 이 마스크는 지금 말하는 방역 마스크가 아니고 필터가 없는 면 마스크란다. 살펴보니 포장지에 숫자 표시가 아무것도 없다. 물정에 무식하여 웃음만 주는 신세가 부끄럽고 창피했다. 새로운 환경이 되면 공부를 해야 한다는 교훈이다.

코로나19 사태를 걱정하고, 겁을 먹고, 허공에 욕을 하며 지내는데 마스크를 5부제로 3월 9일부터 판매를 한다고 한다. 방송에 정치인들의 비판이 많다. 사회주의와 공산주의라는 말도 나온다. 손꼽아 기다린 해당하는 날 10시가 안 된 시간에 다니던 약국에 나가서 알아보는데 아직 물건이 오지 않아서 없단다. 줄을 섰다. 지루했다. 30여 분 기다린 뒤에 팔기 시작한다. 10여 분쯤 더 뒤에 내 순서다. 3,000원과 주민등록증을 약사에게 주니 확인하고 마스크 2장을 준다. 신기하다. 내 평생 처음 방역 마스크를 사는 순간이다. 포장지를 확인하니 KF94라는 숫자가 보인다. 방송에서 본 그 마스크와 같다. 감개가 무량하다. 그 후 매주 내 날(?)이 오면 2장씩 사고 있다.

어느 시설이나 장소에서는 마스크를 안 쓰면 출입을 금지하는 곳이 있다. 그런 장소에 꼭 가야 할 때는 마스크를 쓴다. 될 수 있으면 그런 장소들을 정해서 하루에 모아서 일을 보며 마스크를 아껴 쓴다. 산책 같은 혼자 활동하는 데는 마스크를 쓰지 않고 사람을 피해 다녔다.

우리나라 마스크 제작하는 생산업체의 하루 생산능력이 1천만 장 정도이며 통상적으로는 500~1,000만 장을 생산한다고 한다. 지금은 가동능력을 풀가동해서 생산하고 있다고 한다. 4월 11일 오늘 공적 마스크가 1,024만 5천 장 생산이라고 한다. 그것을 전국의 약국, 우체국, 농협마트와 특별공급 지역에 공급한다고 한다. 그리고 일회용이다. 우리 국민은 5,200만 명이다. 이번 코로나 이전에는 황사 미세먼지 초미세먼지 독감이 유행할 때는 별말 없이 몇 백 원씩에 사서 썼다고 한다. 품귀현상이 전혀 없이 말이다.

그런데 지금은 모든 사람이 움직일 때는 마스크를 써야 한다고 전문가들이 이야기한다. 직장에 출퇴근하는 사람은 물론이고 노인이 공원에 산책하러 나갈 때도, 애완견 운동시키러 나갈 때도 매번 한 개씩 소요가 된다. 중국의 수출까지 포함해서 수요가 무진장이다. 그러니 매점매석 등 돈 벌 일이 생긴 것을 좋은 기회로 보고 놓치지 않은 사업가들이 오죽 많은 우리나라 자유 시장 경제 아닌가.

중국 업자들은 한국 업주가 달라는 대로 선금을 보내는 경우도 있었다는 보도다. 그러니 600~900원짜리 마스크가 5,000~20,000원까지 팔렸다고 한다. 만드는 사람이나 유통하는 사람이나 쿵짝이 맞은 경우도 있었을 거다.

4월 초순에 구청에서 마스크 10장을 보내왔다. 중국 제품이다. 중국에 수출했다는데 거꾸로 수입으로 들어온 것 같다. 포장지에 마스크 사용시 주의사항이 보인다. '수건, 휴지 등을 사용하여 호흡기를 감싼 다음 착용하지 마십시오.' '마스크 안쪽이 오염되었을 때는 사용하지 마십시오.' '세탁하여 사용하지 마십시오.' '용도 이외의 사용을 하지 마시고 착용 후 재사용을 하지 마십시오.' '착용 후 마스크의 표면을 만지지 마십시오.'라는 글귀다. 한마디로 한 번 쓰고 버려야 한다는 이야기다. 하루용도 아니고 일회용이다. 마스크 파동이 날 수밖에 없다. 수요가 끝이 없다. 공급 확대 조정이 필수다.

우리나라는 비록 일주일에 2개만 살 수 있는 공적 마스크 제도가 충분하진 않지만, 서서히 자리를 잡아가고 있다. 외국 수출도 못 하게 한 결과 안정을 찾는다고 한다. 실제로 계획된 5부제 일정에는 줄을 서지 않고도 마스크를 살 수 있게 되었다. 사적 시장에 나온 마스크도 1,800원대 전후에 살 수 있다고 한다. 그런데 세계가 코로나19 감염이 기하급수적으로 늘어 난리다. 마스크를 만들지 않는 나라도 있고 기상 환경이 깨끗한 나라들은 평소에 마스크를 사용하지 않아 의료진들만 사용하였다. 그런데 선·후진국 할 것 없이 모든 사람이 마스크를 써야 하는 형편이 되었다.

마스크를 만드는 나라는 수출을 금지하고 외국에서 만든 것은 수단과 방법을 가리지 않고 사다가 자기 나라 국민들이 쓰게 한다. 돈 많고 힘 있는 나라들이 행패를 부려 돈을 앞세워 약탈해가는 일도 있었다고 보도된 바 있다. 마스크가 세상을 조정하고 있다. 마스크가 세상을 시끄럽게 하고 있다. 마스크 전쟁이다. 세계는 지금 마스크 값도 천정부지에 각양각색이다. 나라별 차이가 엄청나다. 돈 많은 선진국이라는 나라들은 나라별로 만 원부터 이십만 원까지 다양하다. 돈 주고도 못 사는 나라들이 많고 돈이 없어 아예 만들지 못하고 수입도 못하는 나라들도 많다. 그래서 산업이 개편되는 과정인가?

사회적 거리두기 운동으로 통제된 가운데도 가끔 나들이하면 눈에 보이는 사람들 대부분이 마스크를 쓰고 다닌다. 그분들에게 감사하다. 우리도 모두 마스크를 쓰고 다녀야 한다. 향후 코로나 외에도 황사, 미세먼지, 초미세먼지 등 기상 관계로 마스크 써야 하는 기간이 연 150일이 넘을 것이라고 한다. 또 계절성 유행성 독감에도 마스크를 써야만 한다고 한다.

여기서 나는 생각해 본다. 앞으로 우리나라는 마스크가 생활화될 것이다. 그러면 몇 가지 변화가 있을 것이라고. 우선 마스크 패션이라는 산업 용어가 나올 것이다. 마스크가 외형적으로 고급화되고 가격이 천차만별일 것이다. 귀티 나는 제품의 메이커로 생산된다는 말이다. 마스크 패션쇼도 생겨 열릴 것이다. 마스크에 광고도 이미 시작되고 있다. 여기도 부익부 빈익빈 현상이 나타날 것이다. 기능성, 실용성, 허영성(심)이 조화롭게 가미된 마스크 산업이 자리 잡을 것이다. 꿈같은 소리라고요(?). 나는 확신한다. 인류의 의류 발전사를 보면 알 수 있다.

다음은 과도한 성형수술이 줄어들 것이다. 성형 미용수술 초창기처럼 눈 쌍꺼풀 수술은 더 발전할 것이다. 우리나라 성형수술은 잘 보이기 위한 수술이 대부분이다. 성형수술을 위한 계도 있고, 방학하면 성형외과 병원의 수술 예약도 뒷배경(백)과 더 많은 돈이 없으면 못 할 정도로 성황이라고 한다. 또 돈이 많이 되는 무리한 수술로 목숨을 잃은 사례도 듣고 본 바 있다. 앞으로는 코 이하는 마스크로 커버하고 그런 수술은 안 할 것이다. 눈과 이마만 교정한다. 비약인가? 관상 보는 일도 눈 상이나 이마 상으로 바뀔 것이다.

너무 깊게 생각했나? 아무튼 마스크 산업이 한동안 세상을 주름잡는 세상이 될 것이다. 이슬람의 여자들이 쓰는 베일 같은 히잡(차도르, 니캅, 아바야, 부르카 등으로도 부른다) 같은 패션이 될까? 세상은 가끔 엉뚱한 곳에서 승부가 나기도 한다. 하찮게 생각하며 대수롭지 않게 대했던 일회용 마스크가 콧대 높았던 한쪽 세상을 향해 요동치고 있다.

(2020. 4. 11. 『한국 전쟁문학』 제7호 2020. 10. 20)

코로나19와 황혼육아

4월 하순 일요일 오후에 서초구 내곡동에 있는 헌인릉의 태종 왕릉인 헌릉 담장에서 할머니가 어린아이에게 도란도란 설명한다. 이곳은 조선의 3대 왕인 태종이 묻힌 묘라고 설명하고 세종대왕의 아버지라고 이야기한다. 아이는 듣는 둥 마는 둥 자기 할 일을 하다가 세종대왕의 아버지란 말에 몇 번째 들은 이야기가 생각나는지 세종대왕 아빠 묘라고 이야기한다. 그동안 여러 번 반복한 설명이 조금이지만 효과가 있는 것 같아 할머니는 미소를 지으며 손자의 손을 잡고 왕릉을 내려온다. 우리 집 이야기다.

코로나 사태 전의 평상시 같으면 아이를 아침 9~10시에 어린이집에 보낸 뒤 오후 4~5시에 데려온다. 그 사이 7~8시간을 이용해서 집안일을 처리하고 운동도 하고 다른 볼일도 볼 수 있었다. 그런데 코로나19 때문에 2월 24일부터 어린이집이 문을 닫았다. 그래서 우리는 손자를 하루 종일을 집에서 보살피고 있다. 그 기간이 점점 길어져 손자와 시간을 보내는 방법을 하나하나 연구하고 터득하고 있다.

우리는 손자를 데리고 사람이 많지 않은 평일에는 가까운 산이나 공원에서 사람들을 피해서 산책도 한다. 일주일의 하루는 조용한 헌인릉에 가서 왕릉을 보여주고 산책도 하고 역사도 이야기한다. 또 하루는 집 근처에 있는 선정릉에 가기도 한다. 하루는 한강에 나가 한강에 대해 이야기도 하고 낚시하는 사람들도 본다. 또 다른 하루는 집 근처 소공원에서 꽃과 식물들의 매일매일 변화하는 모습을 관찰하기도 한다.

사람들이 많이 움직이는 날에는 집이나 집주변 동네 골목을 돌아다니면서 자기가 사는 동네를 이해시키며 시간을 보낸다. 일주일의 활동 계획을 정해서 움직인다. 손자 아이가 의외로 좋아하는 경우도 있다. 집안일 중 바깥일은 부부가 교대로 잠깐잠깐 본다. 나는 갑자기 본의 아니게 가정적인 남자가 돼 가고 있는 느낌이다. 왜? 특별하거나 뾰족한 방법이 없기 때문이다.

우리는 옥상에서 여러 가지 화초들과 채소를 갖가지 화분을 만들어 가꾼다. 손자 손에 맞는 자그마한 물 조루도 사서 같이 물을 주기도 한다. 어느 날은 손자가 물을 주러 올라가자고 먼저 말하기도 한다. 또 집안 욕실에서는 콩나물시루에 콩나물을 기르며 자라는 모습에 관심을 두도록 하며 같이 물을 주기도 한다. 쑥쑥 자라는 콩나물의 모습을 보고 탄성을 지르기도 해서 정서에 도움을 주는 것 같아서 기분이 좋다. 항상 집에만 있는 아이에게 지루함을 달래는 방법으로 새로운 것을 찾아 재미를 가지고 하루를 보내도록 돕고 있다. 어린이집에 못 간 지도 오늘로 2개월이 지나고 있다.

이번 코로나 사태로 어린이집에 못 가게 되었을 때는 걱정도 하고 어떻게 해야 할까 고민도 하였으나 지금은 나름대로 익숙해지고 손자와의 관계도 더 가까워진 것 같아 좋은 면도 조금은 있다고 생각한다. 같이 지내는 요령도 조금씩 나아지고 있는 것 같다. 그렇지만 제발 코로나가 빨리 끝났으면 좋겠다. 옛말과 풍습이 생각난다. 아이는 동네에서 같이 키운다는 뜻깊은 말과 같이 여러 가지가 복합적으로 돕고 도와서 키운다는 사실이다.

하지만 요즘은 어린이집과 유치원에서 옛날 동네 역할을 한다. 이번 기회에 어린이집의 고마움은 물론 보육교사 선생님들의 노고도 알 수 있었다. 아이를 데려다줄 때마다 감사인사는 했으나 형식적인 면이 있었다면 지금부터는 전과 다른 진심이 담긴 인사를 할 것이다.

아이 낳는 숫자가 해가 갈수록 줄어든다. 아이들 키우기가 이렇게 어려워서 편안함을 추구하는 젊은이들이 아이를 낳지 않는 것 같아 씁쓸한 기분이다. 할아비와 할미가 있는 집은 조부모가 아이들을 봐주어서라도 아이들을 많이 낳도록 해야 한다고 생각한다. 나라에서도 더 잘 사는 나라가 되도록 열심히 일해서, 애를 낳으면 걱정 없이 키울 수 있는 환경이 빨리 갖춰졌으면 좋겠다는 생각도 해본다. 이번 어려운 코로나19 사태가 우리 모두 열심히 노력하고 머리를 짜서 인구가 늘어나는 나라를 만드는 전화위복의 계기가 되었으면 좋겠다.

(2020. 4. 26. 『실버넷뉴스』 20. 4. 27)

이것이 인생인가

우리 동네 주치의 김 원장이 유고다. 병원 문을 닫고 오랜 기간 문을 안 연다. 오늘도 만 보 걷기를 하면서 건물 앞을 지나는데 생각이 난다. 우리 동네 사랑방 역할을 한 병·의원이 두 달여 전까지 진료했다. 지금은 폐업하고 진료를 하지 않는 빈 건물이다. 병원장이 두 달여 전에 작고하셨다. 혈액암이었다는 이야기도 한참 후에야 들었다. 꽤 오래전부터 아팠던 것이 아닌가? 인생무상이다. 올해 76세였던 김 원장이다. 20여 년 전부터 이 동네에 살게 되면서 알게 된 나보다 5살이 연장자이다. 내 주치의로 정하고 계속 다니며 만났다. 아니 다니다 보니 주치의가 되었다.

사망 소식을 듣기 2주 전에 진료를 받을 때 김 원장의 안색과 몸 상태가 좋지 않은 걸 인지하고 몇 마디 주고받았는데 2주 후에 작고했다는 소식을 접했을 때는 이미 1주일 전에 운명했다는 것이다. 진료할 때 만나고 1주일 후에 운명했다는 이야기가 된다. 다시 인생무상이다. 서운하고 허망하고 황망하고 어이가 없다. 기가 막힌다. 누가 사람을 살아있다고 말할 수 있겠는가. 두 달도 더 지난 코로나 유행 전 이야기다.

그 후 나들이할 때 병원 건물에 가끔 가본다. 시간이 꽤 지났는데도 폐쇄 안내장이 붙어 있는 출입문에 추모의 꽃다발과 편지가 붙어 있다. 얼마나 잘하고 살았으면 사후에 진료한 병원 출입문에 손님이었던 이들이 추모의 뜻을 전하고 징표를 남긴단 말인가. 대단한 원장이다. 오다가다 보이는 장면에는 굳게 닫힌 출입문에 와서 우두커니 바라보다 쓸쓸하게 돌아서는 할미들과 어린아이들 그리고 20~30대 젊은이들도 있다. 어떤 젊은이는 자기 부모가 가보고 꽃을 놓고 오라는 심부름으로 왔단다. 사진을 찍어 휴대폰으로 보내는 사람도 보았다. 자기도 인상이 좋은 원장을 기억하고 있단다. 그 뒤에 나도 자주 가본다. 생각이 훤하게 난다.

감기라도 들어 진료 받으러 가면 옛날의 오래된 청진기를 이용하여 몸 이곳저곳을 살펴 진찰하고 등과 가슴을 두드려보고 주문을 많이 한다. 따뜻한 물을 자주 마셔라. 사람 많은 데는 가급적 가지 마라. 황사나 미세먼지로 공기가 안 좋을 때는 마스크를 꼭 쓰고 다녀라. 틈나는 대로 운동을 하라는 말을 한다. 꼭 부모가 자식에게 하는 이야기 같다.

또 허리가 아파서 가면 침대에 올라가라 하여 온갖 자세를 취하게 해서 진찰을 한다. 또 진찰용 고무망치(?)로 무릎과 발등을 두들겨 보고 진단을 내리고 처방을 한다. 또 다르게 허리나 몸통이 아파서 병원에 가면 디스크가 아니고 방사통이라고 하며 걷기 운동을 열심히 많이 하라는 처방도 해준다. 다른 병원들은 진찰 시간이 2~3분이라고 불만이 많다는데 여기는 아니었다. 나뿐만이 아니고 그 병원 다니는 환자 모두 그렇다고 얘기한다.

자기보다 나이가 더 많은 할미들의 고충의 말도 들어주고 감정을 공감하는 사랑방 주인 같은 사람이다. 할미들 이야기는 가끔 만나게 됐을 때 나에게도 전해주며 거들어 달라고 주문하기도 해서 같이 상담에 임하며, 돌아버린 세상을 사는 고부간과 부모자식간의 부조화를 가끔 한탄하기도 하고 같이 눈물을 흘리기도 했던 일화가 있었던 김 원장이다. 그런데 지금은 만날 수가 없다. 우리 동네 실버들에게는 꼭 필요한 사람인데 일찍 헤어져 안타깝다.

나는 '의사처럼 살지 말고 의사가 말하는 대로 살라'라는 어떤 의사의 말을 듣고 그대로 실천하려고 노력한다. 김 원장도 환자들에게는 미주알고주알 좋은 말을 많이 하지만 정작 자기는 암을 얻어 이기지 못하고 생을 마감했다. 안타깝다. 그러나 그분은 가까운 동네의 많은 사람을 사랑했고 또 많은 사람으로부터 사랑을 받았다는 사실이 후에 증명되고 있다. "김 원장님 그동안 고맙고 감사합니다."라는 인사가 자동으로 나온다.

요즘 우리 평균수명보다 적게 살다 가신 김 원장은 최후까지 직분을 잃지 않고 최선을 다해 동네 주치의로서 임무를 다하시고 자기의 생을 마감하였다. 저세상에서는 의사이지만 아프지 말고 영면하시기를 기원한다. 오늘은 부처님 오신 날이다. 절에서 등불을 보니 더 깊은 곳에서 우러나오는 김 원장의 모습이 등불처럼 보인다.

주소를 옮긴 저세상에서는 행복하세요. 김 원장님!! 삼가 명복을 빕니다.

(2020. 4. 30. 20:30)

아슬아슬한 하루하루

요즘 우리 집은 살얼음판을 걷는 것 같은 심정으로 아슬아슬하게 하루하루를 보내고 있다. 코로나19로 긴장과 공포감을 머리와 가슴에 지고 100여 일 전과는 다른 일상을 보내고 있다. 우리 집은 대가족 같은 핵가족이다. 상층에 우리 부부와 딸아이가 살고, 아래층은 큰아이 가족 5명이 또 다른 곳은 작은아이 가족 4명이 살고 있다. 3개 공간에서 3개 핵가족이 각각 살고 있다. 가족 모두 12명이다.

이들 가운데 우리 집 보배인 손자손녀가 5명이다. 큰아이 집에 중2와 초6 그리고 초1인 학생이 있고, 작은아이네는 어린이집에 다니는 5살짜리 어린이와 2살짜리 유아가 있다. 학생들이 학교를 못 간 지 3~4개월이다. 특히 올해 초등학교에 입학한 손자는 단 하루도 가지 못한 학생이다. 학교에 간다고 겨우내 준비하며 좋아했는데 선생님과 친구들을 만나지도 못하고 온라인 수업을 한다니 기가 막힌다. 또한 우리 부부는 5살짜리 손자를 돌보고 있다. 이 아이도 어린이집에 다니는데 2월 초부터 5월 중순까지 문을 닫아 온종일 우리 집에 있다.

이 12명 중 반절 정도는 매일 만나고 일주일에 한두 번은 모두 만나서 식사를 같이하고 간식을 나눠먹기도 하고 대화를 하기도 한다. 이웃에 사는 분들은 우리 집 사정을 알고 보기 좋다며 부러워하는 실버도 있다. 특히 옆집 홍 사장님은 장을 보러 시장이나 마트에 가면 맛있는 거나 특별한 음식을 보면 잊지 않고 자주 사다 주기도 한다. 고맙기 그지없다.

그런데 연초부터 문제가 생겼다. 코로나19가 사람을 힘들게 하고 있다. 방역 당국은 사회적 거리두기와 생활 속 거리두기 등 신조어를 만들어 내면서 국민들 건강을 위해 무진장 애를 쓰고 있으나 우리 가족들은 모두가 걱정하고 있다. 특히 우리 부부 걱정이 크다. 우리 집 멤버 중 직장에 4명이 나가고 있고 학생은 3명이고 어린이집에 1명이 다닌다. 학생들은 당국의 스케줄에 따라 움직인다.

직장인 중 하나는 항공사에 근무한다. 코로나의 직격탄을 맞고 있는 업종의 회사다. 코로나 초창기엔 외국에 다니는 비행기를 만지기도 하고 외국에서 오는 사람도 만나야 하는 일로 말미암아 코로나 감염이 염려되어 집에 있는 사람까지 노심초사하기도 한다. 이제는 서 있는 비행기가 많다 보니 회사경영이 좋지 않은 것 같다. 벌써 유급휴직을 한 달간 경험했다. 앞으로도 경과에 따라 몇 회 더 휴직이 대기하고 있다고 한다. 더 나쁜 쪽으로 진행이 안 되기를 바라며 그 동안의 편한 삶에 감사하고 열심히 일하기를 바라야겠다.

직장인 중 또 한 사람은 외국 제약회사의 진단업무를 관장하는 회사에 다닌다. 병원이나 바이오연구소에서 환자들의 병을 진단하는 기계와 시약 같은 검사 원재료를 조달하는 회사라고 한다. 실제로 이번 코로나19 진단키트를 제조하는 회사에 그 원재료를 조달해서 코로나 사태를 완화하는데 일조를 했다고 한다. 외국에 있는 본사에서 원재료를 많이 받아와서 국내 기업에 넘겨주는 것이 큰 임무 중 하나이기도 하다. 그런데 외국 본사에서 원하는 데로 다 안 준다고 한다. 반면에 일반 병원이나 연구소에는 환자가 줄어들어 소요가 적어 업무실적이 과거에 비교해 줄어든 모양이다.

또 한 사람은 의사다. 작년 가을에 출산하고 쉬다가 올해 1월 중순부터 출근해서 진료를 보고 있다. 출근을 시작하자마자 설 명절부터 우한 폐렴으로 시작해 전 국민을 공포에 빠지게 했다. 조금 더 쉬라고 할 것을. 후회막급이었다. 진로 과목이 호흡기내과다. 감기와 폐렴 환자를 주로 진료한다. 코로나19와 직접 관련이 있는 전공과다. 2월부터 집안 모든 식구가 안절부절못했다. 국가방역과 과거의 예를 접목하여 일하고 있다. 그러나 환자 중에 경솔하게 행동하는 경우도 있어 병원에서 환자 관리를 잘해서 의료진들이 안정된 진료를 할 수 있기를 바랄 뿐으로 가족은 매일매일 어렵고 답답한 심리적 경험을 하고 있다.

또 한 직장인은 사람을 주로 상대하는 회사에 다닌다. 사람을 만나서 자료를 얻고 그 자료를 분석하고 다른 사람들에게 전파도 하는 일을 하는 것 같다. 사람이 일하는데 사람을 만나지 않는 일이 없겠지만 특히 사람 접촉이 심한 일을 하므로 코로나19 시기에 각별히 주의가 필요한 직업이어서 가족들은 걱정이다. 그중 직장 동료 직원 한 명이 확진환자와 동선이 겹쳐 검사를 받았다는 소식을 접하고 긴장하며 재택근무를 하기도 했다. 다행히 음성으로 진단돼 한숨을 돌리고 긴장을 풀기도 했다. 이번 코로나19는 무증상환자가 많다고 하지 않는가?

이런 사람들과 같이 사는 전 가족은 서로를 걱정하면서도 하루하루 감사하면서 살고 있다. 항공사에 근무하는 사람은 외국을 다녀오는 사람과 비행기를 접해야 하므로 염려가 된다. 또 질병 진단 쪽 일을 하는 사람도 코로나 환자와 만날 수 있는 일이라 염려가 된다. 호흡기 내과 의사는 매일매일 수십 명의 호흡기 관련 환자를 진료하기 때문에 언제나 염려가 된다. 또 사람을 만나야 일이 되는 사람도 염려가 된다.

5살 손자가 다니는 어린이집은 교사가 고열로 보건소에서 코로나19 검사를 받았다는 소식을 들었고 또 며칠 후 학부모와 만난 사람이 양성으로 확진되었다는 소식을 연거푸 들었을 때는 어리둥절하고 진땀이 나고 마음이 아팠다. 다행히 모두 음성으로 나왔다고 해서 후~유하며 속을 쓸어내리기도 했다. '신이여 감사합니다.'를 연발한다.

이런 일들을 접하고 사는 우리 집은 매일 아슬아슬한 하루하루를 보내고 있다. 매일 당국의 지침을 준수하면서 생활을 하고 있다. 어른인 우리 부부는 바깥에서 하는 개인적인 모든 일을 포기하고 집안에서만 지내고 있다. 손 씻기 등 권장 사항을 잘 지켜서인지 수도 요금 고지서에 물 사용량이 전 회보다 50%를 더 사용했다. 공적 마스크도 제날짜에 사서 사용하고 있다. 앞으로도 생활 속 거리 지키기를 잘해야겠다. 언제쯤 안심하고 하루를 보낼 수 있을지 답답하다. 그러나 인내하고 정부의 방침을 잘 따라서 우리 모두의 희망이 이루어지도록 조심하며 살아야겠다. 방역 당국의 노고에 감사한다.

(2020. 5. 25. 21:30)

커피 한 잔의 마력

오늘도 오후에 커피를 마시러 한강을 찾는다. 나는 거의 매일 1만 보 이상을 땀 흘리며 걷는 중간에 자동판매기 커피 한 잔을 마신다. 이 커피는 가볍게 톡 쏘는 시원한 사이다보다 훨씬 속 시원한 청량감을 주고 또 중후한 맛으로 피로해소는 물론 그날 쌓였던 스트레스도 날려주고 기분을 업 시켜준다.

우리나라에 코로나가 나타나 겁을 주고 온 국민과 같이 한 지 반 년이 더 지났는데도 진정 기미가 없다. 코로나로 일상이 많이 바뀌었다. 코로나 시대 전에는 일주일의 반 이상을 오전에 개인 및 집안일을 보고 오후에는 구청 문화센터에서 가르쳐 주는 스마트폰이나 PC를 공부하고 이어서 구청 문화센터에서 운영하는 헬스클럽에 가서 동네 사람들과 함께 운동을 했다. 운동은 스트레칭 30여 분, 러닝머신 30여 분, 자전거 타기 30여 분 그리고 무게 나가는 근력운동 10여 분을 한다. 그 사이에 자판기 커피를 한 잔을 즐기며 분위기를 전환하기도 한다. 그리고 따뜻한 물로 샤워를 하고 집에 돌아와 저녁을 먹으면서 하루를 마치는 생활을 몇 년 동안 하면서 익숙한 일과로 굳어져 있었다.

그런데 2월부터 코로나19 여파로 모든 게 중단되고 아무것도 할 수가 없다. 마치 30년 이상 다니던 직장에서 은퇴한 직후 멍하게 지내던 시기를 연상시킨다. 다중이용시설을 이용할 수 없게 되어서 이런저런 궁리를 하다가 길을 찾아 나섰다. 혼자서 할 수 있는 것은 걷기가 제일이라고 결론 내고 또한 내가 좋아하는 운동 중 하나이기도 하다. 매일 1만 보 이상을 걸어야겠다고 다짐했다. 여기저기서 사람들을 만나고 부딪치는 것이 좋지 않은 상황이라 아무 데나 함부로 걸어 다닐 수도 없다. 걷기에 한가하고 좋은 코스를 찾아야 한다. 그래서 동네 구석구석을 이렇게 저렇게 걸으면서, 비교하면서 일주일여의 시행착오 끝에 양호한 길을 찾았다. 그래서 찾은 걸음걸이 코스가 잠실한강공원이다. 집에서 걸어서 오갈 수가 있기 때문이다.

집을 나서 지하철역을 하나 건너고 다른 노선인 청담역 서쪽 입·출구로 들어가 역사의 미세먼지 프리존을 통과하며 맑은 공기를 마시고 실내 수직정원을 통과하며 식물들을 구경하고 동쪽 입·출구로 나가면 2,300여 보다. 출구를 나와 양쪽에 서 있는 아파트촌을 지나 계속해서 동쪽으로 전진해서 나가면 한강공원 청담 나들목이다. 이곳은 학동로라는 왕복 6차선 도로가 끝나는 지점으로 도로가 한가하고 좌우에 소공원도 조성돼 있어 그라운드 환경도 좋은 편이다. 도로 끝에서 올림픽도로를 지하로 횡단하는 굴다리를 지나면 청담대교 남단 아랫부분이며 한강으로 내려가는 계단과 자전거가 다닐 수 있는 경사로가 있다. 자전거 길로 200여 보 내려가면 한강 남안에 닿는다. 이곳은 한때 요란하게 매스컴을 장식하기도 했던 인천 정서진에서 부산까지 연결되는 국토 종단 자전거 길의 일부로 한강 변 자전거 길과 아울러 산책로가 데크로 만들어져 있다. 여기까지 닿으면 누적해서 3,500여 보다.

청담대교 남단 아래 이곳 산책로에서 왼쪽인 서쪽으로는 한강 하류인 영동대교와 성수대교가 나온다. 영동대교까지 4,500여 보이고 성수대교까지는 7,000여 보이다. 반대로 오른쪽인 동쪽으로는 한강 상류인 탄천과 잠실 선착장과 잠실대교가 나온다. 탄천 합류 지점까지 4,500여 보이고 잠실 선착장까지 6,500여 보이고 잠실대교까지는 8,000여 보다. 그날그날 기분 내키는 대로 서쪽으로 갈 수도 있고 동쪽으로 갈 수도 있고 거리도 조정해서 걷는다. 귀가할 때는 같은 길을 왕복하거나 청담역 동쪽 입·출구에서 경기고등학교 울타리를 따라 걸어 봉은사 쪽으로 길을 바꿔서 걷기도 할 수가 있다. 봉은사에 들어가 구경도 할 수 있어 마음을 경건하게 한다. 총 걸음은 왕복으로 하든지 노선을 바꾸든지 비슷하다. 집에 돌아오면 12,000보~15,000보 이상이다. 시간은 쉬는 시간을 포함하여 2시간 ~ 2시간 30여 분 걸린다.

뒤로 돌아 역순으로 걸어 돌아와 청담 나들목을 나오면 아파트 단지들이 있다. 그 길옆에 크지 않는 오래된 상가가 있다. 여기까지 걸음을 계산하면 1만 보 이상이 된다. 상가에 들어가 구경하다 보니 복도 한편에 음료수 자판기가 있는데 구청 문화센터에서 운동하다 마셨던 옛날식 커피도 있다. 반갑다. 동전을 넣고 한 잔 뽑아 마시니 맛이 그만이다. 오래전부터 먹어버릇한 봉지 커피와 자판기 종이 커피 세대라서 그런지 이 커피보다 맛있는 커피를 찾지 못했다.

옛날 직장에 근무할 때도 일과 수행 중 오후 중간에 딱 한 잔의 봉지 커피나 자판기 커피를 마셨다. 사무실에 나를 찾는 손님이 찾아와도 봉지 커피나 티백 차와 커피 보트에 물을 준비해서 내가 직접 타서 대접하곤 했다. 미국 사람들이 일하는 곳에서 일하며 배운 버릇인데 그 사람들한테서 배울만한 일이라고 생각하면서 실천을 했다. 그때는 내가 하는 행동을 같이 일하는 아랫사람들이 이해를 못 하고 미안해하고 했는데 최근에는 그런 심부름을 시킨 것이 오히려 말썽이 되기도 한다고 한다. 세상은 변한다. 나이 들었다고 생각하며 옛날을 고집하면 꼰대라는 소리나 듣는다. 거기에 적응해야 살아남고 사는 게 편하다.

아무튼 1만 보 이상 걷고 상가 복도에 있는 자판기에서 400원을 투자하고 마시는 커피야말로 어디에 비교할 수 없이 맛이 좋다. 혼자 서서 마시는 분위기는 초라하고 보잘것없지만, 속이 그렇게 편할 수가 없다. 이 커피를 못 잊고 매일매일 한강을 찾는다. 그런데 주변 아파트가 재건축을 위해 집들을 비우고 있다 한다. 건너편 888세대인 아파트는 거의 비었고 상가가 있는 400여 세대인 아파트도 곧 비워야 한다고 한다. 그 말썽도 많고 세상을 들었다 놓았다 하는 강남의 재건축 아파트들이다.

한편 걸음을 위한 나들이는 매번 즐거운 날만 있는 게 아니다. 컨디션에 따라 어떨 때는 기분이 안 좋거나, 날씨가 너무 덥거나, 비가 오거나, 움직이기 싫거나 해서 걸음을 걷기 위해 나가는 것이 싫을 때도 있다. 걷는 순서를 머리로 그리다가 커피 마실 때를 생각하면 나도 몰래 벌떡 일어나 복장을 갖추고 길을 나선다. 자판기 커피의 마력에 마음이 끌린다. 하루에 만 보 이상 걷고 자판기 커피 딱 한 잔! 꿀맛이다. 2월 중순 이후 한두 번 빠지고 실천 중이다. 운동화 2켤레가 나에게 봉사하고 사라졌다. 중독이라 할 수 있는가? 커피는 하루에 딱 한 잔이다.

내가 매일이다시피 이용하는 이 커피자판기가 있는 아파트 상가도 9월 말까지는 비워야 한다고 한다. 그리되면 나는 1만 보 걷기하고 어디서 자판기 커피를 마시나! 이 길을 걷기 시작한 이후 어느 순간부터는 자판기 커피 때문에 이 길을 사랑하게 되었는데 말이지. 서운하고 섭섭한 마음이 든다. 그러나 그 전에 코로나가 끝나고 커피 마시는 코스를 우리 구청 문화센터로 바뀌게 되기를 간절히 바란다.

(2020. 8. 6. 21:00. 『3사문학』 17호 2020. 10. 20)

한여름 밤의 동네 골목 풍경

역대 최장기간인 54일간의 지긋지긋한 장마가 끝나고 처서도 지나서 가을이 오는가 했는데 연일 혹서와 폭염 중 적당한 말을 찾을 수 없는 나날을 보내는 8월 하순이다. 하루를 열기와 냉기를 불러 지내다 자정 무렵 잠을 재촉하는데 열대야의 기운이 잠을 들게 하지 않는다. 8월 중순까지 장마가 져서 더위는 없겠거니 생각했는데 못 견디게 무덥다. 총량불변의 법칙이 적용되는가? 밖에서는 사람들의 시끄러운 소리가 들린다. 그 소리에 귀를 쫑긋하다 보니 정신이 더 말똥말똥해지고 신경이 쓰인다.

잠도 잘 수 없고 시끄러운 소리에 호기심도 생겨 밖으로 나갔다. 밖으로 나감과 동시에 사우나탕의 고온 찜질방에 들어간 기분이다. 열기가 대단하다. 숨이 막히는 것 같다. 이웃집에 사는 사람들이 늦은 휴가를 다녀와서 자동차를 정리하는데 주차 때문에 떠들썩하고 또 일행들이 이별하는 과정에서 왁자지껄한 장면을 연출하는 중이다. 그들 중 나도 아는 사람이 있어 인사를 나누고, 나온 김에 골목길을 한 바퀴를 돌아보기로 했다. 그런데 골목이 뜨거운 열기와 소음으로 걸어 다닐 수가 없다. 집집마다 벽에 붙은 에어컨 실외기의 열기들이 엄청나게 뜨겁다. 수년 전 미국 라스베이거스 여행 중 사막에서 한낮에 모래밭을 걸을 때의 뜨거운 바람을 떠올리게 한다.

우리 동네는 단독주택지인데 다세대 주택이나 다가구 주택이 많은 곳이다. 옛날엔 단독주택 1가구로 살았는데 지금 집을 새로 지은 집은 한집에 10가구 이상인 집도 많다. 가구마다 에어컨이 설치되어 있기 때문에 한집에 10개 이상의 에어컨 실외기가 길 쪽 벽에 붙어 있다. 또 골목에 식당이나 편의점 등 편의시설이 많은데 여름날이라 새벽까지 영업을 해서 에어컨을 계속 가동하여 실외기가 뿜어내는 열기와 소음이 사람을 힘들게 한다. 또 약간 넓은 도로에 나가니 자정이 지난 시간임에도 자동차들이 많이 다닌다. 모두 에어컨을 켜고 다닌다. 그 열기도 엄청나다. 잠시 신호대기중인 자동차들도 모두 에어컨이 켜져 있어 그 옆을 지나는데 열기가 무척 뜨겁다. 숨이 막히게 불쾌하기가 이루 말할 수 없이 지수가 높아진다.

70대인 내가 학교 다닐 때 타고 다닌 버스가 생각난다. 지금 같은 여름에도 냉방시설이 전혀 없어서 창문을 열어놓고 버스가 달릴 때 들어오는 바람에 머리카락을 날리며 다니던 시절이 있었다. 도로는 비포장도로라서 교행이라도 하면 먼지가 들어와 그대로 마시며 다녔다. 조금 발전한 게 버스 천장에 선풍기를 달고 다녔다. 이때도 창문을 열어 놓았다. 겨울에는 난방이 되지 않아 몸을 웅크리고 손을 가랑이에 넣고 비비며 추위를 달랜 적도 있었다. 70년대 초에 고속도로가 생기면서 고속버스에 에어컨이 달리기 시작했다. 그 뒤에도 상당 기간까지 시외버스나 시내버스는 선풍기나 난방장치 없이 운행되었다.

사람들은 자기들의 편안함과 안락함 뒤에 피해를 주고 다니는 일이 많다는 사실을 알아야 하겠다. 자동차를 타고 가다 더우면 카 에어컨을 켜고 간다. 옆에 걸어가는 사람들에게 어떤 영향이 있는지 아무 관심도 없이 아파트 지하에 있는 주차장에 차를 주차하고 엘리베이터를 타고 성냥갑같이 생긴 집으로 들어가면 가까운 주변 세상과는 관련이 없는 삶을 산다. 또 단독주택지에 사는 사람들은 집에 들어가 더우면 에어컨을 켜고 창문까지 걸어 잠그고 자기 집 옆을 걸어 다니는 행인들이 어떻게 다니며 어떤 영향이 미치는지 전혀 알 바가 아니다. 자동차를 골목에 주차하고 휴식을 취하던지 다른 일을 볼 때도 에어컨을 켜 놓고 있다. 그 옆을 도보로 지나다니는 사람은 가히 기분 좋은 환경이 아니다.

사람들의 편안함과 안락함을 위하여 에너지를 무진장 사용함으로써 이산화탄소의 양이 계속 늘어 지구가 더워지고 있다고 한다. 지구의 온난화 영향으로 이상기온이 발생해 지구에 사는 사람들에게 막대한 피해를 준다. 지구의 대기 온도가 과거 1만 년 동안 섭씨 4도가 올라갔다고 한다. 그런데 최근 100년 동안에 섭씨 1.5도가 올라가 남극과 북극의 만년 빙하들이 녹아내려 면적이 점점 작아진다고 한다. 그 영향으로 바닷물이 더워져서 많은 지역이 바다에 잠기고 기후 균형도 무너져 가뭄, 태풍, 혹서 등 기상이변과 자연환경의 변화로 갖가지 재난이 발생하고 있다. 이번 코로나19도 이런 영향 중 한가지라고 생각한다. 무리인가?

코로나19 때문에 모두가 힘들어하고 있다. 주변 음식점에 손님들이 즐기고 있는데 코로나 방역이 잘 지켜질까? 의심이 간다. 방역을 위해서 해야 될 일이 있고 하지 말아야 하는 일이 있다. 정부에서 전문가들이 분석하고 연구해서 해야만 하는 일은 꼭 하고, 하지 말아야 하는 일은 하지 말아야 하는 개인 방역 기본 수칙을 꼭 지켜야 한다.

꼭 해야만 하는 일은 아프면 3~4일 집에 머물기, 사람과 사람 사이는 두 팔 간격 건강 거리 두기, 30초 이상 손 씻기, 기침은 옷소매로 가리고, 매일 두 번 이상 환기하고 주기적 소독하기, 마스크는 코와 입을 가리도록 착용하여야 한다. 하지 말거나 연기해야 하는 일은 아프면 학교나 직장에 가지 않기, 모임이나 집회는 연기하거나 하지 않기, 밀폐된 장소에서 밀집이나 밀접을 하지 않기 등이다.

그리고 음식점 및 카페 생활수칙을 지키고, 대형마트, 백화점, 슈퍼, 재래시장 등 쇼핑할 때 방역수칙도 잘 지켜야 한다. 식사할 때는 뷔페식 등을 잘 지키고 조심해서 바이러스가 가까이 접근 못 하도록 노력해야 한다. 실내에서 취식 외에는 마스크 착용 필수다.

이 골목에도 저 골목에도 많은 오토바이가 굉음을 내며 사방으로 질주한다. 배달하는 오토바이들이다. 배달이 24시간 영업이나 마찬가지라 한다. 여름날 자정쯤이면 성수 시간대라고 한다. 오토바이 타고 다니는 것은 그렇다 치고 제발 사고 나지 않게 다니기를 바란다. 사고도 배려가 앞선다면 나지 않을 것이다. 전동 킥보드를 타고 사이사이를 질주하는 사람도 많다. 아무 표식이 없고 위험천만이다. 또 다음 골목에 들어서니 무슨 울음소리가 들린다. 살펴보니 길고양이들이 무리를 이루어 어슬렁거리고 있다. 혹시 먹을 것을 찾는 중인지. 그 중에 한두 마리가 울음소리를 낸다. 꼭 사람이 우는 소리 같다. 고양이도 너무 덥기도 하고 주위가 너무 시끄러워 잠 못 들고 피서의 요령을 찾고 있는 것인지 모르겠다. 그들도 시원한 가을을 기다리겠지 싶다.

사람은 절대 혼자서 살 수 없다. 황토밭을 맨발로 걸어도 수많은 개체에 피해를 주고 다닌다. 땅바닥에 셀 수 없이 많은 작은 생물을 밟아서 피해를 주고 다닌다. 하물며 사람과 사람을 상대하면서 삶을 산다는 것은 역시 큰 피해를 받는 사람들이 있다는 사실을 알고 겸손해야 한다. 모든 사람에게 고맙다는 생각으로 살아야 한다. 코로나의 시절에 통제된 생활을 하다 보니 답답한 게 이루 말할 수 없다. 우리 모두 협력하고 존중해서 바이러스는 우리 세상에서는 못 살겠으니 가야겠다는 생각이 들게 쫓아내고, 우리는 전처럼 일상의 생활이 자유롭기를 야심하고 환한 밤에 소망한다.

(2020. 8. 10)

그때가 돼 봐야 그때를 안다 · 2

오늘도 걸었다. 요즘 시류에 맞추느라고 새벽에 1~2시간 걷고 있다. 새벽 5시쯤부터 나가 걸음을 걷는데 발가락이 이상하다. 참으면서 1만 3천여 보를 걷고 집에 돌아와 손발을 씻고 수건으로 닦는데 발톱 부분이 수건이 걸린다. 발톱이 길기도 하고 하나가 갈라져 찢어졌다. 손톱깎이로 손·발톱을 깎는데 잘 보이지 않는다. 평상시 하던 방법으로 왼손으로 위치를 잡고 깎는데 따끔하다. 잠시 후 피가 난다. 엄지발톱 옆에 상처를 냈다. 잘 보이지 않아 대충 어림잡아 손톱깎기 손잡이를 눌러 사고를 냈다. 발톱과 살을 같이 넣고 눌러버린 것이다.

여기서 아버지 생각이 난다. 아버지가 50세가 되기 전이고 내가 15살 무렵부터 집에 가면 아버지가 손발톱을 깎아달라고 하셨다. 그때마다 말없이 깎아 드렸다. 중학교 다닐 때부터 집을 나와 떨어져 살았기 때문에 주말이나 집에 가고 성인이 돼서는 직장 때문에 멀리 돌아다니며 살았다. 그래서 가까이 살 때는 2~3주에 한 번씩 깎아 드리고, 멀리 살 때는 1년에 한두 번씩이라도 집에 갈 때마다 돌아가시기 전까지 30년 이상은 깎아 드린 것 같다.

그때그때 궁금했다. 아버지가 손발톱을 왜 깎아 달라고 하시는지 의문도 들었다. 다른 동생들에게도 깎아달라고 하셨고 깎아드렸는지는 모르겠다. 지금까지 물어보지 않았다. 그러면서 한편 여러 가지로 생각을 했다. 자식에게 호강과 효도 받는 방법 중 하나인가? 그때 세대로서는 늦게 결혼해서 자식을 30세가 넘어 늦게 보아 커 가는 자식을 가까이에서 보고 싶어서인가? 피부를 접촉함으로써 살가움을 맛보기 위함인가? 아니면 자식을 테스트하기 위한 방법의 한가지인가? 등등.

나는 지금까지 내 손으로 손·발톱을 직접 깎고 있다. 오늘 느꼈다. 아버지께서 눈이 나빠져 잘 안 보여서 그러셨구나!! 돌아가신 지 23년이 지난 이제야 내가 체험을 하고 경험을 하고 상처를 내고 눈이 잘 안 보인다는 사실을 당하고 아버지를 이해한다. 피를 봄으로써 그때 그 심정을 알아차린 것 같다. 인생 얼마 산 것 같지 않은데 이놈의 숫자가 어쩔 수 없이 사람을 어수룩하게 만든다.

그때 처음에는 바느질할 때 쓰는 가위로 손발톱을 깎았다. 한참 후에 손톱깎이가 나왔다. 일본 이름으로 쓰메끼리(? つめきり)인가 라고 불렀다. 지금은 우리 손톱깎이가 품질이 아주 좋을 뿐만 아니라 여러 나라에 많은 수량을 수출하여 세계를 주름잡고 있지만, 그때는 일본 제품이 유행하였다. 손톱을 깎고 나면 손톱깎이를 닦아서 아버지 방 아랫목 머리맡에 있는 소지품 상자에 꼭 넣어 놓고 관리하시는 귀한 재산 품목 중 하나이기도 했다.

아버지가 생각나고 뵙고 싶다. 손톱도 깎아드리고 싶다. 내가 아버지의 그때가 되니 그때를 알겠다. 우리는 어른들의 전철을 밟으면서 산다. 그래도 이해는 한참 뒤에 한다. 이러한 일들이 무수히 많을 것이다. 이런 일 저런 일을 경험하고 옛 추억 속에서 조상들을 생각하며 늙어간다. 나도 그때가 되니 그때의 이런 저런 일들이 생각나고 그때의 의문이 하나둘 풀리기도 한다.

오늘은 2020년 추석 연휴 첫날이고 추석 명절 전날이다. 올해는 5월 제사 때도, 추석맞이 벌초와 성묘도 못 갔다. 아버지가 잠들어 계신 곳에 가까이 사는 동생들이 벌초했고 내일 성묘도 할 것이다. 코로나라는 바이러스 때문이다. 움직이지 않는 것이 나라와 민족에게 충성하는 것으로 생각해서다. 독자인 아버지는 살아계실 때 차례를 모시고 성묘를 자식들과 꼭 같이 다니면서 동네 사람들에게 장성한 자식들을 은근히 자랑하신 분이시다.

나도 장성한 자식들과 벌초나 성묘를 가면 든든할 뿐만 아니라 기분이 좋다. 산소와 거리가 멀지만 계속 다녔다. 도시의 팍팍한 생활로 이웃도 모르고 살지만 은근히 자랑하고 싶은 생각이 들기도 한다. 세상을 바꿔버린 코로나 시절이 야속하다. 하지만 어쩌겠는가? 대세에 따라야 한다. 우리 모두 힘을 합쳐 좋은 세상을 만들어 벌초도 성묘도 마음대로 하는 세상이 빨리 오기를 간절히 바란다.

나도 손발톱을 깎아달라고 해볼까? 그리하면 누가 선뜻 내 말을 들어 깎아줄까? 그렇게 저렇게 내 주위의 평소 하던 짓들을 대입해 머리를 굴려 찾아보니 하나쯤은 있을 것 같다. 내 착각인가? 아니면 웃으며 무시해 버릴까? 잘 안 보여서 그렇다고 부탁하면 십중팔구는 돋보기를 사다가 들이밀 것이라는 생각이 든다. 일단은 아직 스스로 계속할 수 있을 때까지 깎아보자. 머리를 많이 쓰는 일들을 하면 치매 예방도 된다는데….

이 글을 쓰고 읽고를 하는데 추석 전야제 방송들이 많다. 그중 '2020 한가위 대기획 대한민국, 어게인 나훈아'라는 쇼를 방송하고 있다.

옛날 같으면 수많은 관중 앞에서 그들과 숨 쉬며, 숨넘어가는 호소력과 야성미를 잔뜩 자랑하는 사람이 오늘은 무관중으로 쇼를 한 것이다. 15년 만에 방송에 나오는 나훈아 선생 아직 건재하다. 앞으로도 자주 세상을 즐겁게 해주시기를 간절히 바란다. '테스 형!'이란 노래 인상적이다. 소크라테스를 테스로 부르며 노래한다. 역시 특유의 호소력에 듣고 보는 사람들을 까무러치기 직전까지 몰고 간다. 세월에 끌려가지 말고 세월의 모가지를 비틀어서 끌고 가란다. 그러려면 매일 똑같이 살지 말고 변화 있는 삶을 살란다. 하기야 나훈아 씨만큼 변화 있는 삶을 산 사람도 드물 거다. 여러 면에서 대단한 사람이다.

남자를 위한 노래도 있다. '남자의 인생'이다. 가사가 가슴에 닿는다.

어둑어둑 해질 무렵 집으로 가는 길에
빌딩사이 지는 노을 가슴을 짜-안하게 하네
광화문 사거리서 봉천동까지 전철 두 번 갈아타고
지친 하루 눈은 감고 귀는 반 뜨고 졸면서 집에 간다
아버지란 그 이름은 그 이름은 男子의 人生

그냥저냥 사는 것이 똑같은 하루하루
출근하고 퇴근하고 그리고 캔 맥주 한잔
홍대에서 버스타고 쌍문동까지 서른아홉 정거장
운 좋으면 앉아가고 아니면 서고 지쳐서 집에 간다
남편이란 그 이름은 그 이름은 男子의 人生
그 이름은 男子의 人生

'자네'라는 노래도 이어진다. '팔자는 뒤집어도 8자'란다. '사내'라는 노래도 재밌다. 아무튼 대단하다. 이런 분과 한세상을 숨 쉬면서 산다는 게 얼마나 다행인지!! 속이 후련해진다. 감사하다. 고맙다고 큰 인사를 하고 싶다. 이렇게 2020추석 전야가 추석으로 바뀌고 있는 시간에 그때의 그때를 이해하려고 노력하는데 잘 되었는지 모르겠다. 수십 년 전 그때에 와 있는 기분이다. 추석 명절 행사는! 분위기는! 180도 바뀌어 버린 사실에 눈물이 난다. 내 세대만 눈물 흘리면 되는 건가. 추석 명절 전날이 서서히 흐른다.

(2020. 10. 1)

기가 막히다

딱 1년, 365일 후 오늘 2020년 10월 8일. 또 아내가 손 수술을 했다. 이번엔 작년과 반대쪽인 왼손이다. 같은 병, 같은 이유다. 병원도 같은 병원이다. 환자도 같은 사람이고, 의사도 같은 의사다. 바라보는 사람도 같은 사람이다. 날짜도 같다. 기가 막힐 뿐이다.

물론 작년에 수술할 때 그 손도 아프긴 했다. 그러나 두 손 다 한꺼번에 할 수 없고 조금은 괜찮은 편이니 다른 치료 방법으로 버티자고 했다. 그래서 수술만은 하지 않고 지나기를 내심 바랐는데 결국 1년 만에 다시 수술해야만 하는 지경에 이르고 말았다.

아무리 반성하고 마음을 가다듬어도 생활패턴은 작년 수술하기 전과 별로 변함이 없었다. 미안하고 죄송할 뿐이다. 손이 얼마나 많이 크게 높게 강하게 심하게 아팠으면 이 코로나19 시국에 자진해서 순순히 수술하겠다고 결심하고 진료를 받고 칼을 맞으러(?) 간단 말인가. 1년 전의 수술 후 통증의 기억이 생생하게 뇌리를 스칠 텐데도 말이다. 코로나19의 성화 때문에 보호자란 사람도 병원에 오지 말란다. 병원으로 향하는 아내의 뒷모습이 처량하기 그지없다.

그 시간 집에 홀로 남은 나는 도착한 택배를 받았다. 뜯어보니 주문한 약 도라지가 눈치도 없이 팔을 벌린다. 어쩔 수 없이 5년생 약도라지 10kg을 씻고 닦았다. 기름때 같은 찌든 곳을 청소하는 솔로 하나하나 뿌리의 가지 사이사이를 문질러야 닦아진다. 흙 속에서 5년을 살았으니 도라지 몸에 바짝 눌어붙은 이물질이 잘 떨어지지 않는다. 3시간 반이 걸렸다. 닦다가 쉬기를 여러 번 반복했으나 허리가 심하게 아프다. 자주 할 짓은 아닌 것 같다.

병원에 안 갔다면 모조리 아내가 씻고 닦았을 것이다. 손바닥 신경이 망가지도록 집안일에 몸 바쳐 일한 대가가 수술해야 하는 환자가 되었다. 손바닥에 낀 이물질이 도라지 이물질 같을까? 생각하며 참아야지! 참아야지! 하며 쉬기를 여러 번 반복하며 닦고 씻기를 마쳤다. 물이 잘 빠지는 채반을 찾아 널어서 마르도록 조처를 하고 일을 마쳤다.

도라지를 씻어 처리하고 45년 동안 살림살이한 아내의 수고를 생각하며 옥상에서 잠시 가을 하늘을 쳐다보니 눈시울이 뜨거워진다. 만감이 교차하고 이내 눈물이 고인다.

저녁이 되자 할미의 보살핌을 받고 자라는 5살 손자 놈은 할미를 찾는다. 어린이집으로 미술학원으로 다녀와 제 아비와 저녁을 먹고 돌아온 것이다. 오늘은 할미가 없어 제 부모와 밤을 보내야 할 것 같다. 할아비하고는 가물에 콩 나듯 한 번씩 같이 잠을 자는데 오늘은 틀렸다. 밤에 잠이 오지 않는다. 뒤척이다 눈을 뜨고 시계를 보니 자정 넘어 1시 반이다. 자다가 벌떡 일어나 스마트폰으로 이 글을 쓰며 작년을 찾아본다.

– **오늘 하루의 반성**(2019년 10월 8일, 카카오 스토리 글)

오늘 아내가 수술했다. 손바닥 신경이 망가져 손을 쓸 수 없을 정도가 되었다고 한다. 얼마나 일을 많이 했으면 손바닥 속의 신경이 몸살을 앓았을까? 만감이 교차한다. 생살을 절개해 신경을 둘러싼 이물질을 긁어내는 수술이라 한다. 오른쪽 손바닥에 두 군데를 칼을 댔다고 한다.

작년여름에는 발등의 뼈가 부러져 깁스하고 지내는 등 지금까지 후유증으로 고생하고 있는데 엎친 데 덮친 사건이다. 오래전부터 아픔을 호소하며 이런저런 병원에 다니며 치료를 해도 낫지 않고 별 뾰족한 방법을 몰랐다. 이제야 전문병원을 알아서 치료를 받게 되었다. 늦게 알았지만, 수술을 빨리 받을 수가 있어 불행 중 다행이라 생각한다.

이렇게 되면 남편인 나는 난처하고 할 말이 없다. 모두가 내가 잘못해서 그런 것 같다. 44년간 같이 살면서 전근대적인 여자의 일생을 살게 한 결과일까? 민망하기 그지없다. 사람이 한 생을 살면서 여러 가지 아픈 일을 경험하면서 산다. 그러나 손으로 하는 일을 얼마나 많이 했으면 꽤 둔하게 여기는 손바닥이 그렇게 험하게 망가질까 생각하니 불쌍하기만 하다.

우리 세대의 삶이 비슷하겠지만 아내는 자청한 일을 많이 했다. 손님이 오면 밖의 음식을 대접해도 괜찮을 텐데 모두 집안에서 해결하기를 원했다. 집안의 생일이나 제사 등의 행사들도 모두 혼자서 준비하면서 처리하기도 했다. 나와 자식들의 생일맞이 떡시루를 지금까지 만들고 있다. 물론 풍족하지 못한 수입으로 살아가기가 힘들었기 때문일 것이다. 부끄럽기 한량없다. 가까운 친구나 지인들은 집으로 초대해 같이 식사를 많이 했다. 우리 집에서 밥 먹으면 맛있다고 소문이 나기도 했다. 직접 만들어 남에게 먹이기를 좋아하는 아내다. 그 결과가 병이 난 거 아닌가 생각한다. 또 이웃들과는 남자들은 출근하고 여자들 혼자 남아 점심을 먹기 곤란할 때는 비빔밥이나 특식을 만들어 골목에 돗자리를 깔고 모여앉아 나눠 먹는 기상천외한 생각을 해서 도시의 삭막함을 씻고 친하게 지낸다.

생로병사의 병에는 육체적인 아픔, 정신적인 아픔, 마음의 아픔, 말로 전해들은 아픔, 배신과 배반의 아픔 등이 많다. 아픔을 모르는 삶은 없을까? 누구나 아픔을 원하는 사람은 없을 것이다. 기왕 수술했으니 회복이 잘 돼서 정상적인 활동의 날이 빨리 오기를 기원한다. 깨끗이 씻는 상처이기를 기대한다. 사람들에게 씻을 수 없는 상처는 받지도 말고 주는 일도 없었으면 좋겠다. 오늘은 수십 년을 같이 한 후회를 깊이 반성한다.

(2020. 10. 9)

사람이 제일 무섭다

우리나라 사람들은 어릴 때 할아버지 할머니로부터 옛날이야기를 많이 듣고 자란다. 나는 세 살 때 친할머니가 돌아가셔서 전혀 기억이 없다. 외할머니는 내가 30대에 돌아가셨으나 멀리 살았고 옛날이야기를 들을 정도로 가까이하거나 자주 뵙지를 못했다. 할머니에게서 듣지 못한 옛날이야기를 나는 엄마에게서 들었다. 무서운 존재로 호랑이 곶감 등의 옛이야기를 듣기도 하고 몽당 빗자루의 도깨비나 귀신 이야기 일본 순사 이야기 등 사람이 제일 무섭다는 이야기를 들은 바가 있다.

후에 친구들이나 소문과 풍문으로 여러 옛날이야기를 들은 적이 많다. 물론 어릴 때 동화책이나 이야기책을 구해볼 만도 한데 우리가 어릴 때는 세상이나 집안의 형편이 그리되지 못했다. 조금 성장한 다음에는 사람이 제일 무섭다는 이야기를 들었다. 그때는 의미를 알지 못했다. 엄마는 1920년대 후반에 태어나셔 일제강점기에 일본식 초등학교를 어렵게 졸업하시고 2차 대전, 8・15해방과 결혼 그리고 6・25를 겪으며 나를 낳고 키우며 사셨다. 그때의 옛날이야기는 직접 당하고 보고 들은 내용도 있었다고 생각된다. 그래서 사람이 제일 무섭다는 이야기를 자식에게 했는지도 모른다.

코로나19 감염병으로 온 세상이 뒤집히고 있다. 감염병의 옮김이 사람에게서 사람으로 전파된다고 한다. 사회적 거리두기와 생활 속 거리두기 등의 용어도 생성되어 실천하라고 요란을 떨고 있으며 평소 좋지 않은 의미를 주는 이미지의 가면에 상응한 마스크를 세계인들이 착용하고 생활하고 있다. 사람을 대면하지 말라고 한다. 모임도 하지 말라고 한다. 사람이 모이는 곳에 가지 말라고 한다. 건강을 위한 운동도 운동하는 장소에서 하지 말라고 한다. 휴일에 관광지나 유원지에 가지 말라고 한다. 실제로 길로 다니면서 반대편에 사람이 오면 이리저리 피해 다닌다. 사람이 무섭다. 모두가 감염병 환자로 보인다. 지하철에서는 마스크를 쓰지 않은 사람에게 충고하는데 반발해 시비가 붙고 싸움이 일어나기도 한다. 사람이 사람을 믿지 못하는 것은 오래전부터의 이야기지만 코로나 사태 이후 더 심하고 강해졌다.

오늘 아침에 지하철역으로 들어가는데 전철에서 내려 밖으로 나오는 인파를 만났는데 무섭다. 가을로 접어들어 복장은 검은색 계통이 많은데 거기에 얼굴에는 하얀 마스크를 착용하고 어두컴컴한 조명 아래 계단을 올라오는데 인파가 노도로 보인다. 소름이 끼친다. 뒤로 물러 나와 한쪽 벽에 붙어서 인파가 다 지나갈 때까지 몸을 움츠렸다가 다시 나와 걸었다. 등에 땀이 난다. 울어야 하나? 해프닝으로 생각해 웃어야 하나? 사람들을 피하며 사는 데 익숙하지 않아 대책이 안 선다. 사람이 사람을 상대로 일하지 않는가 말이다. 그런데 사람을 만나지 않는 게 좋은 대책이란다. 답답하다.

실제로 70여 년의 인생을 살아오면서 인간이 인간에게 저지른 많은 사건을 보고 들었다. 열 살 전에는 6 · 25에 대한 실제 당한 이웃 어른들의 이야기와 이웃 동네에서 있었던 일들을 이야기로 들었다. 일본 징용에서 해방과 더불어 돌아와 사업을 하여 돈도 많이 벌고 결혼도 하여 아들도 낳고 행복하게 잘 사는가 했던 아버지도 6 · 25를 겪으면서 빈털터리가 되어버렸다고 한다. 10대 때에는 북한무장간첩사건을 여러 번 들었고 특히 고교 시절인 68년의 1 · 21사태라는 김신조 일당의 무장간첩 청와대 습격 사건은 지금도 생생하다. 무장간첩 사건 때마다 많은 사람이 죽었다. 사람이 사람을 죽인 것이다.

또 '잘살아 보세'라는 기치 아래 산업화 과정을 겪으면서도 열심히들 살고 있을 때, 한쪽에서는 많은 사건이 일어났다. 오롯이 보고 들었다. 사람이 무서운 사건들이다.

1963년 고재봉 도끼 살인사건, 1975년 김대두 연쇄살인사건, 1977년 박흥숙 살인사건, 1982년 우범곤 순경 총기난사사건, 1986년 서진룸살롱 집단살인사건, 1987년 오대양 집단 자살사건, 1988년 탈옥수 지강헌 사건, 1989년 심영구 연쇄살인사건, 1989년 9월~1991년 4월까지 십여 차례 이춘재의 화성 부녀자 연쇄살인사건, 1994년 온보현 택시 강간살인사건, 1997년 신창원 탈옥 사건, 1999년 영웅파 사건, 2003년 유영철 연쇄살인사건, 2006년 정남규 연쇄살인사건, 2016년 강남역 화장실 살인사건 등이 떠오른다. 모두가 사람이 사람에게 저지른 살인 범죄다.

그 이외 헤아릴 수 없이 많은 존속 살해사건, 강도 살인사건, 강간

치사사건, 군부대 총기난사사건, 여러 건의 유괴 살인사건, 묻지마식 살인사건, 어린이 성폭행 살인사건 등이 세상을 떠들썩하고 공포와 불안을 조성하여 삶을 힘들게 했다. 특히 어린이 유괴사건 중 62년 조두형 어린이 유괴 사건은 지금까지 생사도 모르고 범인도 붙잡지 못했다고 한다. 성폭행 사건 중 나영이 사건의 조두순이 12월 13일 만기 출소하는데 피해자 동네로 다시 가서 살겠다는 이야기로 또 한바탕 세상이 떠들썩하다.

코로나 시국에 방역 당국에서 하지 말라는 집회나 모임을 일부러 하는 사람들이 있다. 일반 국민은 바짝 조여서 빨리 끝나기를 원하는데 그새를 참지 못하고 자기 목소리를 높이며 당국의 방침과 반대로 행동하는 사람도 있다. 얄밉기가 한량없다. 무차별적으로 인정사정없이 조건만 맞으면 달라붙는 바이러스를 어찌해볼 방법이 없지 않는가?

바이러스 분야 전문가가 이야기하면 문외한인 우리는 잘 따라서 행동하여 조기에 종식하여 청결하고 확실하게 불안하지 않은 상태에서 옛 일상생활을 할 수 있도록 모두 참여하여야겠다. 제발 사람이 사람을 무서워해서 피해 다니는 일만은 없었으면 싶다. 지금까진 사람이 제일 무서웠다지만 앞으로는 모든 사람을 제일 무섭지 않은 친근한 이웃으로 생각하며 살 수 있는 날을 기대하고 기원한다.

(2020. 10. 11)

가을 새벽 풍경

요즘은 새벽에 집을 나선다. 여름철 2.5단계 이후 사람들이 적은 시간을 이용해서 1만 보 걷기 운동을 하기 시작해 자연스레 습관이 되어 계속하고 있다. 새벽 5시가 조금 지난 새벽 시간에 동네 골목을 이리저리 걸어 다닌다. 큰길, 작은 길 불문하고 조용한 길을 찾아서 걷는다. 조용해서 좋다. 이동하는데 걷는 게 편리하다. 방향 전환을 쉽고 편리하게 할 수 있다. 먼저 보이는 택배 차량들은 자기 세상을 만났다. 쏜살같이 이집 저집을 찾아다닌다. 세상에 무슨 일이 벌어져도 시공간은 하던 순서대로 흐른다. 5시 반이 지나면 지하철역에서 사람이 나오는 것으로 도시의 하루가 시작된다.

지하철 출구를 나온 사람들 모습이 대동소이하다. 겨울이 가까운지라 어두운 검은색 일색의 두껍고 무거운 옷차림의 장년 이상인 사람들이 많다. 행동거지도 비슷하다. 허리는 구부정하고 걸음걸이는 ○자 형 모습으로 걷는다. 그리고 아장아장 삐뚤삐뚤 어깨가 좌우로 심하게 움직인다. 똑바로 일자형으로 걷는 사람이 드물다. 고달픈 인생사가 보이는 듯하다. 그러나 부지런히 종종걸음으로 빌딩 안으로 들어간다. 마스크를 착용해서 얼굴을 보고 나이를 짐작할 수는 없으나 우리 나이인 70세 이상 고령의 남녀가 많다.

우리 동네 큰 도로변에는 사무실 건물들이 많다. 이렇게 일찍 나오는 이유를 몇 사람에게 어렵게 물어보았다. 남자들은 건물 관리를 하고 여성들은 대부분 청소하는 사람들이다. 그 회사의 주된 업무가 쾌적하게 잘되도록 보조하는 사람들이다. 남자들은 건물의 이상 유무 확인 및 정비를 하고 여름엔 에어컨을 겨울에는 보일러 가동을 하고 외곽의 청소를 한다. 여성들은 사무실을 포함한 공간과 화장실을 주로 청소한다고 한다. 회사의 주된 업무를 보는 직원들이 출근하여 업무가 시작하기 전에 대부분 임무를 마친다고 한다.

나도 주 임무를 수행하기 위하여 길을 걷는다. 이번엔 야쿠르트 아줌마와 전기차를 여러 번 발견했다. 이렇게 일찍부터 일하는지를 몰랐다. 보급소가 근처에 있는 것 같다. 베이지색 유니폼을 입고 매일 미소와 함께 인사를 건네는 그들은 방문판매원에서 보모, 딸, 이모 역할도 한다는 기사를 보기도 했다. 이들은 독거노인이 많은 이 시대에 '홀몸노인 돌봄 사업'을 1994년부터 공식적인 활동으로 하고 있다고 한다. 배달하면서 고객들을 살펴 이상 증세를 발견하면 동네 주민센터 등에 알리는 일도 한다고 한다. 얼마 전 서울 양천구에서 방문 배달을 하면서 화장실에 쓰러져 있는 할머니를 발견해 119로 신고해서 병원에 입원시켜 위험을 해결하는 일도 있었다. 미국의 뉴욕타임스(NYT)가 2020년 11월 15일(현지 시각) 한국야쿠르트의 방문 판매원 '프레시 매니저'를 소개하는 기사를 내기도 했다.

나에게는 부지런한 사람들의 대명사이고 가난을 물리치고 자식들을 훌륭하게 성장시킨 미담이 가끔 눈시울을 적시는 야쿠르트 아줌마로 각인된 사람들이다. 한국야쿠르트에 따르면 '50년 전인 1971년 47명으로 시작한 한국야쿠르트 프레시 매니저는 1975년 1천 명, 1983년 5천 명을 넘어섰고 현재는 1만 1천여 명에 이른다. 최근에는 취급 품목을 타사 식품까지 확대하며 소비자와의 접점을 더 넓히고 있다'고 한다. 기존 만들어진 시스템을 잘 이용하면 좋은 제도로 활용할 수 있는 길이 열리기도 한다. 앞으로도 좋은 일 많이 해주시기를 바라고 행복했으면 좋겠다.

가을은 건물을 관리하는 일을 하는 사람들과 가로를 청소하는 환경미화원에게는 힘든 시절이기도 하다. 가로수 잎이 낙엽으로 10월 하순부터 떨어지기 시작하면 건물 앞 인도를 쓸어내야 한다. 가로수 종에 따라 쓸어야 하는 양과 일정이 차이가 난다. 가로수로 많이 심은 은행나무는 2~3주쯤 떨어진다. 느티나무는 4~5주쯤, 플라타너스는 2달 이상 떨어져 빗자루질을 그 기간만큼씩 매일 해야 한다. 우리 동네는 플라타너스가 많다. 벚나무가 심어진 곳도 있는데 봄에 꽃이 피고 떨어진다. 꽃잎이 1~2주간 떨어진다. 꽃잎과 낙엽을 아침마다 쓸어내기에 진땀을 흘린다고 한다. 대부분 시민은 꽃과 단풍의 낭만을 즐기고 재미있는 시간을 갖지만 일하는 사람들은 고역의 시간이 아닐 수가 없다. 비라도 와서 낙엽이 젖으면 잘 쓸려지지도 않아 힘이 더 든다.

새벽에 걸으면서 보이는 신문 배달 오토바이들이 사방으로 부릉부릉 소리를 내며 섰다 가기를 반복한다. 아침 소식을 일찍 배달하는 부지런함을 눈으로 본다. 또 음식물 배달 오토바이도 보인다. 바쁘게 돌아가는 세상에 야근하고 간식을 시켜 먹는 것인지 아니면 출근하는 직장인이 집에서 먹을 아침을 배달하는지 모르겠다. 배달 라이너들의 안전 운행을 바라고 그들의 수고에 박수를 보낸다.

클럽이라는 유흥업소 옆 편의점 간이 탁자에서는 소주병과 김이 나는 용기 라면을 식탁에 놓고 담배를 맛있게 피우고 있는 여성들도 보인다. 혀 꼬부라진 언성도 높아 크게 들린다. 밤새 유흥업소에서 놀다가 시간이 마감돼서 나와 해장술을 마시는지 모를 일이지만 내가 가슴이 답답한 것은 왜인가? 시간이 6시를 지나자 차도에는 벌써 차량이 많아졌다. 신호등에 대기하는 차들이 길게 늘어서 있다. 사람들이 새벽부터 일터로 이동하는 모습들이다. '코로나가 빨리 정리돼서 저들의 활발한 활동이 자유스럽게 돼야 할 텐데!'라는 생각을 앞세우고 기원하며 걷는다.

이 골목 저 골목을 돌고 돌아서 한 도로 사거리 지하도 입구에 '미세먼지 프리존'이라는 글이 보인다. 호기심에 들어갔다. 사람 통행만 하도록 만들어진 곳이다. 전에는 음침하고, 칙칙해서 들어가기가 꺼려지는 곳이었고 최근에는 건널목이 지상에 만들어져 들어갈 일이 거의 없었다. 지하로 내려서니 출입문이 있다. 횡단하는 지점에 또 출입문이 있다. 출입문 위에 '미세먼지 프리존'이란 글이 또 보인다. 15보×40보 넓이의 사각형 지하공간이 식물원 같은 지하로 바뀌어 있다. 쉴 수 있는 의자들이 멋지게 만들어졌고 난방도 되어 후끈후끈하다. 나는 이름을 모르는 여러 가지 아열대 식물들이 자라는지 현상유지인지 싱싱하게 벽과 기둥에 붙어 있고 화분들이 수십 개 놓여있다. 지하철 청담역 지하공간의 '청담 미세먼지 프리존'과 같이 구청에서 만들어 관리한다는 글이 있다. 앞으로 자주 들어가게 생겼다. 여름엔 냉방도 된다고 한다. 이런 곳이 많았으면 좋겠다.

다시 지상에 나오니 전동킥보드도 아침부터 부지런히 인도의 사람과 사람 사이를 헤치며 질주를 한다. 위험하기 짝이 없다. 큰길 인도와 골목길 어디를 불문하고 전동킥보드가 아무렇게나 무질서하게 서 있기도 하고 누워 있기도 한다. 도로변의 인도에는 낙엽이 흩어져 있는 것처럼 널브러져 있다. 남의 집 문 앞과 상점 앞이나 폭 4~6m 좁은 골목길 한가운데에 세워놓은 경우도 많아 그 골목을 드나드는 운전자와 보행자를 불편하고 힘들게 한다. 킥보드 제멋대로 공화국이다. 야간에는 보행하는 사람들에게는 부딪히는 커다란 사고무기로 변할 수 있겠다는 생각이 든다.

전동킥보드는 시각장애인이나 휠체어를 이용하는 사람들에게도 치명적인 장애물이 될 수도 있을 것이다. 무슨 조처를 하지 않으면 도시의 사회적 문제도 야기될 수 있겠다는 생각이 든다. 사용하는 사람들의 공중도덕이 빵점이다. 운영자들도 이런 사람들에게는 사용 못 하게 하는 방법은 없을까? 인도와 골목길에서 힘 안 들이고 돈 버는 업주들은 온라인으로 돈만 받아 가지 말고 관리도 잘해야 할 것이다. 또 국가의 통제는 할 수 없는 것인가. 새로운 제도를 국가 규정들이 못 따라가는 이유는? 이것도 여야의 의견이 다르고 쟁점이 되는가?

걸음을 더해 다음은 왕릉이 있는 공원에 들렀다. 6시가 조금 지난 시간인데 매표소 앞에 긴 줄이 서 있다. 아마 새벽 운동을 위한 걸음을 하기 위해 동네 주민들이 나온 것으로 생각된다. 연결된 골목에는 고양이들이 어슬렁거린다. 엄마를 찾는 것인지 새끼를 찾는 것인지 아니면 먹이를 찾는 것인지 알 수 없지만, 추위가 느껴진다. 사람이 많아 선릉에 들어가는 것은 포기하고 외곽을 돌았다. 울타리 외곽 길에도 사람들이 많이 걷고 있다. 공원으로 가는 중인 사람인지 나처럼 외곽을 걷는 사람인지 모르겠지만 많다. 한 바퀴를 돌면 약 2㎞의 거리이며 2,500여 보가 된다. 건너편 길을 따라 걸어 돌았다. 애완 강아지를 이불(?)로 싸서 안고 또는 목줄을 한 강아지와 함께 운동을 하는 사람도 여럿이 보인다.

오늘도 자신과 공동체를 위하여 여러 가지 직종에서 성실하게 일하는 사람들을 새벽에 만났다. 단잠을 자야 하는 시간에 멀리까지 이동해서 일하는 그들이 간절히 소망한 바를 달성하기를 바란다. 쌀쌀하지만 행복의 도약을 위해 일하는 사람들의 기운을 가슴에 안고 사뿐 걸음으로 집에 돌아온다. 집 바깥을 한 바퀴 둘러보며 이상 유무를 확인하고 다시 옥상으로 올라가 이것저것을 살펴보고 쓸어낼 것을 쓸어내고 흐트러진 것을 가지런하게 정돈하고 오늘의 새벽 1만 보 걷기를 마친다. 2시간 동안 1만 4천보를 걸었다. 기분이 상쾌하다.

(2020. 11. 16)

코로나19와 특별한 단풍구경

오늘도 아침에 동네 골목을 한 바퀴 돌았다. 동네 소공원과 아파트 단지 울타리에 있는 나무들이 여러 가지 색으로 갈아입었다. 바야흐로 가을이 깊어가고 있다는 것을 실감한다. 매년 가을이면 자연과 같이 숨쉬기 위해 야외의 단풍맞이 나들이를 가곤했다. 때가 맞으면 곡식이 익어가는 들판의 벼와 과일들을 포함한 오곡백과도 환상적인 볼거리다. 갈 때마다 다른 모습에 심취해 자연과 같이 즐기며 지나가는 바람에 떨어지는 낙엽을 보고 아쉬워하기도 했다. 가을에 단풍 구경을 하지 않으면 큰일이라도 날 것처럼 생각해 학교 동기생들의 여러 산악회나 사설 산악회나 여행사들의 나들이 시간 계획에 몸을 맡겨 하루 이틀씩 즐기곤 했다.

그런데 올가을은 야외의 가을풍경과 단풍 구경을 하지 못하고 겨울을 맞아야 할 것 같다. 당국의 코로나19에 따른 당부를 지키는 것이 나의 할 일이라는 생각으로 모든 활동을 접기로 했다. 그래서 동네 골목이나 집에서 걸어서 갈 수 있는 근처의 단풍을 즐기고 있다. 집에서 2~3㎞거리에 있는 양재천과 탄천을 3회 다녀왔다. 단풍 초창기의 푸른색이 완전히 가시지 않은 냄새가 나는 초가을의 단풍을 즐기고, 절정기에는 빨간색이 주류를 이루는 단풍을 보고 자연에 감사함을 전했다. 또 10여 일 뒤에 잎이 절반쯤 떨어져 길바닥에 빨강과 노랑 양탄자를 깔아놓은 늦가을에 가는 계절을 아쉬워하며 나를 뒤돌아보기도 했다. 그리고는 여기저기 동네 골목을 운동 삼아 걸으며 가로수나 소공원의 단풍을 본다. 뜯어보면 나름대로 환상적인 단풍을 볼 수 있다.

가을이 깊숙이 익어가는 오늘 밤 옛날 앨범을 꺼내놓고 사진을 보며 머리와 가슴으로 머나먼 곳의 단풍 구경을 한다. 과거에 구경했던 단풍을 그려본다. 가까이는 서울 근교의 산에 자주 올랐다. 멀리는 한라산, 설악산, 지리산, 오대산, 내장산, 대둔산 등 내로라하는 단풍이 좋다는 곳을 찾아가 많은 인파에 섞여서 즐기곤 했다. 그리고 사람이 많이 가는 유명 관광지가 아닌 곳을 다닌 적이 있는데 기억에 선명하게 오래 남는다.

30여 년 전 강원도 인제에서 근무할 때 본 양구와 인제 사이에 있는 광치령의 단풍을 잊을 수가 없다. 여긴 단풍나무도 아닌 잎이 큰 활엽수 떡갈나무가 무한정(?)으로 넓게 자리 잡고 있다. 떡갈나무가 벌겋게 물든 군락이 가을만 되면 생각이 난다. 산이 탄다는 수필을 어릴 때 읽은 적이 있는데 그 증거를 광치령에서 찾았다. 작가의 마음을 이해했다. 광치령 정상에서 본 구릉 같은 경사에 오후 햇빛 비친 나뭇잎이 활활 타고 있는 느낌을 받았다. 빛이 나는 짙은 주홍색의 떡갈나무 단풍을 잊을 수가 없다. 자연의 위대함에 감탄을 한 바가 있다. 언제 때가 되면 다시 가보고 싶다.

다음은 설악산 동남부에 있는 인제의 천연보호림의 진동계곡과 곰

배령 그리고 조침령 일대의 단풍이다. 지금은 많은 사람으로 동네가 몸살을 앓는다는 소식이 들리지만 그때는 심심산골인 계곡에 사람도 많이 찾지 않던 한가로운 동네였다. 30여 년 전 소나무가 많던 이 지역에 참나무 류의 각종 수종이 키 자랑을 하며 자라지만 역시 가을이 되면 주로 초록에 노랑과 빨강으로 화장을 하고 겨울을 맞을 채비가 아름답기가 그지없었다. 말로 표현이 안 되는 짓으로 예쁜 모습을 보여주던 단풍들이다.

조침령은 백두대간의 통과 지점이다. 고개가 높고 험해서 새가 하루에 넘지 못하고 잠을 자고 넘었다고 전하는 조침령(鳥寢嶺)이다. 양양과 인제의 경계이기도 한 이곳도 단풍은 곱다. 인제에 근무할 때 사랑니를 빼고 몹시 아팠는데 정신을 다른 곳으로 돌리자고 운전사와 둘이서 조침령의 험한 길을 오르고 내리다가 사람은 단풍에 빠지고 자동차는 바퀴가 도랑에 빠져서 차에 신경 쓰고 미느라고 치통을 몇 시간 잊은 적도 있는 추억을 가진 동네다. 지금은 그 밑에 양양 가는 고속도로의 터널이 뚫렸다고 한다.

다음은 양양에서 홍천으로 연결된 국도 56호선 구룡령로 주변의 단풍을 잊을 수가 또한 없다. 연어의 회귀 강이라는 양양 읍내 남대천에서 갈라진 후천의 이쪽과 저쪽을 번갈아 같이 올라가다 보면 도로 양쪽에 깎아지른 듯 급경사의 산들이 하얗고 검게 보이는 바위들과 낙락장송이 어울려 있는 모습이 감탄이 절로 나온다. 그 사이사이에 있는 활엽수들의 겨울 준비를 위해 잎을 떨어뜨리기 직전의 홍당무 같은 얼굴에 미소 띤 모습의 황홀경은 사람을 홀라당 빠지게 한다. 중간에 있는 삼봉약수와 갈천약수는 흥분된 관광객의 가슴을 식혀 주기에 충분하다. 두 약수는 약효가 탁월하다는 소문이 자자하다.

갈천약수는 양양군에 있고 삼봉약수는 홍천군에 있다.

양양과 홍천의 경계이고 도로의 정상인 구룡령에서 북쪽을 바라보거나 남쪽을 바라보거나 모두 기가 막히게 아름다운 한국화 한 폭의 진수를 보는 듯하다. 구룡령 정상에서 북쪽으로 흐르는 천이 양양 남대천으로 가는 후천이고 남쪽으로 흐르는 천이 인제 소양강으로 가는 내린천이다. 두 천 모두 자연에 좋은 일을 하는 유명한 천이다. 구룡령에서 남쪽으로 내려가다가 삼봉약수 입구 남쪽을 지나면 요즘에 유명해진 홍천은행나무숲이 있다. 가을에 많은 사람이 노란 은행나무를 보고 즐기는 곳이다. 56번국도! 때를 잘 만나면 100리 이상을 단풍에 빠져서 머리를 세탁하고 나올 수 있는 곳이다. 다시 꼭 가보고 싶은 곳이다.

서울 근교와 둘레 길에 포함된 북한산, 도봉산, 수락산, 불암산, 용마산, 아차산, 고덕산, 일자산, 대모산, 구룡산, 청계산, 우면산, 관악산, 봉산, 앵봉산과 서울 도심의 남산, 인왕산, 안산 등과 동네 뒷동산 어디를 가도 아름다운 단풍을 볼 수 있다. 우리 동네는 왕릉에도 어디 못지않은 단풍을 가지고 있다. 특히 500년도 더 된 은행나무의 노란 잎은 그리움을 주고 떨어진 바닥은 포근함을 준다. 아울러 서울 시내 동네를 쓰다듬고 한강으로 흐르는 안양천, 중랑천, 탄천, 양재천. 홍제천, 불광천, 청계천 등의 하천 둑에도 가을이 익어가면서 수많은 이름 모를 나무들이 오색 단풍으로 물들어 보는 주변 사람들을 무한정 즐겁게 해주고 있다.

그곳에서 즐기고 놀았던 기억을 불러내어 마음과 가슴으로 형광등 밑에서 단풍을 즐기는 마음으로 2020년과 2021년 가을을 보내고 있다. 또한 우리나라 한 바퀴 걸어서 돌 때 2018년 가을에 만난 전라북

도와 전라남도 바닷가를 연한 산과 들판의 황홀한 풍광도 잊을 수가 없다. 우리나라는 금수강산이다.

벚꽃은 봄에 하얀 꽃으로 사람을 매혹시키고 여름에는 시원한 그늘을 만들어 오가는 사람들에게 휴식처를 제공하고 가을에는 잎들이 벌겋게 물들어 사람들을 즐겁게 해주는 신 단풍이다. 서울지역은 한강으로 흐르는 천변에 많다. 안양천, 중랑천, 탄천, 양재천, 홍제천, 불광천 등에 벚나무가 많다. 가을의 단풍들은 차가운 겨울을 맞을 우울한 기분을 갖는 사람들에게 밝고 맑게 정화해주는 고마운 나무다. 나무들은 겨울에 옷을 벗는다. 어쩔 수 없이 벗어야 하는 옷을 벗기가 부끄러워 얼굴을 빨갛고 노랗게 붉히며 수줍어하다가 단풍 되어 살며시 바람에 떨어지는 것이 낙엽이다. 수십 년 전에 찍은 사진들이 돋보기를 써도 잘 보이지 않는다. 인생무상을 곱씹으며 눈을 감고 멀리 남도 담양의 빨간 메타세쿼이아 길을 떠올려 다시 한 번 단풍 구경을 하며 앨범을 덮는다.

(2020. 11. 16)

가을의 맛

가을이 성큼 왔다. 며칠 전 우리 집에도 김장을 했다. 아내가 주로 일을 한다. 힘이 드는 것을 토로하는 것을 보니 늙긴 늙었다. 작년에 김장할 때 내년부터는 하지 말자고 약속을 했다. 완성된 김치를 사서 먹자고 다짐을 했다. 그 내년이 올해 지금이 아닌가. 그런데 또다시 김장을 했다. 재작년까지 재래시장에서 배추와 무를 사서 직접 칼질을 하고 소금으로 절이는 것부터 했는데 작년부터 절임 배추를 사서 김장을 한다. 절임 배추 사는데도 여러 곳에 알아보고 따져보고 산다.

절임이 생략되더라도 할 일이 많다. 그리고 힘이 든다. 왜 하느냐고 물으니 아무리 생각해도 김치를 사서는 못 먹겠단다. 그리고 특히 둘째 손녀가 할머니 김치만 찾아 먹는단다. 학교급식에서도 김치는 안 먹는단다. 손녀 때문이라도 담가야 한다는 것이다. 올해까지는 보태는 힘이 될 것 같아 시작했는데 역시 힘이 든다고 한다.

김장하는데 내가 하는 일은 마늘과 파의 껍질을 까는 일이다. 몇 년 전부터 내가 전담으로 하고 있다. 그리고 무겁다고 생각되는 모든 것을 들어 옮겨준다. 절임 배추, 무, 양념 그릇 등이다. 우리는 4층에 사는데 엘리베이터가 없는 집이라 일이 좀 된다. 마늘은 며칠 동안 몇 번에 걸쳐 나누어 조금씩 까서 모은다. 이번에는 한 번에 20~30통씩 5회에 걸쳐 깠다. 파 까는 것도 쉬운 일이 아니다. 쪽파 중에서 굵은 것은 4등분으로 쪼개기도 한다. 쪽파와 양파는 깔 때 어쩔 수 없이 눈물을 흘려야 한다. 파 3단과 양파 1자루를 하루 전에 깠다. 나에게는 눈물의 김치가 된다. 생강도 잘 까야 한다. 생강은 생김새가 베트남전 이야기에 자주 등장하는 미로의 땅굴처럼 이리 삐뚤 저리 삐뚤 복잡하게 생겨 껍질 까기가 장난이 아니고 어렵다. 그러나 반복해서 하다 보면 요령이 생긴다.

찹쌀 죽을 끓이고 무를 갈아 즙을 내어 넣고 초가을에 사놓은 고춧가루를 넣는다. 거기에 다시 각종 젓갈과 생새우를 넣고 홍 갓과 파를 절단하여 넣고 마늘, 생강 등을 다져 넣고 참깨를 넣고 몇 가지 효소액까지 혼합하여 김치에 바를 양념을 준비한다. 수십 킬로그램의 양이 장난이 아니다. 양념을 섞어 바를 장소로 옮기는데 혼자서는 못 들 정도로 무겁다. 무도 납작하게 잘라 배추김치 사이에 넣을 준비까지가 김장 준비과정이다. 양념 소를 배추에 넣고 바를 때는 큰아이 부부가 거들었다. 한쪽에서는 돼지고기 수육을 삶는 냄새가 코를 자극하는 구색을 갖추고 있다.

가을은 천고마비라고 한다. 가을에 먹을 게 많다는 말일 것이다. 가을은 풍요롭다. 이쯤 되면 남녀노소를 불문하고 당연히 엄마를 생각하지 않을까 생각한다. 이런 일을 할 때는 자연스레 어릴 때가 생각난다. 김장김치와 더불어 다양한 반찬들이 있다. 내 어릴 때 우리 집은 무를 많이 먹었다. 먼저 쌀밥에 쇠고기 뭇국이다. 작은 양의 쇠고기를 6명이란 많은 식구가 먹기 위해 무를 많이 넣고 물도 많이 붓고 국을 끓인다. 기름방울이 동동 떠 있는 맑은 쇠고깃국에 기름기가 좌르르 흐르는 것 같은 하얀 햅쌀밥을 말아서 숟가락에 가득 떠 적당히 익은 김장배추김치를 올려 먹는 맛이 기가 막히게 맛있다. 커다란 밥그릇에 고봉의 밥과 커다란 대접에 찰랑찰랑하게 뜬 국 한 그릇씩 받은 밥상 가운데는 김장김치인 배추김치와 깍두기가 쟁반 같은 큰 접시들에 한 가득이다.

다음은 무 조림이다. 무를 한입 크기로 납작납작하게 썰고 기름기 많은 돼지고기와 커다란 멸치를 넣고 불을 오랫동안 때면 무가 완전히 물러진다. 돼지고기는 녹아 없어지고 고기 기름이 배어서 진한 갈색의 무와 멸치만 남은 물기 없는 찌개 같은 조림이 된다. 정말 맛있다. 꼭 요즘의 초콜릿 같다. 이 무 조림은 차가운 기온이 도는 겨울에 차게 먹어도 맛이 그만인 우리 엄마의 대표적인 우리 집 특별식이다. 만들기가 그렇게 어렵지 않은데도 맛있다.

또 비교적 쉽게 담가서 빠른 시간 내에 먹을 수 있는 빨간색의 깍두기도 맛이 좋다. 김장하기 전 윗부분은 파랗고 아랫부분은 하얀 무를 뽑아서 채 썰어서 무쳐 먹는 생채는 싱싱하고 참기름 맛이 고소한 맛있는 음식이다. 무가 많이 들어간 갈치조림도 빠질 수 없는 우리 집 특식이다. 우리 동네는 내륙지방이라 다른 계절에는 염장 생선만 먹는다. 김장하는 가을 이때쯤에는 염장이 안 된 갈치를 먹을 수 있다. 겨울인데도 시원하게 먹을 수 있는 동치미도 무로 만드는데 참으로 맛있는 겨울 양식이다. 추운 겨울에 무가 들어간 생태찌개도 맛이 그만이다. 그러나 지금은 어머니의 손맛을 볼 수 없다. 요즘은 아내가 흉내를 내서 가을이면 꼭 구색을 갖추어 만들어 준다. 맛있게 먹는다. 고맙다.

시골에 살았던 우리 집은 아버지가 아마추어 같은 반 농사꾼이다. 2대 독자인 아버지는 상업을 주로 하시다가 집안이 망한 다음 40세가 넘어서 농사를 짓기 시작했다. 주로 논농사를 짓고 밭농사는 일이 복잡하다는 이유로 하지 않았다. 대신 집터에 딸린 텃밭이 수백 평 있어서 집 건물에서 10여m 떨어진 곳에 무와 배추 그리고 파는 매년 심어 김장하고 겨울 반찬거리로 충분했다.

처서 무렵에 무와 배추를 심는다. 씨를 뿌리기 전에 땅을 파 뒤집고 재래식 화장실을 퍼서 인분을 골고루 뿌린다. 이때 화장실 청소도 하는 것이다. 채소를 솎아서 먹는 곳은 뿌리지 않고 익혀서 먹는 채소 키우는 곳에만 뿌린다. 이게 거름이다. 온 동네가 모두 그렇게 했다. 또 다른 거름은 나무나 마른 풀 같은 땔감을 때고 나온 재를 거름으로 쓴다.

생활하는 집 바로 옆 텃밭에서 나는 인분 냄새가 코를 찌른다. 처음엔 참기 힘들 정도로 지독하게 강하다. 시간이 지날수록 무뎌지기 시작한다. 일주일쯤 뒤에 다시 땅을 파 뒤집고 골을 만들고 씨를 뿌린다. 싹이 트고 자라는 모습을 힘들이지 않고도 매일매일 보며 산다. 인분 뿌린 채소가 잘 자라는 것을 알 수 있다. 인분을 뿌리지 않은 채소는 초가을부터 채소밭에서 솎아서 반찬을 만들어 먹을 수 있다. 어릴 때는 데쳐서 나물로 만들어 먹고 된장국을 끓여 먹고 겉절이김치도 만들어 먹으며 가을을 보내고 추수가 끝나면 김장을 하고 한겨울을 보낼 준비를 한다. 김장이 한 해의 농사라고 했다. 월급 받는 직장인들의 보너스도 김장할 때 김장보너스란 이름으로 시작했다.

가을에는 살이 찌도록 먹는다. 우리나라는 사계절이 있어 상반기에 보릿고개가 있다면 하반기에는 쌀 고개가 있다. 우리나라는 주식이 쌀과 보리였다. 봄에서 여름으로 흐르면 보리가 나올 때까지 먹을 게 없고 하반기에는 여름 식량 보리도 끝나고 쌀이 나올 때까지 먹을 게 없다. 우리 동네는 논이 많고 밭이 적어 보리 수확이 적어 쌀 고갯길도 길었다.

우리나라 식량 중에서 보리보다는 쌀이 훨씬 많이 생산되고 1년 중 많은 기간을 쌀이 책임졌다. 기간이 길다. 가을!! 풍요의 계절이다. '더도 말고 덜도 말고 한가위만 같아라!'라는 말에 나는 '더도 말고 덜도 말고 가을만 같아라!' 하고 싶다. 긴 시간 동안 쌀밥을 먹을 수 있도록 말이지. 먹을거리의 원료를 생산하는 농부들은 가을을 기다리며 봄부터 열심히 일한다. 가을의 맛을 위하여 일한다. 그들에게 진심으로 감사한다. 그러나저러나 내년에는 진짜 김장을 그만하자고 다시 약속하며 마주보고 웃는다. 월동준비 끝이다.

(2020. 11. 16.『문학시대』137호 2021 가을호)

5.

추어탕과 그리움

낙엽을 쓰는 남자

사회가 안팎으로 복잡한 2020년이어도 어김없이 시절은 흐르고 흘러 가을은 찾아왔다. 가을은 즐길 거리가 많고 먹을거리도 많다. 그런데 올해는 다르다. 유명한 단풍 구경도 못 간 올해 가을이 아닌가. 우리 집은 옥상과 집 모퉁이에 꽤 많은 화분에 화초와 채소와 과일나무를 심어서 기르고 있다. 가을이 되면 화분에서 먹을거리도 나오고 나뭇잎이 물들어 볼거리도 있지만 힘들여 치워야 하는 치울 거리도 나온다.

여름부터 가을이 깊어질 때까지 특히 옥상 청소를 매일 해야 한다. 화초나 나무들이 떨어뜨린 낙엽을 쓸어내야 하는 일이다. 가을에 낙엽을 쓸다니 운치가 있어 보이지만 힘이 들기도 한다. 우리 집은 25년 전 지금 사는 집으로 이사 옴과 동시에 60여 개의 화분을 기르고 있다. 옥상에 40여 개의 화분으로 텃밭 흉내를 내고 녹색정원처럼 가꾸고, 집 모퉁이에는 화초를 심은 화분을 20여 개를 늘어놓고 기르고 있다. 옥상에 있는 여러 종류의 화분이 봄부터 녹색을 만들어 준다. 채소와 화초를 기른다. 채소는 봄부터 가을까지 시기에 맞는 모종을 심어 식용으로 사용한다. 쌈 채소와 오이 같은 종류는 여러 번 심어 봄부터 가을까지 수확하기도 한다.

채소는 5~6가지의 쌈 채소와 부추, 가지, 오이, 고추, 호박, 흰 민들레, 깻잎, 돌나물과 재래식 배추와 무 등이다. 화초는 재스민, 산호수, 광나무, 병솔나무, 철쭉, 영산홍, 비수리, 게발선인장, 알로에, 호야, 크라슐라 속, 성글러 크라슐라, 동양란, 4~5가지의 허브, 기생란, 사랑초 등이다. 과일나무는 산딸기, 대추, 체리가 자라고 있다. 집 밖 모퉁이의 20여 개의 화분은 주로 화초로 명자, 맨드라미, 꽃잔디, 채송화, 선인장, 백도라지, 방하, 달맞이꽃, 진달래, 작약, 분꽃, 기생란, 사랑초, 대추나무와 고추 등이다.

봄에는 심고 여름에는 비료나 영양소와 약을 뿌리고 철 채소는 뽑거나 따거나 벗겨서 먹고 가을에는 거두고 역할을 다하고 떨어지는 잎 즉 낙엽을 떨어뜨린다. 물은 시기별로 1~3일 간격으로 줘야 한다. 그러나 식물들이 생장하기는 환경이 열악하다. 주변의 높은 건물들이 그늘을 빨리 만들어버려 일조량이 적다, 특히 가을에 수확하는 나무 열매들은 열리기는 많이 열리는데 크다가 대부분 떨어져 버리고 가을에 따는 것은 몇 개 안 되기도 한다.

가을이 되면 화초나 나무들의 잎이 떨어진다. 쓸어내야 한다. 장마 기간인 여름에도 비바람에 떨어지는 잎을 쓸어내야 한다. 가끔 비라도 오면 이 잎들이 옥상에서 아래로 떨어지는 물파이프의 배수구를 막아버려 물바다가 되기도 한다. 언젠가는 미처 몰라서 바닥 청소를 하지 않았다. 비가 오는 여름에 옥상 바닥에 물이 10㎝가 넘게 고여서 곤욕을 치른 적도 있다. 그래서 비바람에 떨어진 잎들이나 생을 다하고 떨어지는 낙엽들을 아침마다 쓸어내고 있다. 낙엽 지는 나무를 굳이 따지면 대추나무, 산딸기, 체리나무, 재스민, 철쭉 등이 있다. 초가을에는 고추와 가지도 노랗게 물들어 잎이 떨어진다. 그때부터 쓸어내야 한다. 가을에는 한 달쯤 매일 아침에 나무들이 있는 바닥을 쓸어내고 있다.

집 현관에는 명자라는 꽃피는 나무 두 그루가 화분에 심겨 양쪽에 서 있다. 우리 집에 시집온 지 10년이 넘었다. 이른 봄에는 잎이 나오기 전에 뭉툭한 빨간 꽃을 피우고 이어서 연한 초록색을 보여 희망과 신비함을 주다가 여름에는 검푸르게 크다가 가을이 되면 낙엽을 떨어뜨린다. 집 뒤 모퉁이에는 대추나무가 세 그루 있다. 우리 집에 온 지 5년이 넘었다. 사방에 높은 집들이 서 있어 그늘이 져서 불쌍하다고 생각하며 물을 열심히 주며 보살피지만, 열매는 시원하게 열리지 않고 잎만 무성하다. 그래서 가을에 빗자루 질을 많이 해야 한다. 나무가 우거져 나뭇가지가 옆집으로 넘어가며 크다가 가을에는 잎이 떨어지는데 옆집 주인이 싫은 기색이어서 옆집 마당까지 쓸기도 했다. 올해는 옆집으로 넘겨진 가지를 미리 잘랐다.

옥상의 대추나무, 산딸기, 체리나무, 철쭉 등도 가을이면 잎을 떨어뜨린다. 여지없이 쓸어내야 한다. 이때 부부가 한바탕 입씨름한다. 낙엽을 모아 화분 흙 속에 묻어서 거름이 되도록 하자는 나의 의견에 쓰레기이기 때문에 버려야 한다는 아내의 말이 상충해서다. 나는 어려서 여름에 풀을 베어 모아서 퇴비를 만들던 기억이 있어서다. 나는 낙엽을 쓸어 모아 묻어놓으면 나중에 이를 본 아내는 모두 파내어 종량제 쓰레기봉투에 넣어 버리기 일쑤다. 누가 맞는지 모르겠으나 항상 내가 판정패다. 낙엽을 모아 말려서 불로 태우면 냄새가 좋고 쓰레기 취급도 안 받고 좋으련만 도심 한복판에서 흉내도 낼 수가 없어 안타깝기 그지없다. 낙엽이 있되 태우지 못하는 심정이 아리다. 머리와 가슴으로 낙엽 태우는 기분을 내면서 오늘도 낙엽을 쓸고 있다.

(2020. 11. 25)

나이는 숫자에 불과?

나이는 숫자에 불과하다고? 좋아하시네! 숫자만큼 정확한 게 없다. 내가 지켜본 결과다. 노인들이 어느 분야에서 노익장을 자랑하며 하는 말을 가끔 보고 듣는다. 김옥순 할미는 86세부터 그림을 배우기 시작하여 88세에 비싼 값에 그림이 팔리고 92세에 시인에 등단하고 95세에 자기가 그린 그림과 자기가 쓴 시를 접목하여 시화집을 출판했다. 그 책을 읽어보았다. 재미있고 인생의 의미가 담겼다.

또 방송에서 본 임종소 할미는 76세에 2년 전부터 보디빌딩을 배우기 시작해서 전국 대회에 참가해 2등이란 성적을 올리기도 했다. 캐나다인 스베닝센 씨는 84세에 남극에서 영하 20도 이하의 날씨에 진행된 아이스 마라톤 대회에서 42.195㎞의 풀코스를 11시간 41분 58초로 완주해 17개국 56명이 참가했는데 꼴찌에서 2등을 했다. 여러 분야에서 기상천외한 실력을 뽐내는 노인들을 많이 본다.

교사였던 황안나 씨는 60대 후반에 강원도 고성에서 전남 해남 땅끝 마을까지 국토 종단 완주에 이어 76세에 우리나라 해안가 한 바퀴 4천㎞ 이상을 매일 연속으로 걸어서 돌았다 한다. 이 이야기를 듣고 나는 2년 전에 우리나라 둘레 한 바퀴를 주말을 이용하여 걸어서 돌았다. 126일을 나가서 릴레이식으로 약 555만여 보 4,198㎞의 거리를 걸었다.

요즈음은 다시 국도를 걸어서 답사하는 중 코로나19로 중단하고 있다. 직접 해보니까 무척 힘든 일이다. 또 70대 내 친구는 우리나라 100대 명산의 등산을 마치고 다시 재도전하고 있다. 산을 계속 오르는 이유가 80세에 설악산 종주를 위하여 연습하는 중이라고 한다. 원대한 계획과 실천에 감동한다. 또한 94세인 송해 아저씨가 전국을 돌아다니며 일반인들의 전국노래자랑 사회를 33년째 보면서 건강한 모습을 보이는 것은 우리가 잘 알고 있는 부러운 일화다.

그런데 나는 숫자만큼 정확한 게 없다고 주장한다. 이런 일들을 아무나 또는 모두가 할 수 있는 게 아니다. 그래서 매스컴에 등장한 주인공들은 특별하기 때문에 소개가 되고 나오는 것이다. 송해 아저씨를 예로 들면 그 동갑 할배들이 얼마나 생존해 있으며, 어떤 일들을 하고 있는가? 생존자도 드물다. 같은 해에 태어나 90세까지 사는 확률이 5%라는 통계도 있다. 반면에 나이 생각하지 않고 무리한 행동을 욕심 부리다가 다쳐서 고생하는 사람들도 많다. 아예 저세상으로 간 사람도 있다.

나이가 많지도 않은 사람이 걸어서 산에 올라갔다가 헬기 타고 내려오는 뉴스도 가끔 본다. 병원에 가 보면 노인환자들이 천지다. 올해 65세로 노인이 되는 1955년생은 73만여 명이 태어나 2019년 말 현재 37만여 명이 생존해 있다고 한다. 노인 대접 받는 나이에 벌써 절반은 세상을 하직했다는 이야기다. 갈수록 생존자는 줄어들 것이다. 90세 이상은 나이별로 1천 명~1만 명 정도의 생존자가 있다는 통계다. 나이 숫자가 높아지면 지구에 살아남은 숫자는 점점 줄어들고 있다.

5~6년 전 언제부터인가 친구들과 만나서 얘기를 하다 보면 내일모레면 70이라는 이야기를 들으며 살았다. 특히 어렸을 때부터 알고 지낸 친구들과의 만남에서 더욱 그러하다. 그러나 귀에 들어오지도 않고 대수롭지 않게 생각하며 살았다. 아마 수년 전부터 이런 현상인데도 실감을 못 하다가 친구들이 하나둘 내 곁을 영원히 떠나는 일을 당하면서 정신이 번쩍 들었다.

아, 내년이면 70이구나!! 친구들이 병원에 입원했다는 소식을 들으면 마음이 더 심란하다. 그럴 때마다 의기소침해지고 초라하게 느껴져 힘이 빠진다. 외로움이나 고독을 경험하기도 한다. 이것도 나이 숫자가 높아져 나온 현상이다. 지금은 곧 80이란 이야기를 하는 친구도 있다.

70을 넘긴 우리 또래 친구들의 건강 상태는 여러 가지로 좋지 않은 환경을 가지고 있다. 내가 직접 보았거나 들은 경우와 관찰하고 살펴본 신체적인 면과 정신적인 면을 정리하면 다음과 같은 증상들을 가지고 있다.

1. 머리는 하얗게 변하고 머리카락 숫자는 부쩍 줄어들고 남은 머리카락도 가늘고 약해져서 힘이 없다.
2. 눈이 침침하고 잘 안 보여 목을 길게 빼고 인상을 찌푸리면서 사물을 살펴 겨우 본다.
3. 귀는 잘 안 들리고 들려도 가물가물 희미하게 들리기 때문에

대화를 할 때 목소리가 커져 주위에서 핀잔을 받기 일쑤다. 대화 중 말을 듣고 되묻는 경우가 많다.

4. 피부는 주름살이 깊어 쪼글쪼글하고 힘이 없을 뿐만 아니라 건조증이 생겨 가려움이 심해서 긁기 바쁘고 때에 따라서는 사람 힘들게 만드는 경우도 있고 검버섯 꽃이 필수가 되었다.
5. 허리 한두 번 삐끗해서 치료를 받지 않은 사람이 없을 정도로 요통을 호소하고 신경계통의 질환까지 겹쳐 고생한다.
6. 다리는 힘이 빠져 터덜거리며 떨리고 여러 관절이 성치 못하고 발바닥이 아파서 걸음도 조심해서 걸어야 하는 경우가 많아 활동에 제한을 받는다.
7. 손도 말썽이다. 손목, 어깨관절, 손바닥, 손가락이 아파서 하고 싶은 일들을 못 해서 속상해하는 사람도 많다.
8. 고혈압 당뇨를 포함한 각종 성인병으로 면역력이 떨어져 뭐가 어쩌고 뭐가 저쩌고 하는 신체적인 노화의 증상을 진단받고 약을 한 주먹씩 먹어야 하는 합병 질환을 갖고 지낸다.
9. 기억력이 감퇴하여 뇌 회전이 늦거나 금방 했던 일들을 잊어버리고 각종 소지품을 잊어버려 신세 한탄하고 울고 싶을 때도 있고 짜증을 부리게 되어 성질이 이상하게 변하기도 한다. 치매 걱정도 한다.
10. 노인이 되면 본인들은 모르고 남들이 아는 특유의 노인 냄새(?)가 난다. 어린아이들과 젊은이들이 싫어한다. 이걸 알아차리면 속이 많이 상하고 힘이 빠지기도 한다.
11. 고질적인 통증이다. 편두통을 포함한 이름도 어려운 한두 가

지 만성통증을 갖지 않은 사람이 없을 정도로 많으며 그들은 마음이 위축되어 활동에 제한을 받는 경우도 있다.

12. 치과 계통의 질환으로 먹고 싶고, 젊었을 때 먹었던 좋아하는 음식물을 제대로 섭취하지 못해 힘들어하는 사람도 많다. 인공 치아를 가진 사람도 많다. 치과 치료에는 건강 보험 적용 항목도 적어 비용도 많이 들어간다.
13. 식습관이 변한다. 음식물을 먹을 때 천천히 먹을 수밖에 없어 시간이 오래 걸리고 흘리기도 하는 등 부실하고 배변 활동이 지연되기도 하는 불편함을 겪는다.
14. 겉으로 드러난 신체뿐만 아니라 내장기관도 약해져 취침 중 화장실을 이용하게 돼 양질의 수면을 하지 못해 항상 피곤하고 면역력이 약해지는 사람도 많다.
15. 순발력이 떨어져 씁쓸한 경우가 많다. 걸음을 빨리 걷거나 무거운 짐을 옮길 때나 근력운동에 바짝 힘을 쓰지 못하고 균형을 잡아야 할 때도 잘못잡고 넘어지기를 잘한다.
16. 평소에 자신도 모르는 노약 증상들의 희귀성 질환을 앓고 있으면서도 잘 살피지 못하는 경우도 있다. 항상성인 자가 자연치유력도 떨어져 회복도 더디다.

나의 경우를 따져본다. 전에는 머리숱이 많고 뻣뻣해서 연탄불에 달군 고데를 해야 머리가 정돈되었다. 그러나 지금은 영 볼품이 없고 정수리는 가는 머리만 몇 개 있을 뿐이다. 눈은 한창때 2.0이었다. 지금은 0.5~0.8이라 한다. 지금 말을 잘 못 알아듣는다는 가족들의 핀잔을 많이 받고 있다. 얼굴엔 주름이 심하고 검버섯도 많고 온몸은 가렵다. 수년 전에 허리가 삐끗해서 혼이 나게 아팠고 지금도 방사통이라는 허리통증 진단을 받고 처방대로 걷기 운동을 하고 있다. 무릎도 시큰거릴 때가 있고 발바닥은 족저근막염이라는 병으로 수년간 고생하고 있다.

거기에 또 몇 년 전부터 어깨가 아프고 자유롭지 못해 병원에 다니며 물리치료를 받기도 하고 상체운동을 하는데 제한을 받는다. 기억력에 문제가 있는지 약속을 잊어먹고 난처할 때가 많다. 금방 했던 일도 아리송할 때가 있으며 단순 반복적인 일을 할 때 손가락으로 숫자를 헤아리는데 그것도 헷갈려 손가락을 굽혔는지 폈는지 알쏭달쏭할 때가 있다. 편두통이 있어서 통증이 올 때마다 괴롭고 약을 먹는다. 자다가 화장실을 한두 번 가야 한다. 조금 무거운 것을 옮길 때는 겁이 난다. 길을 걸을 때 조금 튀어나온 돌부리에도 걸려 넘어지기도 한다.

이런 고질병이나 증상들을 우리들은 대개 몇 개 이상 중복으로 갖고 있으면서 괴로움을 겪고 있는 나이, 숫자 높은 사람들이 많다. 한마디로 종합병원이라는 말을 들을 정도의 사람들이 많다. 치료나 고통의 진행을 늦추는 무엇인가 해봐야겠다는 생각이 들지만, 전문지식이 없다. 그러면서 문제가 있다. 의학이 발전에 발전을 거듭해 평균수명은 늘어난다는데 진료를 받으면 일부 질병은 완치가 안 되니 더 아프지 않게 또는 나빠지지 않게 관리나 잘하며 살라고 한다는 사실이다.

금방 목숨 떨어지는 일과 직접적으로 관련은 없다 하더라도 삶의 질이 말이 아니다. 그런데 우리들은 대부분 건강 문제나 살아가야 하는 방법에 대하여 어떻게 행동하여야 좋은 것인가를 잘 모르고 산다. 소싯적에 어른들이 작년 다르고 올해 다르다고 했는데 맞는 말이다. 공감이 간다고 말하는 친구들이 많다.

우리 세대 남자들에게 건강의 상징이고 '우정의 무대, 그리운 어머니 코너'에서 용사들의 눈물로 통하는 뽀빠이 이상용 씨도 계단을 오르내리다가 발목을 다쳐서 반깁스를 하고 방송에 나와서 여전히 재롱(?)을 떨고 있으나 보고 있는 나는 애처로움이 앞선다. 이 광경을 보면서 누가 뭐래도 실버가 된 나로서 사람의 생에 대하여 여러 가지를 생각하게 한다. 노인으로 대접받는 나이에 있는 사람들은 의식주를 포함한 모든 관련된 행동에 욕심을 부려 무리하면 절대 안 된다고.

지금 당장 영향이 없더라도 나이 숫자에 따라 부작용이 하나씩 찾아와서 차곡차곡 쌓이고 있기 때문이다. 그러므로 자기 몸과 마음에 맞는 운동과 취미생활을 찾아서 전문가들의 조언과 충고를 받아 가면서 살아야 한다. 의사들의 처방과 지시를 잘 따라야 한다. 나이 숫자가 늘면 고려해야 하는 것도 비례해서 많아진다. 절대 과신과 과욕은 금물이다. 누가 뭐래도 숫자만큼 정확한 게 없기 때문이다. 나이는 숫자에 불과하다고? 천만의 말씀, 숫자만큼 정확한 게 없다.

(2020. 12. 4)

이런 일이 다시는 없어야

누명을 쓰고 20년 동안 억울한 옥살이를 한 53세 윤성여 씨가 재심에서 무죄를 선고받았다. 이춘재 연쇄 살인 8차 사건의 범인으로 지목돼서다. 1988년 사건이 발생한 지 32년, 대법원에서 무기징역이 확정된 지 30년 만이다. 12년 전 출소 후에도 숨도 못 쉬고 살았다. 소아마비라서 발을 저는 장애인이다. 범인이 아니라고 말했지만 한 사람도 믿지 않았다고 윤씨는 말한다. 때리고 잠을 안 재우는 등 고문을 가했다고 한다. 여기에는 경찰, 검사, 판사, 변호사가 관련돼 있다. 당신을 왜 지목했다고 생각하느냐는 물음에 윤씨는 '돈 없고 빽 없고 힘없고 가진 게 없고 무식해서 아닐까?'라고 말한다.

지난해 이춘재가 '1986~1991년 화성·수원·청주 일대에서 발생한 미제살인사건 14건의 범인'이라고 자백하자 재심을 청구해서야 관계기관에서 관심을 가졌다. 여기에는 힘든 사람에게 법률적인 어려움을 도와주는 박준영 변호사의 노력도 한몫해 무죄가 된다. 당시 사건 담당 법조 공무원들은, 한 인생이! 한 가족이 죽어도 상관없다는 생각을 하는 사람들이다. 힘없고 돈 없고 배운 게 적으면 이래도 되는 건가. 사건을 수사한 사람들은 실적으로 잡혀서 승진도 한다는 수사관들이다. 한번 찍혀서 종결시키면 나중에 진범이 잡혀도 사과 한마디 없다. 그들이 대한민국의 엘리트들이다. 양심도 없다. 진범 이춘재는 사고 직후 자기가 왜 용의선상에 안 올랐는지 그 점이 이상하였다고 한다. 17년 만에 무죄 선고된 삼례강도 치사 사건도 판박이다.

32년이 지난 뒤에도 검사나 판사가 그 상황을 보아도 잘못된 재판이었음을 찾아냈고 선배들의 잘못을 사과도 했다. 그런데 생생한 현장을 목격하고 조사했던 검·판사는 무엇을 조사하고 수사해서 기소하고 재판을 했는지 이해가 안 된다. 윤씨는 당시 재판과정에서 1심에서 사형이 선고될 거라는 주변의 얘기를 듣고 일단 살아야 한다는 생각으로 수사 과정에서 고문 등 가혹행위로 조작된 내용을 인정하고 무기징역을 선고받았다. 이후 2심 이후에는 윤씨가 적극적으로 고문에 의한 자백과 조작된 진술 등을 항변했으나 검사, 판사, 변호사 등 수없이 많은 절차와 사람들을 상대하는 과정이 있었으나 인정을 해주지 않고 믿지 않았다. 계획된 각본대로 밀고 나가 한 인생을 망가뜨리고 말았다. 이 사건을 처리한 공로로 경찰 5명이 1계급 특진했다고 한다.

죄도 없이 20년간이란 긴 세월을 죽지 않고 성실히 생활해 모범수로 감형되어 출소하여 새 삶을 성실히 사는 윤씨에게 무한한 박수를 보낸다. 여기에는 박종덕 교도관이 믿어주고 격려를 해준 덕이 컸다고 한다. 어려서 열병을 앓은 후에 소아마비가 되어 장애인이 되었고 초등학교 3학년 때 엄마를 땅에 묻을 때 제일 많이 울었다는 이야기도 다른 사람에게서 들으면서도 자기는 잘 모르겠다는 사람이다.

14살 때부터 동네 농기구 수리소에서 일하던 중 하루 일과를 마치고 저녁밥 한 숟갈 먹다가 붙잡혀가서 20년 옥살이를 한 청년이 중년이 되어 출소했다. 출소 후에 반가워하지 않고 만나거나 보기를 꺼려하는 인상을 받았다며 친척들을 이해한다는 윤씨, 앞으로의 행복을 기원한다.

얼마 전 죄짓고 벌 받는 사람이 고급 술집에서 변호사와 검사 3명이 같이 술 마셨다고 폭로를 했다. 법조계에 대해서 잘 아는 교수들과 일부 언론과 그 죄인과 검사와 같이 술집에 참석하고 주선했다는 변호사는 극구 아니라고 반박했다. 죄인의 말을 믿느냐고 하면서 말이다. 그런데 여론에 떠밀려 같은 편인 검찰에서 수사했다. 그 결과는 사실이라고 수사 결과를 발표했다. 술값을 참석 시간에 맞추어 계산했다며 김영란법에 해당이 되니 안 되니 복잡하게 설명한 후 검사 1명만 처벌이 된다나, 어쩐다나? 기가 막히게 끼워 맞추는 사람들이다. 제 식구 감싸기! 황당하다. 그들은 머리가 역시 좋다. 솔로몬 형이 지금 대한민국에 살고 있다면 혀를 내두르고 두 손 들어 탄복하고 감탄을 할 것이다.

또 사법농단이라는 말이 나돌 때 사법농단 연루 사실을 조사한 검찰에서 판사 66명을 지목하여 처벌하라고 대법원에 통보했다. 검·판사는 역시 같은 편인데도 어쩔 수 없는 확실한 정황이 있어서일 것이다. 그것을 받은 대법원장은 이 중 10명만 징계를 청구했다. 그런데 징계 심의 중 대부분 면죄부를 받았다고 한다. 또 재판 거래를 한 판사들을 재판에 회부했으나 1심 재판 중인데 유죄를 받는 경우는 없는 것으로 나타난다. 판결하는 사람이나 기소한 사람이나 죄를 지었다는 피고나 피고를 변호하는 변호사나 모두가 같은 집단끼리 끼리끼리다.

일제 강점기부터 교육받고 법관이 된 올드들은 옛날 사람들이라 구습을 가져서 엉망의 법 꾸라지라 칭하여 어쩔 수 없는 인간들이라고 치고 싶다. 그러나 지금 50대 이하의 민주주의를 경험하고 신교육을 받으며 성장한 법관들은 적어도 자기들 선배들보다는 깨어있는 자들이라고 생각하였다. 그런데 모두가 똑같은 사람들로 보이고 행동한다. 70이 넘게 나이를 먹은 내가 볼 때도 통탄하지 않을 수 없는 일들을 보고 듣고 경험한다. 나 같이 나이 먹은 우리들도 생각을 바꾸어 살고 있는데 말이지….

법을 만들고 집행하고 판결하는 우리나라 높은 사람들과 돈 많은 집단과 언론의 나리들이 문제다. '노블레스 오블리주'라는 높은 사회적 신분에 상응하는 도덕적 의무를 지켜야 하는데 감히 거기까지 기대하는 것은 아니더라도 기본적인 상식으로 해석하는 선에서 이해가 되는 행동을 해야 하는데 특권과 편법 및 반칙을 더 하는 것 같다. 매일매일 우리가 보고 있는 현실이다. 법을 지키며 사는 것이 어리석은 사람들이나 하는 행위로 보는 것인가.

강한 사람들에게 한없이 약하고, 약한 사람들에게 한없이 강한 부도덕한 집단들이다. 죄를 지어도 자기들 끼리끼리 주고받는 도움으로 특혜를 받고 살아간다. 정치권의 수많은 범죄를 검사는 유야무야 시간을 끌더니 소식이 없다. 부끄러운지도 모른다. 오히려 큰소리와 활개를 치고 다닌다. 이런 일을 저지른 것을 명예로 아는 것 같다. 공중도덕 문제로 제지를 당하거나 자기 마음대로 잘 안되었을 때 '내가 누군지 알아', '높은 사람 나오라고 해' 등 막무가내로 사는 사람들이 이들이다. 자기들 생각대로 안 된다면 억지를 부린다. 자기들 마음 내키는 대로 살고 싶어 한다.

이런 사람들이 법과 나라를 걱정하는 말을 입에 올린다. 말과 행동이 너무 많이 다르다. 이런 사람들이 일을 제대로 해야 나라가 잘 되는데 걱정이 아닐 수가 없다. 나만 느끼는 감정인가? 이번 겨울 들어 가장 추운 날이라고 한다. 한 뉴스는 불행 중 다행이라는 생각과 또 한 뉴스는 씁쓸하고 우울함이 가슴을 아리게 하는, 같은 부류의 사건에서 영 다른 느낌을 받은 하루다.

(2020. 12. 17. 21:30)

결혼 45주년

12월 28일 오늘은 우리 부부 결혼기념일이다. 1975년 12월 28일 11시 결혼식을 치렀다. 결혼을 했던 시절을 생각해 본다. 호떡집에 불난 것처럼 갑자기 한 결혼이었다고 말할 수밖에 없는 결혼식이었다. 세 자식을 낳아서 길러 아들 둘을 결혼시켰는데 과정을 보면 우리 부부 결혼은 황당하기 그지없다. 45년 전 오늘을 그려본다.

결혼식이 있기 석 달 전 9월 하순에 전보를 받았다. 교통과 통신이 지금처럼 발달하지 않은 시기이며 전보통신의 마지막 시기가 아닌가 생각된다. 전보 내용인즉 '부친위독급속래'라는 간단한 문구지만 내용이 청천벽력 같은 충격이다. 당시 아버지 연세는 56세의 애매한 나이였다. 젊은 나이도 늙은 나이도 아닌데 아버지 친구들은 많이 돌아가시기도 했던 시절이다. 경기도 용인에 있는 부대에서 육군 대위로 군대생활 중 세 번째 부임지에서 근무하던 시절이다. 공중전화를 이용해 동네 이장을 통해 10월 1일에 내려가서 아버지를 뵙겠다고 연락을 했다. 2일 후면 10월 1일 국군의 날이며 쉬는 날이다.

9월 30일 퇴근을 하고 수원역에서 기차를 4시간 타고 한밤중에 고향에 들렀다. 집에 도착해 엄마를 부르며 방으로 들어가니 아버지가 아랫목에 누워계신다. 어디가 편찮으신지 안부를 여쭙는데 벌떡 일어나신다. 멀쩡하시다. 어머니는 늦게 저녁밥을 준비하신다. 저녁을 먹는데 아버지 하시는 말씀이 특별히 아픈 데는 없고 내일 선을 봐야 한다고 하신다. 중매쟁이를 통해 내일 약속을 잡았단다. 아버지 편찮으시지 않은 것은 천만다행이나 어이가 없는 일이다. 선보러 오라고 하면 올 것 같지 않아 전보를 보냈다고 말씀하신다. 그때 나는 26살로 결혼에 대해 한 번도 생각해본 적이 없었다.

이튿날 수원으로 올라가려면 기차를 타러 어차피 시내를 거쳐야 하므로 핑계 댈 방법이 없어서 가벼운 마음으로 만나 보기로 했다. 기차 출발 시간은 오후 1시 30분이다. 약속 시각이 12시라기에 맞춰서 약속 다방에 아버지랑 같이 나갔다. 어머니는 집을 보시고 아버지가 적극적이셨다. 시간이 되었는데도 여자가 나타나지 않는다. 어른 앞이라 말도 못 하고 기분 나쁜 내색도 못 하며 끙끙거리는데 30여 분이 지나서 기차 타러 가려고 일어설 찰나에 12시 30분쯤에 여자 쪽 일행들이 나타난다. 차 시간만 머리에 그리며 20~30분 앉아서 차 한 잔 마시며 얼굴만 쳐다보고 할 말도 못 찾고 '뭘 잘하느냐'는 단 한마디 물어보고 시간이 돼 다방을 나와 택시 타고 기차역으로 갔다.

며칠 뒤 사무실에 아버지가 전화하셔서 "지난번에 본 처녀가 어떻더냐?"라는 질문을 하신다. "괜찮던데요." 딱 이 한 말씀을 드리고 전화를 끊었는데 그게 결혼 준비에 들어간 한마디가 돼 버렸다. 사람을 딱 한 번 20~30분 보고 근무처에 와서 일하면서 까맣게 잊고 있었는데 아버지의 전화를 받고 남의 집 규수에게 이러쿵저러쿵 말할 수 가 없어서 얼떨결에 간단하게 괜찮다고 말했는데 결혼 승낙으로 받아 들이시고 준비를 하셨다. 26살의 자식 결혼을 위해 많은 사람을 놓아서 이야기하시면서 알아보던 차에 이 처녀의 소식을 듣고 각종 정보를 종합하고 살펴보고 동네에 가서 소문을 알아보고 옆집에 가서 지켜보는 등 상당한 기간을 살펴 진행하시고 나름대로 결론을 내고 나한테 연락해서 선을 보도록 하신 것이었다.

그리고 며칠 뒤 결혼식 날이 잡혔다는 전화다. 12월 21일이란다. 일방적인 통보다. 날벼락이다. 어안이 벙벙하지 않을 수 없다. 커다란 일이 벌어진 것이다. 우유부단한 내 성격 탓도 있겠지만 아버지 하시는 일에 반대할 줄 몰랐던 가정환경도 한몫을 한 것이다. 딱 한 번 20~30분 만나보고 결혼 날짜가 잡히는 기막힌 일이 벌어졌다. 그 규수는 나의 무엇을 보고 승낙하였는지 모르겠다고 생각하며 억울한 생각도 드는 것은 무슨 이유일까? 이런저런 생각을 해보니 참으로 바보 같았다. 날짜를 계산하니 2달 남았다. 내가 하는 결혼인데 내가 결정한 게 아무것도 없다. 심통이 난다. 그래서 날짜라도 바꿔야겠다는 생각으로 전화를 해서 그날은 바빠서 안 되고 일주일 연기하자고 했다.

그런데 그게 또 혹을 하나 더 붙이는 결과가 됐다. 또 연락이 왔다. 그날이 아주 좋은 날인데 그냥 보낼 수 없어 연을 맺는 뭔가를 해야 한다며 내려와 약혼이라는 뜻으로 사진이라도 찍어야한단다. 아무리 머리를 써도 좋은 생각이 떠오르지 않아 할 수 없이 아버지 명령에 따라서 내려갔다. 하루 전날 내려가 선을 본 처녀를 두 번째 만나고 처녀 집에도 잠깐 들러 부모님에게 인사를 드리라는 아버지의 엄명에 시킨 대로 하고 다시 올라왔다. 그날 둘이서 첫 데이트로 시내 번화가를 걸었는데 노점에서 커다란 곰 인형을 사달라고 했는데 안 사주었다는 말을 수십 년 후까지 들었는데 나는 잘 모르겠다. 아무튼 21일 일요일 날 사진관에서 사진을 찍었다. 그리고 바로 기차를 탔다.

결혼식을 원래 관광호텔에서 하기로 계획하고 청첩장도 나갔다는데 그 호텔이 영업정지를 당해 식을 할 수가 없어 다른 예식장에서 해야 했다. 신부한테 해준다는 결혼예물도 부모님이 다 알아서 하셨고 신부가 만들어 주는 신랑이 입어야 할 옷도 학교 다니고 있는 내 동생이 대신 모델이 되어 맞추고 준비했다. 나는 스스로 준비한 게 아무것도 없이 결혼식에 참석하는 사람이 되었다. 맞선을 보고 두 번인가 내려가 처녀를 만나고 결혼식을 올렸다. 초대하는 손님도 내 손님은 사무실에서 두 사람과 후배 한 사람과 대학 동기생 한두 사람이 전부였다.

나는 그때 직장에서 사무실 전체 업무 중에서 정부 예산을 취급하는 일을 혼자서 담당했다. 업무가 많거나 힘들거나 복잡하지는 않지만, 연말연시가 제일 바쁜 시기다. 해당연도 결산과 다음연도 집행계획과 다다음 연도 예산을 편성해서 신청해야 한다. 다른 사람이 도와줄 수도 없고 도움을 받을 수도 없는 오로지 나 혼자 해야 하는 일이며 주특기 업무였다. 사무실에서 축하하러 오신 두 분이 사진 찍으면서 내 귀에 대고 상부에서 다다음 연도 예산안을 1월 4일까지 보고하라는 연락이 왔다고 이야기해서 부담이 가중되었다. 사실 연말에 결혼한다는 것에 그리 좋아하지 않았던 사무실 상사였고 사무실 분위기였다. 그때는 신년 시무식이 1월 4일이었다.

아무튼 결혼식을 마치고 피로연인가 잔치인가도 신부 측은 모두 하고 내 친구와 손님 4~5명만 참석하였다. 식장은 예식장에서 하고 신랑 집에서 신행이라는 형식으로 2일 후에 다시 하기로 계획이 돼 있어서다. 그 당시 반 신식과 반 구식의 혼합이었다. 신혼여행이라고는 2시간 거리에 있는 항구 도시에 저녁에 시외버스로 도착해 하룻밤을 자고 낮에 시내 구경 좀 했다. 아마 날짜가 많이 주어지는 시간이 있었더라도 멀리 못 갈 입장이었다. 돈이 없었기에 말이다. 나는 그런 비용은 모두 남자가 준비한 것으로 알고 있었다. 그런데 수중에 돈이 전혀 없었다. 다시 신부 집으로 가서 신부 측 친척들과 인사를 나누고 저녁을 먹고 신랑 다루는 행사를 하고 하룻밤을 신부 집 안방에서 보냈다.

이튿날 택시 타고 신랑 집으로 가 구식결혼에 있었든 신행이라는 형식으로 아들 쪽 집의 잔치를 크게 벌이고 또다시 결혼식인 폐백이 진행되었다. 마당에 손님들이 온종일 북적거리고 아버지는 폼을 한껏 잡으셨다. 무엇을 어떻게 했는지 모르게 일은 끝나고 나는 결혼을 했다는 것이다. 그런데 나는 직장이 있는 곳으로 가야 하는데 아내를 못 데리고 혼자 가야 한다. 남편 없는 시가집에서 시부모와 6개월을 함께 살아야 한단다. 가풍을 알고 시부모가 음식을 먹는 간이라도 알아야 한다는 아버지의 주장이었단다. 이런 것도 나 없이 준비한 결혼 준비 때 결정한 포함사항이다. 50~60년대에 군대 간 병사가 휴가 받아 결혼하고 부대에 복귀하고 신부는 시가집에서 살았다는 이야기를 들었는데 꼭 그런 식이다. 그런데 막상 우리 부부는 부모님을 그 후에 모시지 못해 실습은 그것으로 끝이었다.

1월 3일까지 휴무지만 1월 4일까지 제출하라는 보고서 때문에 조기에 직장으로 가기 위해 1월 1일 처가에 들러 인사를 하고 나는 기차를 타고, 갓 결혼식을 마친 아내는 집에 가는 방향이 달라졌다. 며칠 전까지는 시내버스를 타고 자기 엄마 아빠가 계신 집으로 갔는데 그날은 시외버스를 타고 시내에서 10여㎞ 떨어진 시부모가 사는 우리 집 독수공방으로 가야 했다. 거기에 왜 동의하며 살았는지 지금 생각해도 모를 일이다. 이해가 안 됐다. 사실 이때부터 나는 오랫동안 부정적인 사고와 불만을 느끼고 살았다. 그 이유는 잘 모르겠다.

그 당시 우리 집이 있던 시골의 집이라는 게 집은 새로 지은 지 얼마 안 된 한옥이지만 부엌은 재래식이고 가마솥에 나무를 연료로 사용해 밥 짓고 군불을 때면서 나온 연기로 매워서 눈물과 콧물을 흘려야 했다. 수도도 집에 없어 50여m 떨어진 우물에서 물동이나 양동이로 길어서 쓰고, 화장실도 푸세식(재래식)이던 때이다. 계절적으로는 엄동설한이다. 전깃불은 있었다. 전기가 들어온 지 4~5년이 되었다. 도시는 대부분 연탄을 연료로 난방이나 취사용으로 쓰고 수도는 마당까지 들어와 있었던 때다. 도시와 시골의 식생활이나 주거 환경이 아주 달랐다.

그런 생활을 5개월을 했다. 그러는 동안 남편인 나는 한 달에 한 번 정도 내려갔다. 나는 전화도 없는 독신자 숙소에서 살았다. 76년 5월 중순에 집에 갔더니 어머니께서 보따리 싸서 데려가라고 하셨다. 아버지는 아니다, 6개월을 채워야 한다는 생각이시다. 어머니가 아버지를 설득하고 강권해서 다음 주에 데려가기로 하였다. 그런데 직장의 독신자 숙소에 살던 나이기에 살 집이 문제였다. 관사인 아파트를 신청한 것도 늦어서 언제 나올지 모른다. 일주일 동안에 셋집을 구했다. 주인과 부엌을 같이 쓰는 방 한 칸이다. 월세는 5천원이다.

5월 하순 토요일에 내려가 일요일 기차와 시외버스 타고 이사(?)를 했다. 이삿짐이 기억이 잘 안 나는데 두 사람이 두 손에 들고 온 짐이 다다. 숟가락과 젓가락과 그릇 몇 개와 이불이 몇 장에 아내의 옷이 몇 벌일 것이다. 그렇다고 돈이 많아서 현지에서 충분히 사서 쓸 수 있는 능력도 아니었고 그냥 밥만 먹고 살 정도의 살림이었다. 봉급은 13만 원쯤이었고 몇 달 전부터 적금을 8만 원 넣고 나머지로 살림살이를 했다. 그 전 3년은 봉급 받아 하숙비 내고 용돈 쓰면 없었는데 오일쇼크 후 봉급이 많이 오르고 독신자 숙소에서 살아서 하숙비가 줄어서 이 정도였다. 사과 궤짝 진열장은 우리도 예외가 아니었다. 둘이서 장만한 살림살이 1호가 선풍기다. 선풍기를 20년 넘게 가지고 다니다가 언젠가 목이 부러져서 아내가 버렸다는데 그렇게 아까울 수가 없었다.

이렇게 시작한 한 가정이 탄생하고 이어졌다. 그러는 동안 이사는 여러 번 했다. 용인, 성남, 용인, 서울, 서울, 서울, 원주, 진해, 광주, 철원, 서울, 서울, 서울로 이어졌고, 아내와 아이들은 88년 가을에 서울에 정착하고 나는 계룡, 서울, 인제, 논산으로 더 돌아다니며 9년을 주말가족으로 살았다. 여러 곳을 돌아다녔지만 자식들을 낳아 길러 지금 3남매 내외는 사회에 자기 역할을 하고 있다. 손자손녀까지 12명이 되었다. 이런 가정을 꾸리고 가꾸는데 아내의 역할이 무진장 컸다. 고생 또한 말할 수 없이 많았다. 우리 집에 기여도를 구태여 따진다면 아내가 90%와 나의 10% 정도일 것으로 생각한다. 두 부부가 아직 큰 병은 없으나 소소한 잔병이 몇 가지 있다. 아내는 손과 발을 세 번이나 수술했다. 나는 걱정만 하고 있다.

아버지가 "큰아들 장가보내기 위해 고르고 고른 규수다. 정말 살림꾼이라고 생각해 골랐는데 역시 살림꾼이다. 참 잘 골랐다. 고집과 주장이 좀 강하다. 반드시 잘살 것이다. 장담한다. 너도 협력해서 잘 살아라." 돌아가시기 전에 말씀하신 적이 있다. 맞다. 아버지 말씀이 맞다. 아버지 말씀을 들어, 내 주제보다는 잘살고 있다. 아버지는 내 결혼 후 22년을 더 사셨고 우리가 장만한 집에 오셔서 딱 1박을 주무시기도 했다. 지금 생각해 보면 나는 자식과 남편의 책임과 의무를 다하지 못했고 고생만 많이 시켰다는 생각만 든다. 45년을 살았다. 앞으로 얼마나 같이 더 살지는 모르겠다.

우리 부부 모두 70이 넘은 나이에 쉬고 살아야 하는데 우리는 황혼육아 중이다. 힘이 든다. 잘 버틸 수 있을지 걱정이 된다. 오늘도 아래층에 살던 항공사에서 일하는 큰아이네 가족 5명이 김포로 큰 집을 사서 이사를 하는데 아내는 참견해서 이런저런 일을 한다. 천성은 버리지 못한 것 같다. 천성대로 살아라. 나는 모르겠다! 결혼기념일을 축하한다고 해야 하나. 축하한다는 말 좋아하지 않을 것 같다. 45년간 희로애락을 같이 한 할 말이 많은 우리 부부다.

(2020. 12. 28)

걷기 예찬

걷자! 걷고 또 걷자. 2020년 걸음의 재미있는 계산이다.

벌써 2021년 1월 4일이다. 아직 2021년이란 말이 입에 부자연스럽다. 나를 아는 친구들은 나를 도보여행가라고 이야기한다. 도보여행가가 나도 싫지 않다. 우리나라 한 바퀴를 126회로 나누어 약 555만 보, 4,198㎞를 걸어서 돌았던 탓이다. 그리고 소싯적부터 걷기를 좋아했고 지금도 어디 갈일이 생기면 웬만한 곳은 걸음을 먼저 생각한다.

그 경험을 살리고 앞세워 이어서 야심차게 우리나라 남북으로 연결된 국도 1, 3, 5, 7호선 걷기를 시작했다. 2019년 11월 23일 먼저 1번 국도 최북단인 파주 통일대교에서 남쪽으로 출발했다. 1번 국도는 한반도 서쪽 지방을 달린다. 목포에서 서울을 거쳐 북한 신의주까지다. 서울 수원 천안 대전 논산 전주 광주를 거쳐 2020년 1월 19일 나주 영산포까지 릴레이식으로 15일 만에 전진하고 지금까지 중단되고 있다. 2020년 설 연휴부터 코로나 때문이다.

매일 코로나 확진자 숫자를 확인하며 내일은 오늘보다 낫겠지? 다음 주는 괜찮겠지!! 다음 달은 나갈 수 있겠지!!! 하다가 1년이다. 세월이 빠른 건지. 내가 게으른 건지. 공(空)치며 보낸 1년이었다. 목이 빠진 기분으로 매일매일 기다리고 기대하며 보냈다.

그렇지만 그 분위기를 잃지 않고 걷는 연습을 위해서 매일 1만 보 이상을 목표로 작정하고 매일 걸었다. 처음 1~2달은 손자 어린이집에 데려다주고, 나간 김에 집에 돌아올 때 일부러 1~2시간 동네 골목길을 걸었다. 꽃 피는 봄과 손자 어린이집이 문을 닫았을 때는 손자 유모차를 밀며 동네에 있는 왕릉이나 공원을 찾아 걸었다. 여름엔 좀 한가하게 느낀 한강 주변을 1~2시간 걸었다.

여름철 2.5단계 이후엔 밖에 나가지 말라고 한다. 생각에 생각을 거듭하다가 새벽 5~6시에 나가 동네 골목과 한강 주변을 연결해서 걸었다. 가을 이후에도 2~2.5단계가 유지되어 걸으러 나가는 시간이 새벽 5시 전후로 굳어졌다. 우리나라 한 바퀴나 국도를 걸을 때 새벽부터 걷던 경험도 살리면서. 특별히 못 걸을 일이 있는 며칠을 제외하고 매일 만 보 이상을 걸었다.

요즘 5시 전후는 꼭두새벽이다. 일어나기 싫을 때도 있다. 그리고 밖에 나가면 춥다. 그때는 새벽 기도 나가는 기독교 신자나, 새벽에 일어나 절하고 참선과 염불 등 예불하는 스님들을 생각하며 벌떡 일어난다. 스님들 수행이 이런 것인가! 하는 생각도 하며 아무도 없는 골목과 거리를 혼자서 걷는다. 2년 전 우리나라 한 바퀴 걸어서 돌 때와 1번 국도를 걷던 생각을 하면서 기분을 낸다.

하루 기온이 해뜨기 직전이 제일 춥다는 말을 실감한다. 겨울로 접어들어 5시쯤보다 7시가 넘는 시간이 더 춥다. 우리 동네는 지난 12월 하순 동지 무렵 일출 시각이 7시 50분경이었다. 5시쯤에 나가 7시 넘어 해가 뜨기 전에 들어온다. 우리나라 걸어서 돌기 할 때를 생각하며 걷는데 그때 한겨울에 남해안을 걸을 때는 바닷가에서 바람이 불어도 이렇게까지 춥지 않았다. 역시 북쪽인 서울이 춥다. 언제까지 동네만 걸어야 하는 환경이 계속될지 모르겠지만 계속 걸어야겠다.

재미있는 계산을 해보았다. 나는 숫자를 좋아한다. 숫자는 정확하다. 지난 1년간 걸은 걸음 실적을 계산해 봤다. 스마트폰 만보기 앱 4가지를 설치해 쓰고 있다. 2~3년 전에는 만보기 앱별로 체크되는 숫자가 다르게 표시되었다. 요즘 만보기 앱은 정확하다. 4개가 숫자가 똑같다. 매일의 숫자를 엑셀을 이용해 종합해 산출해 보았다. 계산해 나온 숫자가 재미있다. 2020년은 366일이다. 1일 평균 15,006보, 총계 549만 보다. 총계 숫자가 낯설지 않다.

걸음 총수가 1년 반 전 우리나라 한 바퀴 돌 때 걸었던 걸음걸이 숫자와 비슷하다. 이럴 수가? 거리는 생략했다. 숫자가 재밌다. 우리나라 한 바퀴 걸은 숫자는 555만 보와 거리는 4,198㎞다.

*2020년 걸었던 걸음 수를 결산해 보았다.

- 1일 걸은 걸음 수 집계

5천 보 이하: 3일
1만 보 이하: 8일
1.5만 보 이하: 181일
2만 보 이하: 156일

3만 보 이하: 13일
4만 보 이상: 3일
5만 보 이상: 2일
1일 평균: 15,006보
1년 총계: 5,492,442보

인생의 한 자락으로 깊게 남을 2020년이 지났다. 백우(百牛)라고 하는 2021년이 돌아왔다. 한겨울로 깊숙이 들어간다. 앞으로도 열심히 소처럼 인내심을 갖고 뚜벅뚜벅 걸어야겠다. 걸어서 남 주지 않는다. 기분은 수행하는 정신으로.

(2021. 1. 4)

폭설과 혹한을 이렇게 보냈다

2021년 신년 초 소나기 폭설과 혹한으로 세상을 덮어버렸다. 우리 동네를 기준으로 하면 13cm의 눈에 이은 영하 15도, 영하 18도, 영하 15도, 영하 12도, 영하 12도의 최저기온을 연일 낮추어 겁을 주었다. 기간 중 낮 최고 기온도 매일 영하 10도 아래에서 맴돌았다. 이번 겨울 들어 쌓인 눈으로는 처음 쓸게 하는 만큼의 눈이 폭설이고 이어 혹한으로 녹지 않아 많은 불편을 주었다. 수십 년 만의 기록이라고 한다.

1월 6일 저녁을 먹고 쉬고 있는데 밖에서 들어온 사람이 눈이 내린다 해서 확인해 보니 쏟아진다는 말이 맞을 정도의 큰 눈이다. 우리 집은 단독주택이라 양쪽에 접한 도로의 눈을 쓸어야 한다. 폭 4~6m의 골목길 30여m가 내가 쓸어야 하는 양이다. 이날 일기예보도 평상시와 같은 예보였기에 조금 내리다 말겠지! 생각하며 저녁이지만 눈을 쓸기 시작했다. '내 집 앞 눈 쓸기'를 매번 하고 있다. 30여 분 내린 것 같은데 5cm이상이다. 아래층에 사는 아들과 둘이서 쓸었다. 빗자루, 넉가래, 눈삽 등이 총동원 되었다. 그런데 30여 분을 쓸어도 눈이 멈추지 않는다. 시간이 좀 지난 후 약해진 눈발로 보여 소강상태라고 생각하고 마저 쓸고 집으로 들어왔다.

30여 분 뒤에 다시 나가서 상태를 확인하는데 쓸었던 만큼 또 내려 온 천지가 덮여 있다. 자동차 위에 쌓인 눈이 내가 어릴 때 아침에 잠에서 깨어서 본 장독대 항아리 위에 밤새 내려 쌓인 눈 같다. 조금 떨어진 곳에 약간 경사진 길에는 벌써 오르고 내리는 차들이 오지도 가지도 못하고 헛바퀴만 돌고 있다. 계속 눈을 쓸고 밀었다. 옆집 사는 이가 염화칼슘을 뿌리는데 출처를 알아보니 큰길 사거리 은행 앞에 있는 월동물품 보관함에 있다고 한다. 40kg 한포를 가져다가 일차로 눈을 쓸어내고 옆집 주변까지 염화칼슘을 뿌렸다. 기온을 확인하니 영하 5도 정도다. '밤새 녹겠지!'라고 생각했다. 하늘도 눈이 내리기를 멈춘 것 같다. 밤 9시쯤 눈 쓸기를 마쳤다. 집에 들어와 뉴스를 보니 서울 시내가 아수라장이다. 그리고 내일 아침 기온이 영하 15도란다. 걱정이 태산인 채로 밤을 보냈다.

이튿날 새벽 5시 전에 만 보 걷기를 할 것인지 눈을 쓸어야 할 것인지 결정하기 위해 방한복을 챙겨 입고 밖으로 나갔다. 불행 중 다행으로 어제 쓸고 난 다음으로 눈이 더 쌓이지는 않았다. 그런데 염화칼슘을 뿌린 길에도 전혀 녹지 않았다. 만 보 걷기를 하겠다고 몇 발자국 옮기는데 갈 수가 없다. 길에 눈 쌓인 것도 있지만 바람이 칼바람으로 모자를 쓴 머리에 뭐가 부딪히는 느낌이다. 50여 년 전 강원도 전방 산꼭대기의 군대 생활이 생각난다. 추위가 온몸을 휘감는 느낌이다. 집으로 돌아와 옆집으로 연결되는 길에는 눈을 쓴 자국이 없다. 넉가래로 우선 길을 트는 작업을 좀 했다. 그리고 일단 나온

게 아까워서 지하철역으로 가서 1시간 40여 분 동안 걷고 집으로 오는 길에 가까운 동네 한 바퀴까지 20여 분을 더 걸으며 눈길 상태를 확인하고 걷기를 마쳤다. 겨울 야외에서 걸을 때 마스크 덕을 톡톡히 보았다. 새로운 걸 알았다. 얼굴과 코를 막아주어 민얼굴보다는 방한 방풍 효과가 크게 좋았다.

한낮에도 영하 10도 이하인 하루를 보내고 이번 추위에서 가장 추운 날이라는 영하 18도의 다음 날에도 새벽 걷기를 위해 새벽에 집을 나서는데 전날 새벽보다 확실히 더 춥다. 도저히 나갈 수가 없다. 차가운 기운에 질려버렸다. 집에 들어와서 좁은 안방에서 걷기를 시작했다. 거실이 방보다는 넓지만, 옆방에서 자는 손자가 잠에서 깰까 봐 사용하지 못하고 5~6m 되는 방 공간을 조심조심 걸었다.

신발도 신지 않고 걸으니 발바닥이 불편해 슬리퍼를 신고 1시간 40분 동안 걸었다. 좁은 공간을 뱅글뱅글 돌고 돌아 11,000여 보를 걸었다. 혹한 세 번째 날 새벽에도 방에서 같은 행동으로 걸었다. 네 번째 날엔 밖으로 나갔는데 역시 추워서 지하철역에서 신세를 지며 새벽 만 보 걷기를 할 수 있었다. 새벽을 이상한 행동으로 보낸 한파 경보의 날들이었다.

서울에서 40년 전부터 살고 있는데 영하 18도 이하는 이번 겨울이 처음인 것 같다. 엎친 데 덮쳐서 눈까지도 한 번에 13㎝ 이상도 별로 흔하지 않은 기록인 것 같다. 북쪽이라 춥긴 추웠지만 이런 추위는 처음이다. 지역에 따라 10~50년 만의 한파라고 한다. 이상기후이며 온난화현상이라고 한다. 북극 일부의 바다가 더워서 얼지 않아 고기압이 확장돼서 찬 공기를 반대쪽 아래로 밀어버려 한반도까지 내려왔다는 기상 전문가의 설명이다. 온난화라고 하면 지구가 더워져 따뜻해지는 것만 생각했는데 그 따뜻해진 일부 지역의 영향을 다른 한쪽은 반대의 영향으로 혹독한 추위를 겪어야 하는 아이러니다.

2018년 최악의 폭염, 2019년 최다 태풍, 2020년 최장기간 장마, 2021년 초 10~50년 만의 혹한과 소나기 폭설 등의 재난들이 한반도를 강타하며 막대한 피해를 안긴 '이상기후' 현상이다. 이 모든 게 지구온난화 영향이라고 한다. 온난화로 탄소배출이 많은 결과라는 것이다. 배출된 탄소를 식물들이 흡수하고 산소를 배출해야 하는데 지구의 밀림 지역 식물까지도 벌목으로 난개발됐다.

난개발된 산림지역은 농토로 바뀌어 농작물을 생산하고 돈을 번다고 한다. 사람의 욕심은 한이 없다. 탄소 배출의 원인은 여러 가지가 있으나 그 내용을 비전문가인 나는 정확하게는 모르겠다. 기후 위기는 기상만의 문제가 아니고 생물들 특히 인간의 생존 문제다. 산업화와 기술발전으로 편리해진 삶, 그 과정에서 점점 병들어가는 지구라고 전문가는 말한다.

해결 방안은 자연과 함께 사는 것으로 생각한다. 최근 1~2백 년 동안의 발전이 인류가 살았던 수십만 년 동안 발전과정의 99.9%이상이라고 한다. 역으로 자연환경 파괴 속도도 그만큼 급격히 증가하였다는 말이다. 환경전문가인 윤순진 교수에 의하면 지구 종말 시계의 시간이 100초 남았다 한다. 전체를 하루 24시간으로 환산 계산하면 오후 11시 58분 20초까지 왔다고 한다. 864분의 1이 남았다. 0.1157%가 남았다. 이거라도 애지중지 관리 잘해서 후손들이 살길을 남겨야 한다.

우리만 살고 가면 되는 게 아니고 후손들도 살아야 한다. 우리 선대는 훌륭한 자연환경을 넘겨주셨다. 우리가 너무 많이 써버렸다. 과도한 욕망과 욕심 때문이다. 누가 우리에게 그런 과도한 권리를 주었단 말인가? 많이 먹고 몸이 무거워진 다음 살 뺀다고 찡찡대지 말고 적당히 먹고 가볍게 살자. 꼭 그리되어야 한다. 또 그게 덜 고통 받고 사는 길이다.

(2021. 1. 10. 『3사문학』 19호 2021. 10. 20)

모든 게 늙어버린 우리 집

어릴 때 '돈 떨어져, 신발 떨어져, 담배꽁초마저 떨어져'라는 흥얼거리는 말을 들었던 적이 있다. 지금 우리 집 형국이 그렇다. 우리 집은 모두가 늙었다. 사람은 부부가 모두 70 넘은 지가 수년이 지났다.

사는 집도 일반 주택인데 지은 지가 25년이 넘었다. 자동차는 18년째다. 냉장고는 24년째다. 거실에 서 있는 에어컨도 24년째다. 내 방의 TV도 10년이 넘었다. 내가 애용하는 전자레인지도 20년째다. 내가 주로 쓰는 개인용 컴퓨터도 10년이 넘었는데 고장이다. 다른 소소한 것들도 연식이 오래됐다. 하다못해 전기면도기까지도. 이 식구들이 여기저기 아프다고 야단법석이다. 사람을 포함해 모든 게 고물에 가깝다. 걸핏하면 고장이 나서 사람의 애를 태운다. 그러나 어찌어찌 임시변통으로 손을 대고 그들이 봐(?)줘서 간신히 사용되기도 한다.

우리 식구만 사는 집은 우리가 지어서 25년째 그대로 산다. 가장 흔하게 수리하고 정비하는 것이 도배와 바닥을 바꾸는 것인데 아직 한 번도 하지 않았다. 낡긴 했으나 담배 피우는 사람이 없어서 그런대로 괜찮다. 지은 지 10년여 후부터 비닐장판 바닥을 친환경 목재 제품이 새로 나왔다고 바꾸자고 하는 아내의 말에, 딸이 결혼하는 시기에 맞춰서 바꾸자는 나의 제안에 동의해서 그대로 지나고 있는데 아직까지 못 바꾸고 있다. 딸아이도 시집은 안 가고 늙어가고 있다. 인제 보니 늙은 게 또 하나 있구나.! 속이 터지고 탄다. 도배와 바닥을 바꾸는 시기가 빨리 왔으면 좋겠다. 두 자식은 가정을 꾸려 이렇게 저렇게 알콩달콩 잘 살고 있는 것 같다. 세월이 흐르니 수도꼭지와 보일러는 몇 번인가 바꾸었다. 현관에서 거실로 들어오는 출입문의 유리는 손자아이의 물건 집어던지기 연습(?)으로 깨져서 접착테이프로 양쪽을 발라서 버티고 있다.

아래층에 세 들어 사는 사람들 집수리는 들고날 때마다 크게 몇 번인가 계속하는 중이다. 1~2년 단위로 들락날락하는 방이라 소규모 수리는 계속하고 있으나 집안 구석구석이 아프다고 난리다. 들어오고 나갈 때 부딪혀 뭐가 벗겨져 보기 싫고 나갈 때 확인해 보면 사용 부주의나 잘 못 가동해 고장이 난 경우도 있다. 이번에도 구성품으로 들여다 부착해서 쓰는 부품들을 대폭 수리하고 바꾸었다. 문짝도 갈고 싱크대도 바꾸고 취사 열기구도 바꾸고 화장실 설비도 바꾸고 등 기구도 바꾸는 등 회계용어로 대수선을 하고 있다. 늙으면 죽어야 하는 것은 사람만 있는 게 아니다.

고장 난 제품을 전문가에게 수리를 부탁하면 수리비용이 더 들어간다며 차라리 바꾸라고 말한다. 또 부속품이 단종 돼 구할 수가 없다고도 한다. 출장 나온 서비스센터 기사는 명쾌한 해결 없이 웃으며 돌아서기가 일쑤다. 돈을 써야 한다는 것이다. 자동차는 아내가 운전

한다. 2003년에 내 생애 두 번째로 샀다. 1992년에 아내가 운전 면허시험에 한 번에 합격해서 기념으로 중형 중고차를 처음으로 사서 10년을 탔다. 고장이 잦고 부속품이 없다는 정비사의 말을 듣고 1~2년 더 사용하다가 2003년도에 폐차를 시키고 소형차로 새 차를 샀다. 지금까지 18년째 사용 중인데 작년에는 에어컨이 고장 났는데 부품이 단종 됐다며 수리를 할 수가 없어서 에어컨을 쓰지 않고 사용하고 있다. 여름에 에어컨이 안 되면 겨울에 히터도 안 된다. 집안 여건이나 쓰임새로 보면 자동차가 있어야 해서 어찌해야 할까 고민하고 있다.

냉장고와 에어컨은 1998년에 사서 지금까지 사용한다. 냉장고는 언제인가 고장이 났다. 수리 서비스센터 기사가 출장 나와 살펴보고는 너무 오래되어서 부품이 없어서 수리가 안 된다고 한다. 임시변통이라며 이곳저곳 청소를 하고 손을 봐주고 갔는데 몇 년째 쓰고 있다. 그러나 항상 조마조마했다. 아내는 바꾸자고 한다. 나는 아직 멀쩡하다며 반대하고 몇 개월을 조용히 버티는가! 했는데 아내가 일을 저질렀다. 어느 날 멋진 신형 회색의 양 문짝 냉장고가 하얀색 한 문짝 냉장고 자리에 바꾸어 서 있다. 아직 멀쩡하다고 한마디 하니까 딸이 사준 것임을 강조한다. 나이를 먹으면 자식 식구들이 나가 살아서 냉장고도 줄인다는 친구들 이야기를 들었는데 우리 집은 손자들이 집에 있어서일 게다. 어이 될 것인지 참! 그러나 내가 돈을 줘야 한다. 아직 아이들한테 받고 싶은 생각이 없다.

에어컨은 아직 큰 고장은 없었다. 왜냐하면 20여 년을 사용하지 않고 진열만 하고 있었다. 평소엔 시운전 정도만 하고 외부 사람이 참석하는 행사가 있을 때나 사용하고 살았다. 전기요금이 많이 나온다는 이유도 있지만 내가 에어컨 바람을 좋아하지 않는다. 비염이라는 코 질환도 있고 얼마 전까지만 해도 더위를 참을 만했고 선풍기로도 지낼 만해서이기도 했다. 2~3년 전부터는 손자들이 집에 있어서 사용하고 있다. 쌩쌩하게 잘 돌아간다. 여름철 전기요금의 변천으로 생각보다 그렇게 많이 나오지는 않은 것 같다. 그러나 연식이 깊어 조마조마하고 있다. 여름 되기 전에 점검을 받아야겠다.

집 지어 들어올 때 큰 돈 주고 들여 온 거실의 소파도 닳아 구멍 뚫어진 게 보인다. 모든 것은 늙는다. 쇠한다. 노후한다. 나이는 숫자에 불과하다는 사람도 있지만, 그들은 동년배들 중에서 극히 일부분이다. 대부분은 숫자만큼 정확하게 비례와 반비례로 나아가는 것이다. 어렸을 때는 나이를 먹어 갈수록 모두가 튼튼해지고 강해지고 성장을 하는 비례로 나간다. 성장을 멈추는 시기가 되면 수평을 이루어 평상적인 활동으로 유지하다가 어느 한계점에 도달하면 구성 부품이 하나하나 탈이 나기 시작한다. 약해지고 무너지고 부품 여기저기에서 삐걱대는 소리와 함께 기름칠을 요구하면서 성장이 뒤로 가기 시작한다. 반비례로 나아가는 것이다.

우리 집 노후된 제품들인 자동차나 개인용 컴퓨터와 전자레인지 등은 돈 주고 사다가 제자리에 놓으면 내가 살아가는데, 또는 어제까지 했었던 임무 수행에 전혀 지장이 없다. 그러나 사람이 망가지면 아무 소용이 없다. 대신 누구를 갖다 놓으면 되는 게 아니고 세상이 달라진다. 사다 놓은 제품들은 주인을 잃고 만다. 사람이 주인인데 주인이 없어지는 것이다. 사람은 고칠 수 없으면 새로 사다가 놓으면 되는 것이 아니란 이야기다. 고칠 수도 없고 갈아엎거나 바꿔야 하는 대상이 아니다. 늙어 노후화된 몸뚱이 조심조심 관리하며 살다가 조용히 마감하는 것이 옳은 일이다. 그게 주변 사람들에게도 부담 없는 삶일 것이다. 그리고 다음 세대로 이어질 것이다. 우리 집은 모든 게 더 늙어가고 있다.

(2021. 3. 3. 한국문학인 57호 2021. 10. 20)

건강검진

우리나라는 건강보험 제도가 잘되어 있다. 보험공단에서 매년 생년을 기준으로 하여 짝, 홀수년 해당자에게 건강검진을 하도록 하고 있다. 나는 매번 봄에 하다가 작년은 코로나19 때문에 망설이고 망설이다가 아이들의 아는 친구가 근무한다는 한국건강관리협회라는 국가기관으로 옮겨서 10월에 실시했다. 집에서 가깝기도 해서다.

작년에 검진을 받은 나는 기본으로 하는 외에 위내시경과 복부 초음파와 심전도 등 몇 가지 포함시켜 추가해서 검사를 받았다. 결과를 받아보고 상담까지 한 결과 혈압이 약간 높고, 총콜레스테롤과 저밀도 콜레스테롤이 수치가 높고, 약한 위염 증상이 보이고, 우측 신장에 낭종(물혹)이 발견되어 관찰이 요망된다는 이외는 정상이다. 신장 이외는 모두가 새로 발견된 사항이다. 코로나와 1년을 같이 한 일상생활이 제한된 활동의 결과로 판단하고 습관을 몇 가지 바꾸어 지내야겠다고 생각한다. 혈압 문제와 콜레스테롤 수치의 높음은 새로 증가한 이상 증상이다. 그렇지만 결론적으로 몇 가지 문제가 있으나 괜찮은 결과를 확인했다. 콕 집어내는 것이 전보다 몇 개 늘었다.

올해는 아내가 하는 해여서 지난 3월 하순에 작년에 내가 검진 받았던 국가 검진센터에서 실시했다. 아내는 아들이 비용을 꽤 많이 부담하고 추가 사항을 포함해서 거의 모든 장기의 정밀 검사를 했다. 나는 2시간 이내에 끝났는데 첫날 6시간과 둘째 날을 별도로 잡아서 위와 대장 내시경과 상담 등 5시간 등 11시간 이상 검진을 받았다. 이날은 수면 내시경 때문에 내가 동행을 했다. 그런데 2년 전보다 결과가 좋지 않음이 나타났다. 물론 2년 전에는 일반 검진과 위내시경 등 2~3가지만 추가해서 받은 것이지만.

검진 결과 종합 소견에 즉각 조치사항으로 갑상샘 초음파 결과 낭종과 결절이 발견되어 상급병원에서 진료 및 조직검사가 필요하다고 한다. 2차 추가 검진이 필요한 것은 심혈관 및 고지혈증 검사 결과 총콜레스테롤과 중성지방 그리고 저밀도 콜레스테롤의 수치가 높아 상담을 받으라 한다. 또 추적 검사에는 혈액질환 검사에서 혈색소가 증가했고, ALP(알카리성 포스파테이즈)가 높고, 심장 초음파 결과 삼청판 부전증과 이완 기능에 이상 소견이고, 경동맥 초음파 결과 경화반 소견 등으로 3개월에서 36개월 후 검사를 요한다고 한다.

정기검진 및 기타 사항으로 기초 및 신체 계측 결과 '청력 관리'가 필요하고, 흉부-CT 결과 '기관지확장증, 석회화 결절, CT(폐) 기타질환' 소견으로 정기적 검사가 필요하고, 상복부 초음파 결과 '경도 지방간' 소견으로 정기적 검사가 필요하고, 대사 생체나이 검사 결과 '관리'가 필요하고, 체성분 검사 결과 '체지방률이 높아' 관리가 필요하다고 한다. 골밀도 검사에서 '요추골감소증과 대퇴골 골다공증'의 결과가 나왔다. 전문 용어는 우리가 잘 알 수는 없으나 지적사항이 많다.

상담 시 상급 병원에 가서 갑상샘 진료 및 조직 검사를 하도록 진료의뢰서를 발급할 것이고 상급병원을 우리가 지정하면 예약도 해 주겠단다. 골다공증의 약을 처방할 것이고, 혈액과 대사 관련 교육을 받고 실천하며, 분야별 행동요령을 꼭 실천하고 3개월에서 36개월 안에 추가 검사를 하라는 결론을 내린다. 마음이 무겁다. 갑상선 조직 검사받으라는 것이 말이다. 그리고 골다공증 판정과 고지혈증 결과도 마찬가지다. 운동을 포함한 생활습관과 식생활과 식단에 관한 교육을 받는데 주문이 많다. 모든 게 내 책임인 것 같다. 그동안 염치없는 내 행동이 부끄러워진다. 삼성서울병원에 1주일 후 날짜로 예약을 하고 집으로 돌아왔다.

사실 아내는 거의 자기가 직접 식자재를 구하고 조리해서 집에서 주로 식사를 하는 편이다. 운동은 잠실 종합운동장 수영장에서 10여 년 넘게 평일은 매일 수영을 했고 가끔 걷기도 하는 등 기본은 했는데 코로나19 때문에 14개월째 수영을 못하고 있다. 걷기도 지난여름에 발바닥이 아파서 확인 결과 족저근막염 증상이 염려되어 쉬고 있는 중이다. 운동 부족이 건강에 어떤 결과 인가를 충분히 알게 되는 계기가 되었다. 나도 평일 매일 구청에서 운영하는 헬스클럽에서 운동하고 걷기도 매일 15,000보 이상 걷는 것도 잊지 않고 있는데 코로나19로 헬스클럽에 가지 못하고 있는지도 14개월째다. 코로나 물러가시기를 두 손 모아 기원하고 있다.

노심초사하며 시간을 보내다가 1주일 후 예약된 삼성서울병원에 가는 날이다. 얼마나 긴장을 하며 생각을 했는지 나는 두통약을 아침에 먹었다. 나는 고질병인 왼쪽 머리 편두통이 있다. 신경을 많이 쓰면 반드시 찾아오신다. 오후 4시에 맞추어 병원에 가는 길이 무겁다. 병원에 들어가니 사람들이 인산인해다. 과거 가끔 다니던 때가 있었는데 그때보다 진료실들이 많아졌고 환자들도 많아졌다. 물어물어 진료하는 공간을 찾아 등록하고 가지고 간 영상물도 제출했다. 공간을 둘러보고 확인하는데 갑상선과 대사증후군 전문이란 글씨가 보인다. 정해진 예약 시간보다 20여 분 지연이란 전광판도 보인다. 긴장 속에 기다리다가 시간이 지연되었고 또 진료 순서가 돼 오후 4시 27분에 담당 의사를 대면했다.

들어간 우리를 보고 환자 이름을 물어 확인하고 말없이 영상을 보는 의사 교수다. 아내와 같이 들어간 나는 의사의 얼굴을 뚫어지게 쳐다본다. 1~2분을 초조하게 기다린다. 꽤 길게 느껴진다. 어떤 말이 나올까? "그렇게 심각하진 않은 것 같습니다. 한번 지켜보고 6개월 후에 검사 확인하고 보도록 하겠습니다." 기절했다가 일어나는 기분이다. "감사합니다."를 연발했다. 인턴인지 레지던트인지 교수 옆에 앉아서 같이 보던 여의사가 웃는다. 웃는 모습이 예뻐 보인다. 그리고 고지혈증이나 골다공증 등 다른 사항은 집 근처 병·의원에 가서 상담을 받으라는 조언도 한다.

완전히 무결점으로 해결된 것은 아니지만 지금 당장 악영향을 미치고 수술이나 다른 진료 절차를 하지 않는다는 것은 우리 생각보다 심하지는 않다는 것이 아닌가 말이다. 아무튼 스트레스 안 받고 잘 지내면서 더 확장되지 않거나 자연적으로 치유되기를 바라는 마음이다. 혹시 잘 못 본 것은 아닌가라는 생각도 하지만 전문가 입장에서 몹시 나쁜 정도를 구별하는 정도는 알 것 아니냐는 생각도 한편으로 해본다.

골다공증 약을 지어서 복용하는데 1주일에 하나를 먹는다. 여간 신경 쓰이는 게 아니다. 공복에 먹고 1시간쯤 걸어야 한다는 것이다. 살다 살다 이런 약은 처음이다. 약효 때문인가 약이 너무 독해서 그런 것인가 또 다른 뭐가 있는가? 이유는 알 수가 없다. 환자가 시간을 못 맞추면 옆에 있는 사람이 확인도 해 봐야 한다. 또 먼저 먹었던 사람들 이야기를 들으면 매스껍고 구역질이 나는 기색 등 불쾌감을 동반한다는데 한번 먹어 본 아내는 그런 증상은 없다. 다행이다. 아무튼 불행 중 다행인 한 주일을 보냈다. 앞으로는 질서 있는 생활 패턴이 되었으면 좋겠는데 코로나19 아저씨가 문제다.

복잡하고 어렵지만, 운동도 하기 쉬운 것을 찾아서 하고, 먹는 것도 전부터 먹었던 것을 알맞게 먹는 습관을 기르며, 전문가인 의사의 말을 잘 들어야 한다. 6개월 후의 좋은 결과를 기다리며 열심히 살아야겠다. 건강해야, 아프지 않아야 집안 모두가 편안하다는 사실을 실감한다. 병원에 가지 않고 안전하게 살아야 하는데 그게 쉬운 일이 아니다.

(2021. 4. 15)

새하얀 세상을 만나다

두 달 전에 오른쪽 눈을 수술했다. 수술 후 처치를 하고 3시간 후 한쪽 눈을 가리고 병원을 나서 집으로 돌아가는 세상이 어둑어둑한 게 기분이 좋지 않았다. 집에 도착해서 시간에 맞추어 가린 안대를 풀었다. 세상이 갑자기 새하얗다. 맑고 밝다. 햇빛이 비치는 밖으로 나와서 여기저기 둘러보니 눈이 부시다. 수술 후 관리에 들어갔다. 두 달 후에 다시 이번에 왼쪽 눈을 수술했다.

절차는 지난번 수술 후와 같다. 세상이 맑고 밝은 다른 세상에 온 기분이다. 40대 이후부터 책을 보는데 돋보기를 쓰고 살았다. 컴퓨터로 글을 쓰는데 돋보기도 불편해 머리가 아프기도 했다. 잠시잠깐 불편했지만 눈이 좋아진다는 희망에 의사선생님이 하라는 대로 그 준칙을 꼭 지키며 수술 후 한 달씩을 조심조심 살았다. 지금은 다른 세상을 사는 기분으로 훤한 세상을 살고 있다. 의사와 의료 기술에 감사하다.

수술 전·후 관리가 꽤 신경을 써야 한다. 수술 전 3일 간 안약 3가지를 하루에 4번씩 넣어야 한다. 수술 후 병원에는 1일 후에 또 1

주일 후에 그리고 3주일 후에 가서 검사와 진료를 받아야 한다. 눈 수술 후에는 염증이 생기지 않도록 관리를 잘 해야 한다는 의사의 지시다. 그리고 1주일 동안은 하루 3번 약을 복용하고, 눈을 떠 있는 동안에는 2시간마다 안약 3가지를 5분 간격으로 넣어야 했다. 또 세수를 하거나 머리를 감을 수도 없다. 하루에 9번 안약을 넣었다.

다음 3주일 동안은 하루에 안약 2~3가지를 4회 넣어야 하는 불편함과 신경 쓰이는 일을 해야 한다. 처음 수술 때는 단 한 번도 어기지 않고 성실하게 의사 지시 사항을 시행했다. 두 번째 수술했을 때는 몇 번인가 안약 넣는 시간을 어겨서 마음이 불편하기도 했다. 최종 진료 시에 수술도 잘 됐고, 관리도 아주 잘 됐다는 의사의 결과 진단을 받았다. 6개월마다 검사와 진료를 받기로 했다.

내 몸 건강에 대해 특별한 증상이나 관심 없이 살아왔다. 눈의 이상 징후는 5년 전 겨울에 발견했다. 운전면허증 재발급 기간이 돼서 면허시험장에서 재발급을 위한 적성검사라는 절차로 이런저런 확인사항과 눈의 시력검사를 했다. 검사 후 담당관이 말을 한다. 1종 보통이 안 되고 2종 보통 면허증을 받아가란다. 이유를 물으니 시력검사 결과가 그렇다고 한다.

순간적으로 어이가 없다. 눈을 다친 적도 없었다. 이렇게 늙었단 말인가에 신경이 쓰인다. 기가 막힐 뿐이다. 날이 추워서 얼굴이 얼어서 부었고 눈물과 콧물이 흘러나와 앞이 잘 안보여서 그럴 수도 있으니 다시 한 번 해보자고 했다. 10여분 안정 후에 다시 검사를 했다. 결과는 역시 같다고 하며 2종 면허증을 받아야 한다고 한다. 단 꼭 1종 면허증을 고집하면 민간 병원에서 정밀 검사와 진단을 받고 검사결과를 가져오면 가능하단다. 충격 속에 그렇게 하기로 하고 그곳을 나왔다.

특별히 성인병을 포함한 고질병 진단을 받거나 한 사실도 없었고 다른 질병을 갖고 살지 않았다. 정신이 멍멍하고 기분이 허망하고 허전했다. 눈이 서서히 나빠지고 있다는 느낌은 TV 볼 때 자막이 흐릿하게 보여서 눈이 늙는다는 인지는 하고 있었으나 이렇게 나빠진 것을 모르고 살았다. 20여 년 전부터 책을 볼 때 돋보기를 쓰다가 5~6년 전부터 돋보기를 쓰지 않고 책을 보기도 해서 많이 나쁘지는 않을 것으로 생각했다. 검진도 2년마다 하는 건강보험공단에서 실시하는 건강검진만 받았다.

지하철을 타고 집으로 향했다. 중간에 환승을 했는데 반대방향으로 간다는 사실을 한 정거장 간 다음에 알았다. 이것도 황당했다. 일단 내렸다. 반대로 가는 차를 타지 않고 지상으로 나와서 집 방향 도로를 따라 걷기로 했다. 찬바람이 쌩쌩 부는 겨울 길을 무작정 걸었다. 400~500m를 걸어가는데 앞에 안과병원의 간판이 보인다. 안과 전문병원인데 꽤 이름이 난 병원이다. 잘 됐다고 생각하고 들어가서 진료를 등록 후 기계적인 검사를 받고 사람이 많아서 30여분 기다리는 사이에 몸이 풀리고 사람 생체 리듬이 정상으로 돌아 온 기분이었다. 내가 정한 의사 선생님을 만나서 자초지종을 이야기했다.

의사의 진료 결과 시력은 아직 운전면허증 1종 보통을 받을 수 있으나 백내장과 녹내장 초기 증상이 있으니 관찰이 필요하단다. 정기적인 검사와 진료를 포함한 관리가 필요하다고 한다. 눈을 보호하는 생활 태도와 주의사항을 듣고 6개월 후 날짜를 잡아 예약을 하고 돌아왔다. 그 후 6개월 ~ 3개월 단위로 병원을 다녔다. 1년에 한번은 정밀 검사도 받았다. 백내장, 녹내장, 황반변성 등을 포함한 눈에 관련한 전반적인 검사 등이다.

3년이 지난 후 즉 지금부터 2년 전에 백내장이 꽤 진행되어 쌓이고 쌓여서 이제는 수술을 생각할 때라고 한다. 백내장 증상이 있으면 일시적으로 눈이 좋아져 돋보기를 쓰지 않고 책을 볼 수 있다는 사실도 알았다. 그러나 나는 조금 더 쓰고, 한 번 더 쓰고를 반복하며 연장하다가 금년 초에 백내장이 많이 굳어서 더 기다릴 수가 없는 지경이라는 의사의 말을 들었다.

수술하자는 의사의 말에 겁이 나서 망설이며 한 달 한 달 미루다가 6월 하순에 수술 받을 검사를 하고 7월 초순에 더 심하다는 한쪽만 하기로 하고 오른쪽 눈만 수술을 했다. 그 결과는 충격적이다. 아주 잘 보인다. 세상이 새하얗고 맑고 밝고 선명하다. 나머지 눈까지 수술하면 더 잘 보이고 더 좋을 거라고 담당 의사는 말한다. 수술 후 생활하면서 그 경과를 보고 하는 게 좋겠다고 판단하고 남겨 둔 왼쪽 눈을 9월 중순에 수술했다. 아주 성공적이다. 그동안 TV를 보면 자막이 안개 속에서 보이는 것처럼 희미하고 뿌옇게 보여 답답함 속에 살고 있었다. 나이 탓이려니 하고 그냥그냥 무디게 생각하며 살았다. 그런데 지금은 머리카락이 보일 정도로 선명하게 보여 기분이 좋다. 다른 세상을 만난 기분이다. 좀 진작 할 걸 괜히 겁먹고 살았구나 하는 생각이 든다.

그런데 사람이 나이를 먹으면 신체적으로 변화가 하나하나 서서히 여기저기 나타난다. 제일 먼저 눈에 이상이 와서 안경 찾고, 머리가 숱이 적어지거나 가늘어지고, 피부는 쭈글쭈글해져 볼품이 없어지고, 여기저기 관절이 말썽을 부리고, 발바닥도 아프고, 귀에 들리는 것도 약해지고, 어깨를 포함한 손과 팔도 이상이 오고, 허리도 아프고, 혈압과 당뇨병도 찾아오고, 뇌의 기능이 떨어져 기억력이 감퇴하고, 면역력도 떨어져 희귀한 통증도 한두 가지 가지고 있고, 기력과 순발력도 떨어져 속상하고, 내장기관도 약해져서 약을 찾는 횟수가 잦고, 실버 특유의 성격변화와 고집스런 행동에 젖어서 산다. 젊은이들의 호평을 못 받는 등 삶의 질이 떨어지기도 한다. 느는 것은 입으로 하는 잔소리만 늘었다고 핀잔을 듣기 일쑤다. 나도 몇 가지가 해당된다.

여기서 생각해보면 우리나라 장·노년층은 몸에 이상이 있어도 말도 안(못)하고 병원도 안가고 참아가며 버티고 버티다가 기회를 놓치는 경우가 많다. 주변 사람들에게 부담을 줄까봐 숨기기도 하는 경우가 많다. 그러나 다시 생각해보면 몸의 이상을 발견하면 숨기지 말고 발전 일로에 있는 의술을 믿고 병원에 즉각 찾아가서 진료와 치료를 받아야 한다는 것을 알았다. 건강 관련 기관의 계획에 의거 정해진 절차에 따라 주어진 검진을 놓치지 말고 제 날짜에 검진하고 병을 발견하면 초기에 치료를 해야 한다. 초기에 발견하면 고치기도 쉽고 비용도 적게 들어간다.

(2021. 9. 23)

추어탕과 그리움

시월의 마지막 날을 하루 앞둔 토요일 지인이 살고 있는 파주의 민통선 북방에 있는 '해마루촌'이라는 마을에 다녀왔다. 임진강 가에서 군 검문소에서 검문을 받고 지인이 연락을 해서 들어갔다. 그야말로 조용하고 깨끗하다고 자랑한 고을에서 같이 간 친구 가족과 세 가족이 점심을 한국 재래식으로 들고 농사지은 밭으로 논으로 한 바퀴 돌았다. 맑은 하늘과 공기가 사람 살만하다는 느낌을 준다.

텃밭에서는 김장 무와 갓을 솎아서 다듬어 한보따리를 챙기고 마을을 한 바퀴 돌고 몇 년 전부터 우리 집에 쌀을 전적으로 대주는 논을 구경시켜줘서 둘러보았다. 청정한 환경을 자랑한다. 다음은 서리 맞아 비틀어져 낙엽이 된 것 같은 고추나무가 서 있는 밭으로 갔다. 따지 않은 빨강색 고추와 초록색 고추가 많이 매달려 있다. 가까이 가서 하나하나 살펴보니 싱싱하기가 한여름 한창 때나 마찬가지였다. 그대로 두면 마르고 썩어나가야 한다.

아까워서 따기는 해야겠는데 다른 일 때문에 시간을 못 내서 따지 못한다며 따가라고 밭주인의 하소연 겸 배려의 말을 한다. 같이 간 친구와 고추를 한 포대씩 땄다. 풋고추 몇 개씩 따기는 했어도 이렇게 많이 따보기는 난생처음이다. 우리에게는 고추 따기도 쉬운 일이 아니라는 사실을 알았다. 친구네는 초록색 풋고추를 주로 따고 나는 빨강색 고추를 주로 땄다. 집에 돌아와서 생고추의 꼭지를 따고 깨끗이 씻어서 분쇄기에 갈아서 가져온 무와 갓의 김치를 담갔다. 어렸을 때 어머니가 늦여름이나 초가을에 생 홍고추를 돌확에 갈아 담은 열무김치나 얼갈이김치가 생각난다. 맛이 그만이다. 나머지 고추는 갈아서 냉장고에 냉동 보관해서 필요시 양념으로 쓸 요량이란다.

생 홍고추 손질을 하던 아내가 마르지 않은 홍고추가 있으니 추어탕을 끓여야겠다고 한다. 사실 몇 년 전까지 가을맞이 추어탕을 꼭꼭 끓여 줘서 먹었는데 한동안 뜸했다. 요즘은 1년 내내 추어탕을 사서 먹을 수 있는 식당들이 많다. 그리고 추어탕 끓이기가 보통 복잡하고 어려운 게 아니다.

아내가 추어탕 끓이기를 시작한다. 생 홍고추를 분쇄기에 갈 때 들깨와 쌀을 합해서 갈고, 무, 배추 시래기와 말려 놓은 나물 몇 가지를 같이 삶아서 준비하고 미꾸라지는 재래시장에서 사와서 삶아서 으깨어 채로 받쳐 뼈를 골라내고 마늘 등 여러 가지 양념을 집어넣고 끓여서 먹었다. 청양고추를 곁들여 맛있게 먹었다. 추어탕을 몇 끼 먹으면서 어렸을 때 어머니가 끓여주신 추어탕이 생각이 났다.

내가 어려서 살았던 시골은 논농사를 주로 짓는 평야지대 동네였다. 사람의 손만으로 일하던 옛날은 벼를 베기 직전에 논을 말려야 한다. 논의 물을 빼기 위해서 논두렁 옆의 벼 포기들을 뽑아서 옮겨 배수로를 만든다. 그 때 벼 포기 진흙 속에서 배가 노랗게 물든 힘센 미꾸라지가 나온다. 또 논에 물이 들고 나는 논두렁 옆 수로에는 풀이 우거진 속에 미꾸라지와 붕어가 살고 있다. 여름에 큰비가 내리면 집 마당에도 굵고 배가 노란 미꾸라지가 모인다. 농사 다 짓고 물이 필요 없을 때 저수지를 청소하고 정리할 때도 민물고기가 많이 잡힌다. 이 때 미꾸라지와 붕어를 잡아 미꾸라지는 추어탕을 끓이고 붕어와 우렁이나 다른 물고기는 영글기 시작한 호박을 따서 조림을 해서 먹는다. 초가을부터 늦가을까지 2~3회 진행한다. 맛이 기가 막히게 좋았다.

우리 어머니는 추어탕을 잘 끓이셨다. 아버지가 추어탕이나 민물고기조림을 무척 좋아하셨다. 우리가 살던 곳이 바다와 멀어서 바닷고기는 염장한 고기만 먹었고 민물고기를 주로 먹었다. 나를 포함한 4남매 자식들도 아버지처럼 추어탕을 좋아했다. 그래서 어머니는 매년 때가 되면 꼭 끓이셨다. 그런데 희한한 게 어머니는 추어탕을 잡수시지 않는다. 이유는 생김새가 길쭉한 게 뱀 같아서 징그러워 그렇다고 하셨다. 그 당시 고무장갑도 없던 시절이다. 맨손으로 주물럭거려야 한다. 그런데도 가족들을 위해서 모든 것을 감수하고 추어탕을 끓이셨다. 어머니가 추어탕 끓이시던 모습이 생생하게 떠오른다.

미꾸라지를 2~3일 맑은 샘물에 담가 진흙과 이물질을 뱉어내도록 한다. 마지막에는 소금을 뿌려 해감을 해서 마지막 이물질을 뽑아낸다. 호박잎으로 문질러 씻으며 미꾸라지의 미끈미끈 점액질도 벗겨낸다. 가마솥에 장작불로 삶은 다음 건져서 체나 구멍이 작은 대바구니에 넣고 바가지로 문질러 으깨면서 밑으로 흐르는 진액의 물을 계속 반복해서 다시 부어서 걸러낸다. 뼈만 남을 때까지 반복하면 미꾸라지 살이 뭉개진 진국 육수가 된다.

다음은 식물성 재료와 양념을 준비한다. 배추나 무를 삶아서 맑은 물에 담가 독한 기를 우려 빼낸다. 그 외 고사리나 토란 줄기 등 말린 나물을 불리고 깻잎이나 대파를 준비한다. 다음은 생 홍고추를 돌확에 돌주먹으로 갈아 낸다. 이 때 멥쌀과 껍질 있는 들깨 그리고 마늘과 생강을 혼합하여 간다. 각종 양념을 준비한다. 쪽파와 매운 풋고추, 된장, 소금 등이다. 준비된 재료들을 모아서 가마솥에 넣고 마른 장작으로 불을 땐다. 그때는 잘 못 먹고 살 때라 그랬는지 돼지고기 기름을 약간 넣어 국물이 부드럽기도 했다. 어머니는 추어탕을 드시지 않지만 간이 기가 막히게 맞다. 큰 대접으로 한 그릇씩 안겨주신다. 정말 맛있었다. 그 생각이 아련하다.

이 맛을 아내가 이어받아 수년 전까지 가을이면 계속 끓여 주었다. 그 뒤 식당에서 쉽게 먹을 수 있어서 이용하는 바람에 집에서 요리하는 걸 잊어버렸는데 생 홍고추를 따오는 바람에 아내가 생각을 해 수고를 했다. 전에 끓일 때 생 홍고추가 없을 때는 마른 고추를 물에 불려서 대용으로 쓰기도 했는데 생 홍고추를 본 순간 추어탕이 생각난 모양이다. 아내의 노고 덕에 옛 추억도 떠올렸고 맛있는 가을을 맞았다.

(2021. 11. 11)

자격증

내 방을 청소하면서 지금은 TV가 위에 놓여있는 문갑(文匣)도 닦으면서 문갑의 서랍과 공간을 확인해 보았다. 꽤 오랜만에 열어보았다. 모두가 나 혼자 넣어둔 비밀 상자 같지만, 호기심이 생기고 궁금했다. 그 자리에 주저앉아 내용물을 끄집어내어 하나하나 열람(?)을 해보았다. 내가 직장생활 때 쓴 비망수첩, 월급봉투와 명세서, 훈·표창장, 훈장 정장・금장・약장, 각종 기장, 국가유공자증・명패, 각종 자격증, 참고로 사용했던 법규나 규정집, 책상에 놓였던 직위명패, 위촉장 등등이 들어있다. 수십 년 동안 내 손을 거쳤던 종이 제품들이 한가득이다. 내 역사가 모두 들어있다.

갑자기 이것들을 어찌해야 하는가? 하는 생각으로 멍하니 쳐다보다가 조금 더 두고 후에 정리하기로 혼자서 결정하고 그중에서 자격증들을 들춰보았다. 50년이 훨씬 지난 것도 있고 5~6년 된 것도 있다. 그냥 낱장으로 된 것도 있고 값어치 있게 보이는 진청색 우단(羽緞) 같은 천으로 씌워진 케이스에 들어 있는 것도 있다. 나름대로 힘들여서 받은 것도 있고, 참석만 열심히 해서 받은 것도 있다. 하나

하나 살펴보니 받은 절차와 과정들이 머리를 스치며 웃음이 나는 것도 있고, 주름살이 가는 것도 있어 한참을 추억에 잠긴다.

우리나라는 6·25 이후 폐허에서 경제와 민주화를 동시에 성공한 나라라고 한다. 민주화는 독재시대부터 수많은 사람이 목숨 바쳐 투쟁한 결과를 국민들이 받아들이고 원해서 이루어졌다. 아울러 경제는 모든 국민이 잘살아보겠다는 일념으로 공부하고 일하고 건설해서 이루어졌다. 여기에 일하는 사람들이 각 분야에서 필요한 교육을 받고 산업체에 나가 일한 덕이다. 경제 발전 정도에 따라 조금씩 어려운 기술력이 사용돼 전문적으로 배운 기술이 필요했다. 우리가 잘 아는 변호사, 의사, 변리사, 간호사 등 모든 전문직도 자격증이 있어야 한다.

잘 알다시피 산업화 이후 각 분야에서 기술적인 교육을 시킴과 동시에 산업체에서는 기능별 숙련공이 필요했다. 그래서 국가에서, 학교에서, 각 단체에서, 군대에서, 기업에서, 사설학원에서 전문기술자를 양성하는 데 매진했다. 일정한 교육을 받고 시험과 소정의 절차를 거쳐서 국가나 지방자치단체에서 이를 인증하는 자격증을 교부했다. 자격증을 앞세워 취업하고 또는 근무하면서 좋은 대접을 받는 것이 필수였던 시기도 있었다. 그 자격증이 어떤 이의 삶을 바꾸거나 운명을 바꾸기도 했다. 나도 상업고등학교에 다니면서 자격증을 획득하였다. 고등학교 시절 제일 먼저 주산과 부기 능력을 인정받아 자격증을 받았다. 주산은 9급부터 8단까지 나누어져 있고 부기는 3급부터 1급까지였다.

군대 갈 때도 자격증이 있으면 해당 분야에서 근무하도록 했다. 공무원도 자격에 따른 능력별로 모집한다. 직장도 자격 여부에 따라 같은 직능에서 일할 일꾼을 뽑는다. 이런 능력을 검증받는 것이 자격증이다. 같은 부문의 과목을 시험 보고 일정 수준의 점수가 돼야 합격한다. 나의 최초의 자격증은 주산 2급(1968년), 주산 1급(1969년), 부기 3급(1969년), 주산 1단(1969년), 부기 2급(1973년)의 합격증을 받아 자격의 능력을 인정받아 필요에 따라 사용하였다.

그 후 국가에서 자격인정을 통제하거나 남발을 막고 체계적인 관리를 위하여 법을 제·개정하였다. 기존 보유자는 변경된 국가기술자격증으로 갱신해 주었다. 이후 직업능력개발훈련을 시킬 수 있는 교사가 필요해서 기존 자격증과 능력의 보유자에게 체계적인 교사 양성을 위한 제도 변경으로 나는 한국기술대학교 능력개발원에서 교육을 받고 수료 후, 노동부장관 명의의 직업능력개발훈련교사 자격증(상업 3급)을 받았다. 이후 또다시 법이 바뀌어서 소관이 고용노동청장으로 전문적인 체계로 바뀌면서 과목도 세분화 됐다. 상업 3급이 없어지고, 회계 3급, 재무 3급, 일반판매 3급, 생산관리 3급, e-비지니스 3급으로 발급받았다. 1개가 없어지고 5개로 나누어졌다. 사회가 복잡해져 학습과 업무 영역이 세분화되고 전문화된 것이다.

10대 때 공부한 자격증이 후에 보수교육을 받고 기술학교의 교사까지 되었고 여건에 따라 학생들을 가르칠 수도 있다. 나는 20대 초반 군대 가기 전에 주산 부기 학원에서 학생들을 가르친 경험이 있었다. 그리고 주산 부기를 먼저 공부한 탓으로 상급 학교 공부도 회계학이나 경영학 관련 공부를 계속했고 직업도 관련 분야에서 35년 이상을 일하기도 했다.

이후 나는 개인적으로 공부를 하면서 또는 업무 수행 중 필요하거나 관리자 입장에서 알아야 하는 상황들이 발생한다는 사실을 인지했다. 사회의 민주화와 자유화 이후 정책 방향 전환이 있거나 환경이 바뀌거나 새로운 것이 발생하면 궁금한 상황과 향후 이슈가 될 만한 것을 파악하고 공부했다. 자격증이 걸려 있는 공부가 현실성이 있고 이해가 쉽다. 2000년대 늦은 나이에 사회와 가족·가정에 관련되는 공부를 했다. 사람들을 재미나게 해 주는 것도 공부하면 자격증을 준다. 또 학교 공부에도 졸업하면 자격증이 주어지기도 한다. 가르치는 일이나 공무원을 일정 기간 이상 근속하면 보수교육 후 자격증이 주어지기도 한다. 어느 시점에 분야별로 유행 중인 자격증도 있다. 바른 사회 건설에 동참하기 위해 공부하기도 했고, 또 사회 약자들을 위한 일을 하고 그 분야는 어떠한지를 알기 위해 사회복지 부문을 공부했다. 나는 그 후 아래와 같은 공부를 하고 자격증을 획득해서 가지고 있다.

사회복지사, 행정사, 요양보호사, 건강가정사, 가정폭력상담사, 성폭력상담사, 미술치료사, 웃음치료사, 레크리에이션지도사, 한자교육지도사, 인성교육지도사 등이다. 그러나 사용해 본 것은 몇 가지 안 된다. 직장 은퇴 후 공부를 여러 가지 많이 했다. 늦은 나이에 공부할 때는 재미있게 보냈고 행복한 세월을 같이했다.

나는 무슨 물건이든지 만지고 조이고 뜯고 다시 조립하는 기술을 부릴 줄 모른다. 만지면 일을 더 크게 벌인다고 말들을 한다. 기술을 모른다는 이야기다. 집에 센서 전등이 고장 나도 갈아 끼울 줄도 모른다. 기계나 도구 같은 것을 만질 줄을 몰라 남의 손을 빌려 해결한다. 이때는 돈이 들어간다. 요즘은 손자 장난감도 잘 못 만져 난처하고 고민을 한다. 집에서 핀잔을 받는 것은 말할 것 없다. 그러나 숫자를 다루는 일은 잘한다. 직장생활도 숫자와 관련되는 일을 했다. 사람은 누구나 자기가 잘하는 게 있다. 그걸 빨리 찾아서 열심히 공부하고 단련해서 전문가가 되면 좋을 것이다. 그리하면 자격증은 자동으로 따라온다. 복잡한 사회 환경을 미뤄보면 현재 관과 민간 쪽에서 발행되는 자격증은 셀 수 없을 만큼 많다. 정확히는 모르겠지만 엄청 많다는 것은 안다.

지금도 보면 기술을 가지고 있는 사람은 직장을 은퇴하고도 기능적인 어느 분야에서 일하기가 십다. 건물이나 주택에는 언제든지 기술을 필요로 하는 일들이 발생한다. 그냥 살림집에서도 쓸 일이 많다. 건축, 전기, 위생 설비, 보일러, 기타 등등 다른 집까지 계산하면 소요는 무진장이다. 요즘의 젊은이들은 블루칼라는 기피하고 하얀 와이셔츠로 대변되는 화이트칼라를 선호한다. 여기에도 컴퓨터 관련 일 등 수많은 종류의 자격증이 있다.

지금 생각해 보면 기술 분야를 배우지 않은(못한) 것을 후회한다. 누가 삶에 대해 묻는다면 기술을 미리 배워 대비하기를 간절히 바란다.

자격증(資格證, Certification)은 인적 자원의 직무 수행 능력이 산업계의 수요에 맞게 개발되었는지, 개발되었다면 그 숙련도는 어느 정도나 되는지를 자격 관리자가 일정한 기준과 절차에 따라 평가하여, 인정의 의미로 개인에게 발급해주는 증서이며 동시에 자신이 그 분야의 기술이 자격이 있다는 것을 보여줄 수 있는 증서이기도 하다.

(2021. 5. 3)

아버지와 마지막 밤을

"얼마나 더 아파야 죽는 것이냐?"

아버지가 돌아가시기 하루 전날 밤에 어머니와 몇 달 만에 만난 큰자식인 내게 하신 말씀이다. 아니 유언이다. 1997년 6월 3일이다. 생로병사를 실감하는 하룻밤을 모두가 뜬눈으로 보내고 새벽에 아버지는 인사불성이 되어 병원으로 옮겨졌다. 이후 더 이상 말을 주고받지 못했다. 그날 저녁에 돌아가셨다. 78세였다.

나는 직장 생활을 충남 논산에서 하고 있었고 내 직계 식구들의 생활은 서울에서 하고 있었다. 일종의 주말부부 생활을 하였다. 고향에 살고 있는 동생이 전화가 왔다. 아버지가 며칠 전부터 이상한 증세를 보이면서 나를 찾는다는 것이다. 빠른 시일 내에 한번 다녀가라는 것이다. 직장의 바쁜 일을 급하게 처리하고 이튿날 부모님이 계시는 고향 집에 들렀다. 아버지는 편안한 흔들의자에 앉아 계신다. 그런데 분위기가 가라앉아 있는 것 같았다. 안부를 살피는데 어머니 말씀이 아버지는 이틀 전부터 음식을 전혀 못 잡숫고 물도 한 모금 넘기려 하지 않아 수박 같은 물을 숟가락으로 떠먹이면서 그것도 내켜

하지 않는다는 말씀이다.

그 와중에도 어머니는 내 밥을 챙겨주신다. 아버지 앞에서 식사를 하면서 이런 저런 이야기를 하시는데 목소리가 카랑카랑하여 순간적으로 걱정을 조금 놓는 기분으로 변하였다. 어머니가 설거지를 하시는 사이에 내가 수박 즙을 한 숟갈 떠 넣어 드리니 입맛을 다시는 느낌이다. 그러면서 아랫목 벽에 붙어 있는 벽장이 서랍을 열어보란다. 이 벽장은 아버지의 비밀창고다. 내부를 잘 알지 못하는 내가 머뭇거리고 여기저기 헤매자 호령소리가 뇌성벽력이다.

"거기! 아니 거기!"

목소리가 쩌렁쩌렁하다. 순간적으로 겁이 난다.

내가 세상에서 제일 무서운 게 아버지다. 깊지 않는 벽장 속 위쪽 횃대에는 아버지의 외출복 몇 벌이 걸려있고, 바닥에는 안경, 손톱깎이, 필기구와 수첩, 맥가이버 칼 등이 담겨있는 일용품 박스가 보이고 옆에 서랍이 보인다. 서랍을 열어보니 농협 예금통장과 도장이 있다.

통장과 도장을 꺼내 드리니 받지 않으시고 말씀을 하신다. 만약 당신이 돌아가시면 그 통장의 돈을 장례비용으로 쓰란다. 마지막 칸에 350만원이 찍혀 있다. 그리고 호상은 조 면장한테 부탁해 두었으니까 깍듯이 모시고 지시를 잘 따르란다. 조 면장이란 몇 년 전에 면장을 정년퇴직한 아버지와 친한 분이시다. 아버지보다 젊고 내 고교 동창의 형님이기도 하다. 목소리가 평소와 같아 농담하시는 줄 알았다. 그러나 아버지가 자식한테 농담할 리가 없다는 것을 생각하니 기가 막혀 온다. 그리고 농협에 300만 원 융자가 있는데 그것은 아버지가 쓴 게 아니고 아랫마을 윤아무개 씨를 대신해 이름을 빌려주었으니 그리 알라 하시며 아버지가 돌아가신 것을 알면 갚을 것이라고 말씀하신다. 주변에 빚진 것은 없고 더 특별한 것도 없다고 하신다. 콜록콜록 잔기침을 가끔 하신다.

어머니와 난 돌아가신다는 말씀이 웬 뜬금없는 소리냐며 대수롭지 않고 가볍게 생각해 더 이상 대화를 길게 하지 않았다. 전혀 예상치 못했기 때문이다. 그리고는 갑자기 신음소리를 섞어 "휴우, 얼마나 더 아파야 죽는다는 것이냐?"라는 말만 반복하신다. 매우 고통스럽고 괴로워하신다. 시간이 지날수록 힘이 없어지는 것 같고 말씀도 없다. 새벽에 인접 도시에 사는 동생한테 차를 가져오게 해서 대학병원에 모시고 갔다. 응급실에 모셔놓고 인근에 사는 동생들에게 인계를 하고 나는 직장에 바쁜 일이 있어서 해결하기 위해 다시 기차를 타고 직장으로 갔다. 사무실 전화를 이용해 연락을 취하면서 일을 처리하고 있는데 오후에 병원에서 의사의 소견이 방법이 없으니 집으로 모시란다고 동생의 연락이다. 오늘 중으로 돌아가실 것 같다는 이야기다.

직장에서 바쁜 일을 마치고 휴가를 신청하고 다시 고향으로 내려갔다. 병원에서 앰뷸런스와 수동식 산소 호흡기를 이용해 집으로 모셨다. 집에 도착해 마루에 오르면서 여동생이 "아버지 집에 왔어요."라고 하니 힘겹게 눈을 뜨시고 고개를 돌려 한 바퀴 둘러보셨다고 한다. 방으로 모신 뒤 10여 분 후에 내가 도착했는데도 아무 반응이 없다. 산소 호흡기를 떼니 고개를 옆으로 늘어뜨리신다. 그것으로 운명을 하신 것이다. 그날 온종일 의식이 없는 상태에서 병원으로 가고 다시 집으로 오는 하루를 임종의 시간으로 보낸 것 같다. 사실상 의식 있는 생의 마지막과 유언을 전날 밤에 어머니와 나와 같이 한 것이다.

장례식을 집에서 옛날 유교식과 현대식을 섞어 반반으로 치렀다. 고인의 바람대로 조 면장님이 호상을 맡아주셨고 모든 행사는 직접 지휘하셨다. 장례행사에 필요한 모든 물건이 들 때마다 곡을 하였다. 우리 자식들은 절차를 몰라서 하라는 대로 했다. 염과 입관은 아버지보다 손위인 고인의 작은 매형 즉 나의 고모부와 장남인 내가 직접 했다. 어머니는 흐느끼며 보고 계셨다. 싸늘하게 식은 아버지를 목욕을 시키는 등 몸을 만지면서 많이 울었다. 호랑이 같이 쩌렁쩌렁하게 호령을 하시던 아버지가 싸늘하게 누워있는 모습에 목이 멨다. 수의는 어머니가 준비해 놓으셔서 어머니와 같이 잘 입혀드렸다. 상주들의 상복도 어머니 친구들이 마포로 직접 만들어 주셔서 착용을 했다. 상복 만드는 마포도 어머니가 준비해 놓으신 것이다.

4일째 되는 날 장지에 이동도 구식과 신식으로 진행하였다. 집에서 10여㎞는 영구차와 버스를 이용하고 길이 불편한 1㎞쯤 떨어진 묘지까지는 상여를 메고 소리를 하며 관을 옮겨 매장으로 모셨다. 그 후 고을의 양반 출신인 어머니는 장례를 마치고 삼우제부터 시작해 1년 동안 음력 초하루와 보름날 새벽에 제사를 모시는 삭망을 지극 정성으로 지내고 1년 상으로 상복을 벗었다. 삭망 때문에 자식들도 매번은 아니지만 함께했음은 물론이다. 아버지는 향교에서 장의를 9번을 하셨기 때문이리라.

농사를 지으셨던 아버지는 한 달여 전에 자전거를 타고 다른 동네와 면사무소에 나들이를 하고 집에 돌아오시다가 시멘트로 포장된 꽤 넓은 농로 길에서 1m가 조금 안된 높이의 낮은 논으로 넘어지셨다고 한다. 훌훌 털고 일어났으나 타박상을 발견하고 여기저기 약간 통증을 느껴 병원에서 진료를 받았는데 특별한 증세를 발견하지 못하고 타박상에 바르고 먹는 약을 일주일쯤 복용하고 별 탈이 없는 듯했다고 한다. 그런데 갑자기 소변을 실수하시고 말이 어눌해지고 말씀이 없어지고 아무리 아파도 밥숟갈을 놓지 않으시던 분이 식욕이 없어지면서 뭔가 이상했다고 한다. 자식들이 아프면 억지로라도 음식을 먹어야 한다며 본인이 만약 밥숟갈을 들지 못하면 죽는지 알라고 농담처럼 말씀하셨는데 말이다.

아버지는 힘이 없는 상태에서 인근 도시에 사는 동생을 불러 여기저기 가보자고 했다고 한다. 과거 주민대표로 지방 행정관서의 일을 지방 유지로써 같이 했던 군청, 경찰서, 면사무소, 지서(파출소), 예비군 면(중)대 사무소, 자주 다녔던 식당과 다방 등을 돌아다니면서 인사를 했다고 한다. 평소 술을 잡숫지 않던 아버지는 들르는 곳마다 콜라를 대접받고 고맙다는 인사를 했다는 것이다. 군수나 경찰서장 등 문상을 온 사람들이 며칠 전 만났을 때 이렇게 허망하게 가실 줄 몰랐다며 그때가 마지막 인사였다며 안타까워하셨다.

아버지는 고을에 꽤 많은 일을 하셨다. 자식들을 위하는 일이라며 자기 자식들은 성장해서 상급학교에 가고 난 다음인데도 인근에 초등학교 짓는 일이나 노인들 복지시설을 만드는 일에 발 벗고 협조하는 등 민원 해결에 힘을 쓰셨다. 인근 마을을 포함해 주민들의 민원이 발생하거나 좋은 일이나 슬픈 일 등을 불문하고 아버지와 협의를 해서 해결하는 일이 많았다. 아버지가 나서서 해결해 주기를 바랐다. 일을 처리할 때 들어가는 비용은 모두 아버지가 사비를 부담했다. 어머니와 말다툼의 상당 부분을 남의 일 처리에 있었다. 그 결과 '자랑스런 군(郡)민의 상' 대상을 받으셨고 노인회장을 역임하셨던 경로당에는 '송덕비'가 세워져 있다.

아버지는 1920년 음력 2월 14일에 태어나셨다. 할아버지는 8형제의 막내였으나 형제들이 1~2년 사이에 모두 사망하자 증조할아버지는 막내가 집안의 씨라도 해야 한다며 집을 나가라고 해서 무작정 나와 떠돌아다니다가 우리 고향에서 늦은 나이에 할머니를 만나 아들 둘 딸 둘 등 4남매를 낳았으나 아버지 남동생이 사망하자 아버지는 독자가 되었다. 할아버지도 혼자 남아 독자가 되고 아버지가 2대 독자가 된 셈이다. 할아버지는 아버지가 17살 때 돌아가시고 누나들도 다 시집 가버리고 할머니와 둘이 사는데 1940년대 초에 징용을 당해 일본으로 건너가 북일본 쪽 탄광에서 3년여 고생하고 해방되어 귀국하셨다.

이후 쌀장사와 정미소를 운영하며 꽤 많은 돈을 벌었다. 결혼도 하였다. 6·25때 좌우익에 돈을 뜯기고 사업체 일을 보던 믿었던 사람이 재산을 빼돌려 집안이 쫄딱 망했다. 그러는 사이 모친도 돌아가시고 자식을 4명을 낳아 길렀다. 빈곤의 생활을 하면서 부인이 행상을 하는 동안 집을 지키는 고생으로 밥을 걱정하지 않고 먹을 만큼 일구면서 농사를 지었다. 늙어지면서 자식들 뒷바라지 때문에 부부싸움이 잦았다. 아버지는 자식들이 서로 협력하여 형제가 동업하는 사업을 하는 것을 희망했다. '형제상회'를 부러워 하셨다. 나는 상업학교를 졸업했으나 정작 상업 관련 일은 하지 않았다.

이렇게 사시다가 당신 부모들이 가신 길을 따라 가셨다. "휴우, 얼마나 더 아파야 죽는다는 것이냐?"라는 아버지 말씀을 똑똑히 선명하게 기억한다. 인생이란 이런 것인가? (2021. 12. 21)